여성은 왜 쇼핑을 하는가

스텔라 미나한 · 마이클 베버랜드 저
김지애 역

Why women Shop
by Stella Minahan and Michael Beverland

JOHN WILEY & SONS AUSTRALIA, LTD
42 McDougall St, Milton, Q 4064
ⓒ JOHN WILEY & SONS AUSTRALIA, LTD 2005

KOREAN language edition ⓒ 2007 Amunhaksa Publishing

KOREAN translation rights arranged with JOHN WILEY & SONS AUSTRALIA, LTD,
Austraila through EntersKorea Co., Ltd., Seoul, Korea.

이 책의 내용은 일반적인 의견을 정리한 것이므로 전문적인 충고가 아님을 밝힌다. 더욱이 이 책은 특별한 경우를 위한 특정 지침서로써 제공된 것이 아니므로 어떠한 결정을 내리거나 조치를 취하기 위한 근거로 사용하지 말아야 할 것이다. 따라서 독자들은 중요한 결정을 내리기에 앞서 좀 더 전문적인 정보를 찾는 것이 바람직하다. 저자와 출판사 그리고 인터뷰에 응한 이들은 이 책의 정보를 기반으로 하여 특정 행동을 취한 이들에게 그 결과에 대한 어떠한 법적 책임도 지지 않을 것임을 밝혀둔다.

　『여성은 왜 쇼핑을 하는가』는 『여성들, 돈을 말하다!(Women's Talking Money)』의 저자 레슬리 펄키너 로즈(Leslie Falkiner-Rose)의 권유로 시작되었다. 그리고 더그 엘리엇(Doug Elliot)의 지속적인 격려와 관심 덕분에 결실을 맺을 수 있었다. 사실 많은 이들이 이 책의 집필 과정에 참여했다. 우리는 그들 모두에게 진심으로 감사의 인사를 전하는 바이다. 더욱이 가족과 친구들의 도움과 이해가 없었다면 이 일을 해내지 못했을 것이다. 그러므로 그들에게도 역시 감사의 인사를 전한다.

　무엇보다도 우리가 감사의 인사를 전하고 싶은 이들은 자신의 이야기와 경험을 우리에게 서슴없이 나누어주었던 여성들이다. 여러분 모두에게 진심으로 감사하는 바이다.

『여성은 왜 쇼핑을 하는가』는 세계에서 가장 강력한 경제적·사회적 원동력인 여성 소비자들에게 경의를 표한다. 본서는 현대 사회에서 여성들의 위치를 조명하고 이들의 쇼핑 경험담을 비롯해 여성이 소매업계에 요구하는 바를 정리했다.

이 책은 두 가지 면에서 흥미롭다. 첫째, 이 책을 통해 여성들은 다른 여성들이 왜 쇼핑을 하는가를 엿볼 수 있다. 사실 이 책의 많은 부분은 여성들의 경험을 소개하고 있을 뿐만 아니라 쇼핑과 관련해 남녀가 서로를 이해할 수 있도록 돕고 있다. 둘째, 이 책은 호주와 뉴질랜드의 소매업계가 여성 소비자를 위해 서비스의 질을 향상시킬 수 있는 방법을 제시하고 있다. 호주를 비롯한 뉴질랜드 소매업계에서 경험할 수 있는 서비스의 질은 사실상 다양하다. 그러나 오늘날과 같은 경쟁 시장에서 여성 소비자의 요구를 만족시키는 소매업자들만이 계속 살아남게 된다는 것은 부인할 수 없는 사실이다.

쇼핑하는 여성의 친구나 파트너, 직장 동료 혹은 남편이나 애인 혹은 친척들은 이 책을 통해 여성의 쇼핑 동기와 더불어 그녀의 쇼핑 경험과 관련된 이야기를 공유하게 될 것이다. 아울러 소매업자와 경영인, 소비재 제조업자와 광고인, 상품 기획자나 부동산 개발자, 판매원을 포함해 소매업 관련 종사자들은 이 책을 통해 얻는 바가 클 것이다.

한편 소매는 기나긴 공급망의 마지막 단계에 있는 것이다. 이 단계에서 일하는 이들이 바로 제품 디자이너와 제조업자, 도매상인과 유통업자, 경영인과 광고인, 부동산 개발자와 매니저들이다. 그리고 소매업자는 매장에(혹은 웹사이트에) 물건을 들여놓고 소비자에게 판매를 하며 아울러 판매 이후의 서비스를 담당한다. 그런데 한 가지 괄목할 만한 사실은 소매업을 이끌어 나가는 원동력이 바로 여성 소비자라는 점이다.

따라서 이 책은 소매업에 관계되는 모든 이들에게 여성 고객과 관련된 정보를 제공하고자 하는 의도로 시작되었다. 고객에 대해 아는 것이야말로 비즈니스의 성공과 지속성을 위해 반드시 필요하기 때문이다. 반면 기업인들이 고객에 대해 알고자 시간을 내기란 결코 쉽지 않다. 이는 기업의 하루하루가 예측 가능하거나 불가능한 일들로 숨 가쁘게 돌아가고 있는 상황과 무관하지 않다. 게다가 너무나 오랫동안 경영인들과 소매업자들은 그들이 여성 소비자가 원하는 바를 이미 이해하고 있다고 자만해왔다. 따라서 우리는 이 책을 통해 그들의 잘못된 생각을 바로잡아주고자 한다.

호주와 뉴질랜드에 거주하는 여성들은 지난 몇 십 년에 걸쳐 상당한 변화를 겪었다. 그들은 그 어느 때보다 더 부유해졌으며 교육을 더욱 많이 받고 좀 더 독립적이 되었을 뿐만 아니라 더욱더 많은 지식을 갖추게 되었다. 따라서 이들은 요구하는 것 또한 과거의 여성들과는 달라졌다. 『여성은 왜 쇼핑을 하는가』는 오늘날의 여성들에게 발언권을 마련해주었다. 우리는 이를 통해 소매업 관련자들이 여성 소비자가 원하는 바를 이해하고 그들에게 유쾌하며 소중한 쇼핑 경험을 제공해줄 수 있도록 만전을 기하기를 바랄 뿐이다.

이 책은 여성이 왜 쇼핑을 하는가와 더불어 이들이 쇼핑 중에 경험한 바를 기술하고 있다. 이는 2003년부터 2005년 초반 사이에 실행되었던 여성 쇼핑객과의 인터뷰를 기반으로 쓰였다. 우리는 다양한 연령대와 다양한 사회·경제적 배경의 여성들을 대상으로 그들이 왜 쇼핑을 하는지를 비롯해 쇼핑을 통해 얻는 것이 무엇인지 질문했다. 그뿐만 아니라 그들이 쇼핑을 즐기는지, 쇼핑을 통해 사회적 경험을 하는지 여부 또한 확인했다. 더욱이 쇼핑이 여성들에게 특별한 이유는 무엇인지 또한 질문했다.

『여성은 왜 쇼핑을 하는가』는, 이러한 질문에 대한 여성들의 답에 기반을 두고 집필되었으며 무엇보다도 소매업자들이 여성 고객을 이해하는 데 도움을 주기 위해 의도되었다. 여성이 요구하는 것을 만족시키기 위해서는 이들을 이해하는 것이 급선무다. 더욱이 소매업자들이 오늘날의 경쟁 시장에서 살아남기 위해서는 여성 소비자의 마음을 사로잡는 문제가 관건일 것이다.

우리와 인터뷰를 했던 대부분의 여성들은 쇼핑에 열중해 있었다. 좋아하는 것에 관해서든 싫어하는 것에 관해서든 이들은 예외 없이 자신의 이야기를 하는 데 푹 빠져 있었다. 그런데 주목할 만한 사실은 이들 모두가 각자의 연령과 생활환경에 따라 다르긴 해도 자유로이 쓸 수 있는 수입이 있었다는 것이다. 그뿐만 아니라 이들은 모두 기분전환 삼아 쇼핑을 즐길 수 있을 만한 얼마간의 시간적 여유도 갖고 있었다는 것이 공통점이었다. 반면에 쇼핑 동기와 쇼핑 경험과 관련해서는 저마다 각각의 사연이 있었다. 이처럼 이 책은 여성들의 목소리를 담은, 그들 자신의 이야기로 구성되었다.

한편 『여성은 왜 쇼핑을 하는가』는 지난 몇 년 동안 일련의 우연한 만남을 계기로 집필될 수 있었다. 이 책의 저자 스텔라는 멜버른에 위치한 직물 매장의 소유주이자 매니저로서 뿐만 아니라 콜스 마이어(Coles Myer) 백화점의 선임 매니저로 일하면서 소매업계에서 능력을 인정받았다. 게다가 그녀는 도소매에 관심이 있는 대학원생들에게 강의를 한 적도 있다. 그리고 현재는 멜버른의 디킨 대학(Deakin University)에서 선임연구원으로서 '기분전환을 위한 쇼핑'에 대해 연구하고 있다. 한편 마이클 베버랜드는 멜버른 대학(University of Melbourne)에서 '제휴'와 '브랜드', '소비자의 행동'을 전문적으로 강의하는 수석 강사로 일하고 있다. 마이클은 또한 디자인과 고급 와인, 그리고 명품 브랜드에 애착을 갖고 있는 열정적인 쇼핑객이기도 하다. 게다가 그는 디올의 립스틱이나 프라다 구두의 가격을 알고 있는, 세상에서 얼마 되지 않는 남성 중 한 명으로서, 이 책을 집필하기 위한 적임자였다.

두 저자들은 먼저 호주의 한 소매업자와 함께 이 연구를 시작했다. 그 소매업자는 가정용 장식 분야에 큰 획을 긋고자 하는 야심을 갖고 연구에 몰두했으며 특히 여성 고객을 더욱 심도 있게 이해하기를 원했다. 따라서 우리는 그와 함께 소매업계의 여성 소비자에 관해 다양한 논의를 했다. 이후 우리는 미쉘 드링(Michelle Dring)과 협력했다. 미쉘은 소매업계가 여성 고객에게 어떻게 반응을 보이는지에 관심을 갖고, '여성과 쇼핑'이라는 주제로 논문을 썼다. 미쉘이 인터뷰를 했던 여성들의 이야기는 이 책의 4장~6장에 소개되었다. 아울러 우리는 그녀가 보여주었던 열정에 감사의 말을 전하는 바이다. 또한 유능하고 재능 있는 엘리자베스 포루블레브(Elizabeth Porublev)는 쇼핑객의 다양한 유형을 비롯해 쇼핑 동기를 정리하는 데 많은 도움을 주었다.

계속해서 이 책이 나오기까지 많은 이들의 도움이 이어졌다. 특히 2004년 스텔라가 국제적으로 상담 업무를 하고 있을 무렵 그녀는 여행 중에 호주와 영국, 남아프리카에서 많은 남녀를 대상으로 그들의 쇼핑 습관에 대해 인터뷰를 했다. 스텔라는 이 인터뷰를 통해 3개 국가에서 여성들의 쇼핑 경험이 얼마나 유사한가를 확인하며 여성들이 왜 쇼핑을 하는가와 관련된 글을 쓰기로 결심한 채 호주에 돌아왔다. 그리고 어느 날 그녀는 세 명의 여성과 저녁 식사를 하는 자리에서 최근 자신의 여행과 관련해 이야기를 했고, 다행히도 그곳에 모인 여성들은 만장일치로 그녀의 집필 계획에 찬성했다. 이들은 모두 호주의 많은 소매업자들과 소비자들이 여성이 왜 쇼핑을 하며 이들의 쇼핑 동기는 무엇이고 어떠한 쇼핑 경험을 가지고 있는지 등을 다룬 책을 좋아할 것이 분명하다고 입을 모아 이야기한 것이다. 더욱이 그들 가운데 이미 책을 출간한 경험이 있으며 두 번째 책을 집필 중이었던 한 여성은 스텔라에게 와일리(Wiley) 출판사에 연락을 취해보라고 적극적으로 격려해주기도 했다.

그런데 한 가지 짚고 넘어가야 할 사실은 스텔라가 쇼핑을 좋아하지 않는다는 것이다. 사실상 그녀는 예컨대 마늘 분쇄기부터 커피 테이블, 세탁비누부터 최신 유행하는 스타일에 이르기까지 제품의 디자인에 대해서는 꼼꼼하게 따지는 소비자이다. 그뿐만 아니라 스텔라는 수공예에서 시작해 식기류에 이르기까지 여러 방면에서 유행을 따르고 있기도 하다. 하지만 아이러니하게도 쇼핑은 그녀에게 별개의 문제인 것이다.

스텔라는 쇼핑이 단지 보람 없는 일이라기보다 이따금씩 상당히 곤욕스러운 일이라는 사실을 일찍부터 깨달았다. 어린 시절, 그녀는 발이 작지만 볼이 넓다는 이유로 맞는 신발을 찾기가 어려웠다. 그리고 십대가 되어서는 작고 동글동글한 체형에 맞는 옷을 찾아내는 데 또 다른 어려움을 겪었다. 이후 어린 자녀를 둔 어머니로서 그녀의 쇼핑은 일상적인 식품과 가정용품을 구입하는 데 제한되었으며 일하는 어머니가 되었을 때는 더 이상 쇼핑을 즐길만한 시간조차 없었다. 그리고 이제, 그녀는 어느새 너무 밝은 조명과 더불어 분주하며 시각과 청각에 과도한 자극을 주는 상점들에 대해 거부감을 느끼는 나이가 되었다. 사실상 이러한 유형의 쇼핑객이야말로, 어떻게 하면 소매업자들이 여성 소비자를 위해 더욱 좋은 환경을 마련할 수 있는가와 관련해 할 말이 많을 것이다. 다만 기분전환 겸 쇼핑을 즐기는 젊은이들의 시각에서 쇼핑 경험을 이야기하기에는 아마도 적격은 아닐 듯싶다.

그래서 스텔라는 마이클에게 도움을 청했다. 마이클은 스텔라에 비해 한 세대가 젊다. 따라서 그는 젊은 층이 요구하는 바를 쉽게 이해할 수 있을 뿐만 아니라 남성으로서 여성이 왜 쇼핑을 하는가에 대해 스텔라와는 다른 견해를 제시할 수 있었다. 게다가 그는 열정적인 소비자인 동시에 열렬한 이베이(eBay)의 고객이자 3장에서 설명할 사냥꾼의 기질을 가진 쇼핑객에 속했다. 마이클은 종종 쇼핑을 목적으로 해외 여행지를 선택하기도 한다. 그리고 그는 매장 인테리어에 관심이 많으며 유쾌한 쇼핑 경험을 좋아할 뿐만 아니라 지역 부티크에서 경험할 수 있는 친근한 서비스를 선호한다. 이렇듯 전혀 어울릴 것 같지 않은, 쇼핑을 좋아하지 않는 50대 여성과 열렬한 쇼핑객인 30대의 남성, 이 둘이 만나 이 책을 만든 것이다.

이 책의 저자들은 둘 다 남녀평등 사상을 가치 있게 여길 뿐만 아니라 이와 관련해 잘못된 점을 비판하고자 한다는 점에서 페미니스트들이라 할 수 있다. 우리는 호주 여성이 이례적으로 상당한 경제력을 갖고 있음에도 소매업계에서는 여전히 이들의 요구를 만족시키고 있지 않다는 사실을 이해할 수 없었다. 한편, 오늘날 여성들은 아는 것이 많을 뿐만 아니라 현명한 소비자이다. 이들은 자신을 실망시킨 매장에 가지 말라고 친구들에게 일러두는 한편 훌륭한 매장에 대해서는 적극적으로 홍보한다. 우리는 바로 이러한 여성들이 침묵을 지키고 있기 보다는 발언권을 갖고 그들의 이야기를 해주길 원했다. 따라서 이 책은 이러한 여성들을 위해 만들어진 것이다. 자신들의 쇼핑 경험을 들려준 그들에게 다시 한 번 감사하는 바이다.

한편 우리는 남녀를 막론한 모든 호주인들에게 자신의 경제적 한계를 벗어난 쇼핑은 자제하도록 당부하고 싶다. 신용카드를 이용해 물품을 구입할 경우 기쁨은 그리 오래가지 않는다. 오늘날 신용카드 이용도는 점점 높아지고, 많은 이들이 이를 갚기 위해 곤욕을 치르고 있다. 따라서 우리가 모든 쇼핑객들에게 바라는 바는 품질 좋고 내구성이 강한 호주 소매업계의 제품을 이용해 삶의 질을 향상시키되 자신의 경제적 능력을 벗어나지 않은 범위 하에 현명하게 쇼핑을 하라는 것이다. 오늘날 소비자에게는 품질 좋은 제품을 구입할 수 있는 다양한 기회가 주어졌다. 그러므로 도처에 널려 있는 기회를 놓치지 말도록 하자! 심지어 충동구매를 일삼는 소비자들에게도 그나마 다행스러운 점은 품질 좋은 제품을 손에 넣을 수 있다는 것이다.

● 이 책의 개요

『여성은 왜 쇼핑을 하는가』는 쇼핑을 즐기는 여성들의 쇼핑 동기를 비롯해 쇼핑을 통해 얻는 즐거움을 이야기한다. 더욱이 여성이 쇼핑 시에 좋아하는 것과 싫어하는 것을 밝히고 소매업자들이 여성 소비자들의 유쾌한 쇼핑을 위해 개선해야 할 것(궁극적으로는 오늘날의 경쟁 시장에서 살아남기 위한 방법)에 대해 정리하고 있다.

제1장에서는 '여성이 왜 쇼핑을 하는가?'와 관련해 몇 가지 개념과 논쟁거리들을 살펴보고 이 책의 연구 범위를 설명했다. 그리고 여성 쇼핑객을 연구하는 것이 왜 중요한가를 밝혔

다. 아울러 여성 쇼핑객과 남성 쇼핑객의 차이점을 설명하고 우리의 연구가 어떤 유형의 여성 쇼핑객에 초점을 맞추고 있는지를 이야기했다. 그리고 마지막으로, 여성들의 쇼핑 유형을 정리해보았다.

제2장은 두 가지 핵심 내용으로 구성된다. 첫 번째로 우리는 쇼핑을 직장과 가정에서 벗어난 '제3의 장소'에서 이루어지는 행위로 정의하며, 이곳을 여성이 남성들의 시각에서 벗어나 자유롭게 즐길 수 있는 곳으로 설명했다. 두 번째로 2장에서는 산업 혁명 이래 쇼핑이 어떻게 발전되어왔는지를 밝혔다. 도시에 상점들이 등장하면서 여성들의 삶과 이들의 쇼핑 습관에 주요한 변화가 생겼다. 그런데 소매업계의 역사를 살펴보면 과거부터 심지어 오늘날에 이르기까지 여성들은 매장의 청결함과 더불어 편의시설 등을 중요시한다. 그리하여 우리는 이 장을 통해 여성에게 제3의 장소에서 이루어지는 쇼핑이 어떻게 발전되어왔는지를 살펴보았다. 물론, 제3의 장소는 다양하게 정의될 수 있지만 많은 여성들에게 이는 쇼핑 그 자체를 의미한다. 그리고 오늘날에는 다양한 쇼핑 공간이 여성 소비자를 기다리고 있다.

제3장에서는 '당신은 어떤 유형의 쇼핑객인가?'라는 제목으로 재미있는 질문거리가 마련되었다. 이 장은 자신의 쇼핑 유형을 알고자 하는 이들을 비롯해 자신의 파트너나 친구가

왜 쇼핑을 하며 이들이 어떤 유형의 쇼핑객인지 알고 싶어 하는 사람들을 위해 유용한 정보를 담고 있다. 아울러 다양한 쇼핑객의 유형인-필요한 것만 재빨리 구매해서 떠나버리는 쇼핑객, 상품을 살 의향도 없이 만지작대는 쇼핑객, 쇼핑으로부터 치료법을 찾는 쇼핑객, 친구들과 소풍 나온 쇼핑객, 사냥꾼의 기질을 가진 쇼핑객-에 대해 상세한 설명을 덧붙였다. 그리고 3장의 마지막은 호주와 뉴질랜드에 거주하는 쇼핑객들에게 가장 중요한 질문인 '당신은 복싱 데이(Boxing Day, 12월 26일로 크리스마스 선물의 날-역주)에 무엇을 했습니까?'로 끝을 맺는다.

제4장에서는 본론으로 들어가 여성들의 쇼핑 동기를 살펴보았다. 이들이 쇼핑을 하는 동기는 자신의 능력과 독립심을 과시하고 사회적 상호작용을 누리며 정서적인 면에서 치료를 받고자 함 때문이었다. 그리고 이러한 요소들이 여성 소비자의 라이프스타일에 따라 어떻게 다른지 또한 살펴보았다.

제5장에서 우리는 여성들이 쇼핑 시에 좋아하는 것은 무엇인가에 초점을 맞추었다. 따라서 이 장은 여성 소비자들에게 유쾌한 쇼핑 경험을 제공하고자 하는 모든 소매업자들에게 중요한 정보를 제공해줄 것이다. 한편 우리와 인터뷰를 나누었던 여성들은 매장 내에서 자신들이 어떠한 것들을 좋아하는가를 분명히 알고 있었다.

제6장에서는 5장의 내용과 반대로 여성들이 쇼핑 시에 싫어하는 것들을 짚어보았다. 따라서 이 장은 여성들이 몸서리치거나 때로는 분노하며 이야기했던 내용들로 구성되었다. 많은 이들이 자신의 체형에 맞는 사이즈를 찾지 못해 곤욕스러워했던 경험을 털어놓았다. 예컨대 표준 체형을 갖추었던 여성조차 자신의 몸에 맞는 옷을 찾기 힘들었다고 고백하기도 했다. 그런데 이러한 불만은 체형이 작은 여성이나 건장한 여성 할 것 없이 모두에게서 터져 나오고 있었다. 그러므로 이러한 여성들에게 누가 감히 청바지를 구매하라고 용기 내어 말할 수 있겠는가!

제7장에서 우리는 소비자가 매장 내에서 경험하는 예들을 정리해보았다. 마이클은 전 세계를 여행하면서 쇼핑한 경험을 바탕으로 그의 이야기를 독자들과 공유하고자 했다. 오늘날 소매업계의 트렌드는 상품을 제공하는 것에 그치지 않고 소비자가 유쾌한 쇼핑을 할 수 있도록 분위기를 조성하는 것이다. 한편 매장 내 음악도 소비자의 쇼핑에 영향을 미치는 중요한 요소임을 지적했다.

계속해서 제8장에서도 마찬가지로 우리는 매장 내 경험에 대해 논의하며 특히 판매직원의 역할에 초점을 맞췄다. 3장에서 이야기하게 될 다양한 유형의 쇼핑객들은, 판매직원의 태도에 따라 그 매장을 다시 찾을지 말지를 결정한다고 했다. 따라서 여성 소비자를 매장의 단골 고객으로 만들기 위해서는 매장 분위기와 어울리며, 다양한 지식을 갖춘 상냥한 판매직원이 필수적인 것이다. 이는 또한 소비자가 매장에 대한 긍정적인 입소문을 퍼트리는 데도 중요한 역할을 한다.

한편 여성 소비자를 이야기하면서 남성을 배제하는 것은 공평하지 않을 것이다. 따라서 제9장에서는 남성과 그들의 쇼핑 행위를 살펴보았다. 그리고 여성의 다양한 쇼핑 유형을 확인했던 것처럼 남성 쇼핑객의 유형 또한 구분해보았다. 남성들 가운데는 예컨대 값을 흥정하기 좋아하는 소비자를 비롯해 '투자가'의 성향을 가진 쇼핑객의 모습이 눈에 띄었다. 게다가 〈동성애자들이 바라본 보통 남자(Queer Eye for the Straight Guy)〉와 같은 텔레비전 쇼 덕분에 건강용품이나 미용용품에 대한 남성들의 태도 또한 변화했음을 알 수 있었다. 아울러 우리는 이 장에서 여성의 취향을 닮아가는 젊은 남성들과 나이든 남성들의 특징을 비교해보았다.

마지막으로 제10장에서는 이 책의 핵심 내용을 간략하게 다시 요약하며 마무리 지었다.

● 여성은 현명한 소비자이다.

『여성은 왜 쇼핑을 하는가』에서 밝힌 바대로 오늘날의 여성은 고학력의 배경에, 경제적으로 능력 있을 뿐만 아니라 스스로에 대한 결정권도 행사하고 있다. 또한 이들은 사회에서뿐만 아니라 특히 소매업계에서 이례적인 힘을 발휘하고 있다. 한편 여성은 자신이 소매업계의 성공과 실패에 얼마나 영향을 줄 수 있는가를 잘 알고 있다. 그러므로 여성 소비자를 하찮게 대하거나 무시하면 이들은 곧바로 그 매장에 등을 돌려버린다. 게다가 자녀를 비롯해 손자손녀들과 친구들에게까지도 그곳에 가지 말라고 일러둘 것이 분명하다. 반면에 여성을 존중하고 배려하는 매장은 몇 세대에 걸쳐 단골이 끊이지 않을 것이다.

스텔라와 마이클

여러분의 쇼핑 경험에 대한 이야기를 비롯해 이 책의 내용과 관련된 여러분의 의견을 다음의 주소로 보내주시기 바랍니다. 〈whywomenshop@hotmail.com〉 우리는 『여성은 왜 쇼핑을 하는가』에 대한 여러분의 이야기와 의견을 듣기를 고대하고 있습니다.

1장 여성의 자유

　여성들에게 왜 쇼핑을 하는지 물으면 십중팔구 "그건 우리가 누릴 수 있는 자유이니까요."라는 대답이 되돌아올 것이다. 그런데 한 가지 주목할 점은 이렇듯 다소 우스꽝스러우면서도 가볍게 들리는 그들의 대답이 현 상황을 반영하는 정확한 답변이라는 것이다. 현대 호주 여성들은 그들의 할머니 세대는 감히 꿈도 꾸지 못했던 방식으로 소비에 참여한다. 오늘날 이들은 과거보다 더더욱 큰 영향력을 과시하며 더 많은 교육을 받는 한편 훨씬 많은 재능을 갖추고 자신의 결정권을 행사한다. 이러한 현실을 반영하듯 이들이 자유로이 쇼핑에 나서게 된 것은 어쩌면 당연한 일인 것이다.

　1장에서는 여성이 쇼핑에 나서게 된 까닭을 집중 조명해보았다. 아울러 이에 대한 몇 가지 개념과 논쟁거리를 제시하고 주제와 관련된 연구 범위를 한정지었다. 우선 여성 쇼핑객을 연구하는 것이 왜 중요한지를 밝히고 그녀들과 남성 쇼핑객의 차이점을 사회학과 생물학적인 관점에서 살펴보았다. 계속해서 본서의 연구 대상인 현대 호주 여성을 18~39세 사이와 40

세 이상, 이 두 주요 집단으로 분류했으며 새로운 쇼핑 세대로 등장한 8~17세 소녀 집단에 대해서도 주목했다. 마지막으로 본서에서 다루는 연구의 핵심이자 계속해서 관심 있게 다루게 될 쇼핑의 유형을 정리했다.

우선 여성의 사고방식이 어떻게 해서 커다란 영향력을 행사하게 되었는지를 살펴보자.

여성이 왜 중요한가?

이 책은 여성과 쇼핑을 다룬다. 그런데 왜 하필이면 여성에 주목해야 하는가? 이를테면 소매업자는 왜 여성 고객의 의견과 요구에 귀를 기울여야 하는 것일까? 지금까지 실시되어 왔던 마케팅과 유통에 관한 연구 대부분은 다양한 소비자를 대상으로 그 특징을 헤아리는 데 초점을 두었다. 그러나 우리는 이제 전체 인구의 절반가량을 차지할 뿐만 아니라 소비의 절반 이상을 책임지고 있는 여성들에게 관심을 집중하고자 한다.

여성 쇼핑객에 관심을 집중해야 하는 까닭은 다음과 같다.

◆ 여성이 결정권과 경제력을 쥐고 있다.
◆ 여성은 쇼핑을 좋아할 뿐만 아니라 타인의 구매 결정에도 영향력을 행사한다.

결정권과 경제력을 쥐고 있는 여성들

남성은 쇼핑할 때 흔히 그들의 아내 혹은 여자 친구의 결정에 따른다. 다시 말해 이는 여성이 쇼핑에서 거의 전적인 구매 결정권을 갖고 있다는 사실과 일맥상통하는 말이다. 예컨대 호주에서는 여성이 전체 소비의 80퍼센트를 담당하고 있으며 더욱이 이들 가운데 18~24세 사이의 여성은 해마다 110억 달러의 구매력을 보이고 있다.

한편 미국에서 실시된 조사에 따르면 여성의 소비가 전체 소비의 약 83퍼센트를 차지한다. 이를테면 여성은 주거지 마련과 가구를 구입하는 데 각각 91퍼센트와 94퍼센트의 결정권을 행사한다. 그뿐만 아니라 여성은 자동차 소비의 60퍼센트를 차지하며 자동차를 구매하는 데 대략 90퍼센트나 되는 결정권이 있다. 또한 이들은 전통적으로 남성이 지배적이었던 가전제품과 컴퓨터 시장에서 각각 51퍼센트 이상과 50퍼센트가량의 구매력을 보였다.

오늘날 서양 국가에서는 여성이 가장 역할을 하는 모습을 흔히 볼 수 있으며 배우자보다 수입이 더 많은 여성도 20퍼센트에 이른다. 2003년 바를렛타(Barletta)의 저서(『여성을 타깃으로 한 마케팅:은행의 가장 중요한 고객들(Marketing to Women: the bank's most important customers)』－역주)와

2000년 팝콘(Popcorn)과 메리골드(Marigold) 공저(『이브의 진화: 여성을 상대로 한 마케팅에 관한 8가지 진실(EVEolution: The Eight Truth of Marketing to Women)』-역주)에서는 배우자보다 돈을 적게 버는 여성들이라도 결정권 행사에 주요 역할을 할 뿐만 아니라 소비에 적극적이기까지 하다고 밝혔다.

그러나 한 가지 괄목할 만한 사실은 여성이 결정권을 행사하며 경제력을 발휘하고 있음에도 여성의 쇼핑과 관련된 연구는 전무하다는 점이다. 여성이 주요 구매층으로 부상했지만 이들의 영향력은 여전히 간과되고 있는 것이다. 이처럼 소비자로서의 여성에 관한 연구가 거의 없다보니 최근 수십 년간 이 분야에 관해서는 비즈니스 지식이 거의 없다고 볼 수 있다. (팝콘과 메리골드 공저, 2000년, p.9 참조)

한편 배우자가 있는 대다수 남성은 여성이 가정 경제를 이끄는 방식과 관련해 '내 돈'과 '우리 돈'이라는 뚜렷한 구분점을 마련하고 있다는 사실을 깨닫는다. 이로 인해 일부 남성은 자신이 가족에게 필요한 생활비를 벌기 위해 존재한다고 믿기에 이르렀다. 하지만 이와 같은 상황은 많은 여성들도 마찬가지라는 현실에 주목해야 한다.

쇼핑하기 위한 시간 내지는 소득이 없는 일부를 제외하고 호주 여성 대부분은 역사상 그 어떤 여성보다 더욱 자유로우며 더 많은 교육을 받고 집 밖에서 더 많은 시간을 소비한다.

실질적으로 급여를 받든지 아니든지에 상관없이 전일 근무나 파트타임 직종에 종사하며 사회생활에 참여하는 여성의 인구는 점점 증가하는 추세다. 그뿐만 아니라 점점 더 많은 호주 여성이 과거에 비해 더욱 오랫동안 독신으로 생활하며 출산을 미루고 회사에서 좀 더 높은 직위에 빨리 오르고자 혼신의 힘을 다한다.

여성 소비자는 호주 경제에 가장 중요한 원동력으로 부상했다. 이들은 호주 인구의 식생활과 의복 및 도서 구매에 영향을 미칠 뿐만 아니라 가구와 자동차, 커피 열매, 주스를 만들어 먹는 과일을 비롯해 심지어는 화장지와 침대용 시트를 구매하는 문제에 있어서까지 지대한 영향력을 발휘한다. 그럼에도 소매 업계에서는 너무나도 오랫동안 이들의 영향력을 간과해왔다.

경영 전문가 탐 피터스(Tom Peters)는 이와 관련하여 다음과 같이 밝혔다.

"여성이야말로 경제를 손에 쥐고 있는 주체입니다. 그렇지만 금융 서비스 회사를 비롯해 서비스 업계에서는 이러한 사실을 파악하지 못하고 있는 실정입니다. 여성은 심지어 건강관리업계의 인력 가운데 3분의 2가량을 차지할 정도로 의미심장한 위치에 이르렀습니다. 그럼에도 5천억 달러가량의 매출을 달성하는 미국의 자동차 업계에서조차도 여성 소비자의 중요성을 간과한다는 사실은 놀라울 따름입니다." (탐 피터스,

2003년 바를렛타의 저서에서 인용, p.9 참조)

　이처럼 여성 소비자의 중요성을 인식하지 못하는 소매업자는 최대의 기회를 놓치고 있는 셈이다.

부인이 적어준 쪽지를 가지고 오셨습니까?

일부 소매업자들 가운데는 언제 무엇을 구매할 것인가를 결정하는 이가 다름 아닌 여성이라는 사실을 잘 파악하고 있다. 빅토리아(Victoria)주의 하이델베르그(Heidelberg)에 위치한 페인트라이트(Paintright, 호주의 페인트 판매 기업－역주) 매장 주인 케빈(Kevin)은 다음과 같은 이야기를 소개해주었다. 그의 말인즉슨 토요일 아침이면 으레 남성들이 매장에 찾아와 주말 동안 집을 단장하기 위해 페인트를 사간다는 것이다. 이와 관련해 매장 직원은 이런 남성 고객들에게 예의를 갖춰 응대하지만 실질적으로 결정권을 가진 사람은 바로 여성이라는 사실을 알고 있다. 이러한 이유로 매장 직원은 페인트를 구매하기 위해 부인이 보낸 그들의 남편들을 응대할 때 "혹시 부인이 적어준 쪽지를 가지고 오셨습니까?"라는 질문도 잊지 않는다고 했다.

여성의 충성심 그리고 타인의 구매에 미치는 이들의 영향력

앞서 여성이 경제력과 구매 결정권을 가지고 있다는 사실을 깨닫는 게 중요하다고 밝혔다. 이제 그보다 조금 더 중요할 수 있는 또 다른 요소로, 다름 아닌 여성의 충성심을 비롯해 친구나 동료 등 타인의 구매에 미치는 이들의 영향력을 이야기하고자 한다. 여성에게 쇼핑은 최대의 관심거리인 동시에 진지한 직무이기도 하다. 여성의 역할이 시대에 따라 변하는 것은 사실이나 쇼핑 주체로서의 역할은 여전히 확고부동하다. 그뿐만 아니라 이들의 말 한마디가 소매업계의 성패에 영향을 끼칠 수 있다는 사실은 가히 놀랍다.

예컨대 많은 여성들이 유능한 커뮤니케이터로서 그들의 친구와 가족과 함께 자신의 쇼핑담을 공유한다. 아주 훌륭한 제품을 판매하는 소매점이 있다는 등 어떤 제품이 놀랄 정도로 특별한 가격에 판매된다는 등 이들이 쇼핑 중에 경험한 유쾌한 일들은 입소문으로 금세 널리 알려진다. 물론 나쁜 소식은 더 널리, 그리고 더 빨리 퍼진다. 즉, 여성이 쇼핑 중에 형편없는 경험을 했다는 소문은 더욱 빠르게, 널리 퍼진다. 이를테면 쇼핑 중에 기분이 몹시 상한 여성은 자신이 겪은 실망감을 수많은 이들에게 이야기할 것이고 더욱이 그 후로도 몇 년 동안이나 계속해서 떠들고 다닐 것이다.

여성은 눈에 띌 정도로 힘 있고 능력 있는 구매자이다. 이들의 영향력은 전통적으로 남성이 지배적이었던 자동차와 가전제품, 컴퓨터 시장에서도 두드러지게 나타난다. 그렇지만 아직은 응당 받아야 할 주목을 받지 못하고 있기도 하다. 예컨대 일부 소매업자들 가운데 특히 남성 소비자가 지배적인 시장에서 여성 고객은 여전히 냉담한 서비스를 받고 있다. 한편, 자동차업계는 여성 고객에 대한 태도를 바꾸려고 노력하고 있으나, 여성 고객 대부분은 그들에게서 선심 쓰는 척하는 태도와 멸시하는 듯한 분위기 그리고 심지어는 바가지를 씌우고 있는 것 같은 기분마저 느낀다.

● 대를 이어나가는 충성심

여성은 세대를 이어가면서 상당히 강력한 유대관계를 형성한다. 어머니와 자녀는 매우 강한 결속력을 맺고, 우리는 어머니를 통해 세상을 배운다. 다시 말해 우리는 어머니를 통해 먹을 것과 마실 것, 놀이와 편안함에 대한 초기 경험을 하고, 어머니가 구매하는 특정 브랜드 음식물과 친숙해진다. 예컨대 잠자리에 들기 전에는 따뜻한 음료를 마시며 아침에는 시리얼을 먹고 점심 도시락은 베지마이트(vegemite, 야채를 페이스트 모양으로 만든 것으로 토스트에 발라 먹음—역주) 샌드위치를, 방과 후에는 스낵을 먹는다. 어린 시절의 이러한 먹을거리에 대한 기억은 상당한 영향력이 있어, 경영인들은 브랜드 마케팅에 이러한 점을 이용하여 덕을 보고 있다. 한 가지 주목할 사실은 여성들이 이처럼 특정 음식물 브랜드에 충성심을 갖고 이를 애용할 뿐만 아니라 다른 브랜드 혹은 특정 소매업자에 대해서도 같은 충성심을 보인다는 것이다.

평생 고객

여성 고객의 마음을 흡족하게 할 정도로 깍듯이 응대한다면 이들은 평생 동안 충성스러운 고객으로 남을 것이다. 그뿐만 아니라 그들의 자녀 세대가 어머니의 충성심을 이어나가는 일도 충분히 생각해볼 수 있다. 예컨대 어머니는 자녀에게 자신을 흡족하게 응대해준 특정 소매업자에게서 제품을 구매하도록 일러둘 것이다. 이와 관련하여 자동차 정비소와 중고 자동차 판매소를 떠올려볼 수 있다.

또 다른 예로 멜버른(Melbourne)에서 금은 세공업자로 일하고 있는 다이엔 뱁티(Diane Bapty)는 지난 30년 동안 약혼식과 결혼식용 반지를 비롯해 기타 맞춤식 예물을 만들어 오고 있다. 그동안 고객을 흡족하게 해준 결과로 그들의 아들딸들 역시 그녀의 고객이 되었다. 고객에게 훌륭한 보석류와 친절한 서비스를 제공한 덕분에 평생 고객을 맞은 것이다.

남성과 여성은 다르다!

　남성과 여성의 차이점이 명백하게 드러나는 많은 예 가운데 특히 주목할 만한 부분이 있다면 무엇일까? 바로 소비이다. 소비에서야말로 남녀의 차이가 분명하게 드러나기 때문이다. 이처럼 특정 매장이나 특정 상품이 각각 남성 혹은 여성 소비자와 연관되는 까닭에 경영인과 광고인들은 타깃 대상에 따라 각기 다른 전략을 내세운다. 예컨대 고객이 남성인지 여성인지에 따라 상품 포장의 색깔을 비롯해 매장의 분위기나 심지어는 고객을 응대하는 매장 직원의 태도 또한 다르다. 더욱이 주목할 점은 여성 소비자가 어떠한 동기로 쇼핑을 하느냐에 따라 쇼핑 행위와 접근 방식도 다르다는 것이다. 따라서 이러한 차이점과 암시는 경영인과 광고인뿐만 아니라 소매업자들에게도 역시 중요하다. 그런데 쇼핑과 관련하여 남성과 여성의 차이점을 다룬 연구가 전무한 까닭에 이러한 차이점을 이해하기가 쉽지 않은 실정이다. 따라서 이 책에서 우리는 이와 관련해 독자의 이해를 조금이나마 돕기 위한 의도로, 인간의 사회학적·생물학적 배경이 남녀의 쇼핑 행위에 어떠한 영향을 미치는가를 살펴보고자 한다.

여성은 우울할 때 무언가를 먹거나 쇼핑을 하는 반면 남성은 다른 나라를 침략한다. 이는 바로 남성과 여성의 각기 다른 사고방식을 여실히 드러내는 말이다.

엘레인 부슬러(Elayne Boosler)

〈http://www.zaadz.com/quotes/search/〉 (영문 사이트)

쇼핑 행위에서 드러나는 사회학적 차이점

사회학자들에 따르면 성은 생물학적인 것 이상의 문제다. 다시 말해 남녀의 성은 단순한 염색체 상의 문제만은 아니라는 뜻이다. 성을 비롯해 성과 연관된 특징은 개인을 둘러싼 문화적 환경에 의해서도 영향을 받는다는 것이 이들이 주장하는 내용이다. 따라서 남성과 여성의 역할은 자신이 몸담고 있는 사회에 따라 달라진다는 것이다. 예컨대 특정 사회에서는 남성과 여성의 차이점을 규정하는 행동과 역할, 성격, 특성에 대한 기준을 마련하고 이를 따르게 한다.

이처럼 남성과 여성은 일생 동안 사회에서 요구하는 성의 역할을 수행하며 '사회화'된다. 그리고 부모와 친구, 선생님을 비롯해 역사책과 대중매체를 통해 이를 배운다. 어린 시절에 우리는 '표준'을 배운다. 다시 말해 우리는 어려서부터 성의 역할을 배우고 받아들이며, 더 나아가 이러한 규범은 우리의 정체성 형성에 주요한 역할을 한다.

한편 성은 소비 행위를 비롯해 개인의 사회화에도 영향을 미친다. 1990년대에 실행한 한 연구에서는 크리스마스 선물을 구매하는 데 사회적인 성의 역할과 고정관념이 작용함을 밝혔다. 이 연구 결과에 따르면 전통적인 성의 역할에 의해 크리스마스 쇼핑은 여성의 일로 간주되었다. 예를 들어 남성보다는 여성이 그들의 어머니 세대를 지켜보고 이들을 도우며 성장한 까닭에 크리스마스 쇼핑에 좀 더 많이 관여하게 된 것이다.

계속해서 남성과 여성의 차이점이 드러나는 예는 다음과 같다.

◆ 구매하는 선물의 수
◆ 쇼핑을 시작하는 시점
◆ 선물 당 구매에 소요되는 시간
◆ 선물을 받는 이의 만족도

인간의 행동은 생물학적인 면과 밀접한 관련을 맺는다. 그러나 한 가지 주목할 점은 자신이 성장한 사회 분위기 또한 인간의 행위에 중요한 영향력을 행사한다는 것이다. 이러한 문화적인 영향력은 인간이 태어난 순간부터 작용한다. 그리고 이는 나아가 남성과 여성의 쇼핑 행위에도 관여해 차이를 만든다. 그뿐만 아니라 쇼핑을 여성의 행위로 간주하는 시각 또한 문화적 영향력에서 비롯된 것이라 할 수 있다.

　계속해서 여성의 쇼핑 방식에 영향을 미치는 생물학적인 차이점을 다룬 연구 사례를 살펴보기로 하겠다.

쇼핑 행위에서 드러나는 생물학적 차이점

　수년간에 걸쳐 실행된 다양한 연구 결과에 따르면 쇼핑과 관련된 다양한 분야에서 남성과 여성의 차이점이 드러났다. 예컨대 정보처리적인 면에 있어서나 쇼핑 행위와 동기 부여, 책임감, 환경적인 영향력 (예컨대 매장 직원이 옷 입는 방식) 그리고 판매자를 마주해야 할 필요성에 관한 문제에 있어 남성과 여성은 분명히 달랐다. 그러나 지금까지 실행되어 왔던 연구 대부분은 이러한 차이점과 관련하여 근본적인 원인을 설명하기보다는 사실을 단순히 나열하는 데 그쳐 아쉬움이 있었다.

　남성과 여성의 정보처리 능력이 다르다는 것은 익히 알려진 사실이다. 예를 들어 제품 광고물을 대할 때 여성은 가능한 한 모든 메시지를 다 이해하려드는 반면 남성은 선택적이면서도 좀 더 집중적으로 내용을 받아들이고자 한다. (이는 물론 남성이 일단 광고물에 시선이 간 것을 전제로 이야기하는 것이다.) 또한 여성은 한 매장에 들어가자마자 일단 매장 전체를 한 번 훑어본다. 그리고 만일 조금의 흠이라도 발견하면 마음이 상해버린다. 반면 남성은 이와 같은 상황에서 여성이 왜 기분이 상했는지 짐작조차 하지 못한다.

쇼핑을 좋아하는 남성은 '쇼핑'한다고 하지 않고 '탐구'한다고 말한다.

시씨나 넬름즈(Cythina Nelms)

〈http://www.zaadz.com/quotes/search/〉(영문 사이트)

또 다른 의미 있는 연구 결과에 따르면 남성의 두뇌는 이해력이 굉장히 빠르고 조직적인 반면 여성의 두뇌는 의사소통 능력과 감정 이입 능력이 눈에 띌 정도로 탁월하다. 앞서 살펴본 사회 환경적 요소 외에도 남성과 여성의 차이점을 설명해주는 결정적인 요소들은 많다. 한편, 감정이입이 풍부한 두뇌와 조직력이 우수한 두뇌는 각각 다음과 같은 사실을 설명해준다. 즉, 한 기구를 앞에 두고 남성은 그것이 어떻게 작동하는지에 관심을 쏟는 반면 여성은 그 기구가 자신의 삶을 얼마나 편안하게 만들어주느냐에 흥미를 갖는다는 것이다. 이는 또 다른 예로도 설명이 가능하다. 즉, 남성은 새로운 기구를 앞에 두고 포장된 상자에 명시된 설명서를 통해 필요한 정보를 얻고자 할 것이다. 반면에 여성은 매장 직원이나 다른 고객들에게 그 기구와 관련해 궁금한 사항을 질문하기를 원한다는 것이다. 즉, 여성은 새로운 기구에 대해 다른 이들의 경험과 정보를 교환하는 것을 좋아하며 더욱이 이를 통해 매장 직원과 친분을 형성하기를 바란다. 그렇지만 남성은 단순히 원하는 물건을 구매하는 것에만 관심을 갖는다.

요컨대 그 원인이 사회적인 요소이든 생물학적인 요소이든 간에 상관없이 여성이 남성에 비해 대체적으로 쇼핑을 훨씬 더 좋아할 뿐만 아니라 훨씬 더 오랜 시간 쇼핑을 즐긴다는 것이다.

현대 호주 여성

본서에서 다루는 대상은 현대의 여성 쇼핑객이다. 우리는 이들이 어떤 사람이며 나이는 얼마나 되고 결혼은 했는지를 비롯해 누구와 살고 있는지 그리고 쇼핑을 얼마나 자주 하는지를 조사했다. 먼저 통계학 자료와 사이코 그래픽스(psychographics, 수요 조사를 목적으로 소비자의 행동양식이나 가치관 등을 심리학적으로 측정하는 기술—역주)로부터 나온 결과를 이용하여 호주와 뉴질랜드에 거주하는 여성들의 전반적인 상황을 파악했다. 주요 타깃 집단은 18~39세 사이의 여성과 40세 이상의 두 여성 집단이다. 그리고 쇼핑객의 대열에 새롭게 참여하고 있는 새로운 경제 집단, 다시 말해 8~17세 사이의 소녀 집단에 대한 이야기도 함께 전개해 나가고자 한다. 한 가지 주목할 점은 비록 우리가 여성 소비자를 이러한 특정 나이 그룹으로 나누어 소개하지만 정작 중요한 것은 이들의 나이가 아니라 여성이 왜 쇼핑을 좋아하는가이다.

18~39세의 여성

중년층 혹은 베이비 붐 세대의 부모를 둔 이들은 일반적으로 40세 이하의 연령층에 속한다. 오늘날 이들 세대는 수적으로도 우세할 뿐만 아니라 계속해서 증가하고 있는 추세다. 더욱이 이들은 여러 면에서 부모나 조부모 세대와는 확연하게 다르다. 다시 말해 사회적, 정치적, 경제적인 변화를 비롯해 기술 혁신의 시대를 맞이한 이 세대는 전 세대와는 다른 태도와 가치 체계를 갖고 있다. 이러한 변화 속에 유통업계 또한 변화를 맞이한 가운데 대형 쇼핑몰이 대거 등장했다. 예컨대 오늘날에는 멜버른에 위치한 채플 거리(Chapel St)나 브룬스윅 거리(Brunswick St) 같은 쇼핑가뿐만 아니라 시드니(Sydney)의 더블베이(Double Bay)와 같은 번화가도 인기를 끌고 있다. 그뿐만 아니라 아마존 닷컴(amazon.com)과 이베이(eBay)를 통

한 온라인 쇼핑을 비롯해 온라인 경매 또한 활성화되면서 새
로운 쇼핑의 시대를 열었다.

이들 세대의 여성에 대해 이해해야 할 중요한 요소는 다음
과 같다. 먼저 이들은 쇼핑을 소비 행위이기보다는 취미생활
로 받아들인다는 것이다. 게다가 이들이 의복이나 개인 생활
용품을 구입하는 데 막대한 돈을 지출한다는 것 또한 주목해
야 할 사항이다.

이 세대의 여성들은 현명한 소비자이다. 이들은 구매를 결정하기 전에
오랜 시간을 들여 시장조사를 하는가 하면 돈을 절약하기 위해 판촉 상
품이나 세일 판매 기간까지 기다려 물건을 구매하기도 한다. 또한 인터
넷을 사용하는 이들은 친구와 온라인상으로 상의를 하거나 웹사이트 서
핑을 통해 정보를 얻는다. (크라바타(Cravatta), 1997년)
젊은 여성들은 실로 다양한 종류의 브랜드를 마주하게 되었다. 예컨대
나이키 매장만 해도 티셔츠를 비롯해 반바지와 운동화 등 다양한 종류
의 제품을 선보인다. 또 다른 예로 치약 하나를 구매하더라도 각기 다양
한 브랜드 제품 가운데서 하나를 선택할 수 있는 까닭에 이들 세대에게
는 브랜드에 대한 정보 습득이 필수가 되었다. (베이크웰(Bakewell)과 미
첼(Mitchell) 공저, 2003년)

이들 그룹 대부분은 마치 취미활동을 하듯 쇼핑을 즐길 뿐

만 아니라 브랜드 제품을 즐겨 구매하는 것이 특징이다. 또한 일단 이들이 가격과 상관없이 최상의 품질을 갖춘 제품을 구매하게 된 이후에는 그 브랜드 제품 외의 다른 브랜드 제품을 구매하는 일은 거의 없다. 이들은 값싼 물건에 관심을 갖기보다는 최상의 품질을 갖춘 제품을 찾아서 구매하는 통찰력 있는 구매자인 것이다. 그리하여 소매업자들은 이들에게 최상의 품질을 갖춘 상품을 제공함으로써 상당한 이익도 챙길 수 있게 되었다. 이들 세대의 여성 가운데 특히 30세 이하의 여성들은 여전히 부모의 집에 머무르고 있는 경향이 있었으며, 결혼을 했거나 동거중이라 하더라도 그 기간이 그리 오래되지 않았으며 주택 융자를 비롯해 자녀도 없는 것으로 조사되었다.

한편, 이들 여성 대부분은 좋은 직장에서 고소득을 벌어들이고 있을 뿐만 아니라 경제적 의무를 떠안고 있지도 않은 까닭에 자유롭게 쇼핑을 할 수 있다. 이러한 여성은 자기주장이 강한 것이 특징이며 전통적 방식의 광고나 판촉 행위에 대해 냉소적인 입장이다. 그뿐만 아니라 이들은 개인적이며 배타적인 경험을 추구한다.

중년 여성

이 세대의 여성은 오늘날 호주에서 가장 부유한 소비자 집단을 형성하고 있다. 1964년 이전에 출생한 이들 가운데 다수가 현재 고정적인 수입이 있거나 연금을 받으며 정기적으로 쇼핑을 하는 독신 여성들이기도 하다. 또한 이들 가운데는 현재 중년기를 지나 노년기를 향하고 있는 베이비 붐 세대(제2차 세계대전 후, 1946~64년 사이에 출생한 이들—역주)들도 포함되어 있다. 일반적으로 이들은 결혼을 했고 풀타임 직장에 다니며 자신의 집을 소유하고 있다. 더욱이 베이비 붐 세대는 현재 그들이 벌어들이는 소득이 최고로 높은 시점에 놓인 까닭에 가장 중요한 소비자 집단으로 꼽힐 수 있다. 아울러 이들 가운데 다수는 이미 주택 담보 대출을 모두 갚았을 뿐만 아니라 그들의 자녀 또한 모두 성장하여 독립했기 때문에 가처분 소득이 많은 시기임을 주목할 필요가 있다.

● 베이비 붐 세대들의 신념

베이비 붐 세대들은 폭 넓은 사회보다는 그들의 가족에게 관심을 집중하는 경향을 보인다. 이들은 주로 신흥 부유층이며 고학력의 배경을 갖추고 있을 뿐만 아니라 교육에 대한 신념이 강한 부류이기도 하다. 게다가 자신이 열심히 일한 만큼 보상받기를 기대하며 여가를 충분히 즐기기도 한다. 따라서 이들에게 여가활동은 삶의 핵심이다.

베트남 전쟁이 발발했을 때 청소년기를 보낸 다수의 베이비 붐 세대는 규정을 타파하고자 하는 신념을 갖고 있다. 비록 이들이 이따금씩은 보수적으로 행동할지는 모르지만 베이비 붐 세대가 진정으로 원하는 것은 순응주의자가 아닌 개인주의자로 보이는 것이다. 따라서 소매업자들은 이들 소비자의 개인주의에 대한 요구를 받아들이며 대응해 나가야 할 것이다.

한편 베이비 붐 세대는 불순응주의자가 되고자 하는 바람을 품고 있으면서도 이미 지나가버린 그들의 전성기를 그리워하는 아이러니한 모습을 보인다. 이러한 그리움에 대한 표현은 DIY(Do It Yourself, 스스로 만들어 사용하는 것-역주) 시장의 뚜렷한 성장을 포함해 다방면에서 드러나고 있다. 대부분의 베이비 붐 세대는 그들의 사회적 위치를 대변해주는 집을 상당히 중요하게 생각한다. 이들 가운데 특히 여성은 주방을 가정생활의 중심지로 여긴다. 이는 그곳이 손님이나 가족이 모두 모이는 장소인 동시에 집 안에서 가장 유용하게 사용되는 공간이기 때문이다. 마찬가지로 베란다 또한 중요한 장소이다. 이곳은 비록 바쁜 가족들이 자주 드나들 만한 공간은 아니지만 베이비 붐 세대들에게 이곳은 자신의 젊음을 회상하는 곳이기 때문이다. 이들 세대들은 예전과 같이 안전하고 행복한 장소로서의 집을 갖는 것을 꿈꾼다. 이러한 이유로 이들에게 필요한 것은 현대적인 기준을 바탕으로 1950~60년대의 시각적·청각적 요소를 가미하여 옛 시절을 회상하는 데 도움이 될 만한 공간을 꾸미는 것이다.

이와 관련하여 테일(Theil)은 베이비 붐 세대가 가장 흥미로워하는 부분이 바로 경험이라고 주장하며 다음과 같이 설명했다.

> 베이비 붐 세대는 여느 중년층처럼 그들 자신만을 위한 물질적인 것에 집착하지 않았다는 점에서 달랐다. 이들은 물질주의가 아니라 항상 경험을 중요시했으며 경험에 뿌리를 둔 개인주의를 창의적으로 표현하고자 했다. (테일, 2002년, p.66 참조)

베이비 붐 세대가 나이를 먹어감에 따라 이들은 자신의 젊음에 대한 기억을 간직할 수 있게 해 주는 제품을 찾게 될 것이다. 따라서 테일은 이들이 유통업계에 비중 있는 소비층으로 남게 될 것이라고 설명하며 계속해서 다음과 같이 서술했다.

> 주택에서 시작해 자동차, 로봇 공학, 그리고 가전제품과 화장품에 이르기까지 베이비 붐 세대들은 세계 시장의 주요 소비자층으로 부상하고 있다. 예컨대 화장품업계에서는 중년여성을 타깃으로 한 제품, 즉 시세이도(Shiseido)의 베네피탕스(Benefitance)나 랑콤(Lancome)의 압솔뤼(Absolue) 등이 스킨케어 제품 판매량의 절반가량을 책임지고 있으며 계속해서 이는 더욱 빠르게 증가하고 있는 추세다. 따라서 앞으로 2012

년이 되었을 때 우리는 과거를 돌이켜 보면서 인간을 늙지 않게 해주는 모든 유익한 능력에 대해 감탄하게 될는지도 모르는 일이다. (테일, 2002년, p.66 참조)

● 베이비 붐 세대를 타깃으로 한 판매전략

베이비 붐 세대는 일에 쫓겨 자유시간이 턱없이 부족할 뿐만 아니라 스트레스도 많이 받으며 생활한다. 그리고 이들 가운데 많은 이들이 쇼핑을 한낱 하찮은 일로 치부해버리기도 한다. 특히 이 세대의 여성은 직장에서 져야 할 책임도 많기 때문에 대개 주위의 도움 없이도 가정과 사회에서 소위 슈퍼우먼이 되어야 하는 상황에 처했다. 한편 같은 연령층의 또 다른 이들은 독신으로 살면서 친구와 함께 유쾌하고 편안한 쇼핑을 즐긴다. 더욱이 이들에게서 보이는 특징은 자신이 혼자 있고 싶을 때는 셀프 서비스 매장을 찾는 반면 값비싼 컴퓨터나 가전제품을 구매할 때는 매장 직원의 세세한 도움을 받고자 한다는 것이다.

이러한 고객들 가운데 대부분은 어린 시절 자신이나 가족이 식료품점이나 아이스크림 가게 주인과 나누었던 친분을 떠올리며 매장 직원과 개인적인 친분을 쌓기를 바란다. 그뿐만 아니라 이 세대의 여성은 심지어 온라인 쇼핑 시에도 고객에게 세심하게 응대하는 쇼핑몰업체 직원에게 친근감을 느낀다. 이와 관련하여 에이드리엔(Adrienne)은 다음과 같은 이야기를 해주었다.

"저는 30세 이상의 여성을 위해 너무나도 멋진 옷을 갖추고 있는 한 여성복 전문 매장을 알고 있습니다. 안타까운 사실은 30세 이상의 여성들이 유행에 그다지 민감하지 않다는 것입니다. 그런데 이 여성복 매장의 특징은 훌륭한 웹사이트를 갖추고 고객에게 전자메일로 뉴스레터를 보내주고 있다는 것입니다. 그들로부터 받는 뉴스레터는 마치 친구에게서 받는 메일만큼이나 친근하게 느껴집니다. 뉴스레터의 내용은 매장 소식을 비롯해 신상품 소식 그리고 그들이 여행한 이야기 등입니다. 예컨대 뉴욕에서 수없이 많은 가죽 제품을 구경했다는 이야기나 요새 사람들이 하는 일 등에 대해서도 이야기를 합니다. 그 매장을 소유한 여성은 대단한 성과를 거두어들였습니다. 여기서 한 가지 흥미로운 점은 그녀가 한때 패션 잡지 기자였다는 사실입니다. 더욱이 그녀가 여성복 매장을 개점한 후 고객에게 뉴스레터를 보내는 일을 기획하고 실행에 옮긴 것에 대해서는 존경스러움을 금하지 못할 정도입니다. 비록 그녀를 만나본 적은 없지만 그녀의 성공담은 익히 들어 잘 알고 있답니다. 한편, 그녀의 웹사이트는 멋진 그래픽이 가득할 뿐만 아니라 로딩 시간도 빠르기 때문에 시간가는 줄 모르고 빠져드는 것 같네요."

결론적으로 소매업자들이 중요하게 생각해야 할 문제는 오프라인 매장을 비롯해 효율적인 웹사이트를 갖추는 등 여성을 위해 다양한 쇼핑 경로를 마련해야 한다는 것이다.

특히나 여성은 과학기술이 자신의 삶을 더욱 편하게 만들어준다고 믿을 뿐만 아니라 이를 이용하는 자신 또한 진보적인 사람이라고 여긴다. 그러므로 소매업자들은 현재보다 더욱 발전된 과학기술이 담긴 제품을 비롯해 고객이 경험해보지 못한 새로운 것을 제공하기 위해 힘써야 할 것이다.

이런 점에서 아마존 닷컴은 성공한 기업이라 할 수 있다.

"아마존은 나의 주문에 대해 감사의 말을 전하며 우리 비즈니스가 그들에게 얼마나 중요한지를 새삼 일깨워줬다. 그뿐만 아니라 아마존의 물품 주문 절차는 굉장히 용이한 까닭에 내가 이들에게 신뢰받고 있다는 생각마저 들게 해준다. 예컨대 클릭 한 번이면 모든 것이 해결되기 때문이다. 수차례 클릭을 반복해야 하는 번거로운 주문 절차에서 벗어날 수 있는 것 자체만으로도 참으로 만족스러운 일이 아닐 수 없다." (램버트(Lambert)의 저서에서 인용, 2003년, p.29)

소매업자들이 명심해야 할 사항은 그들의 매장과 제품이 오직 이들 베이비 붐 세대를 위해 존재하는 것처럼 각인시켜야 한다는 것이다. 베이비 붐 세대는 개인주의적인 것을 좋아하며 자신만을 위한 제품을 추구한다. 그러므로 소매업자들은 이러한 요구에 부응하기 위해 그들의 매장이 다른 매장과는 차별화되어 있으며, 이들 특정 소비자에게만 관심을 집중하고 있다는 사실을 확신시켜야 한다. 즉, '모든 이를 위한 모든 것' 식의 중도 정책은 베이비 붐 세대를 타깃으로 하는 소매업자들에게는 적합하지 않다.

마지막으로 베이비 붐 세대가 자신이 나이 먹고 있음에 대해 상당히 민감한 반응을 보이며 더욱이 이를 피해가기 위해 온갖 애를 쓴다는 사실을 다시 한 번 환기할 필요가 있다.

소매업자를 위한 힌트
베이비 붐 세대에게 경로카드가 있는지 묻는 것은 치명적이다.

영원히 젊음을 유지하기를 바라는 베이비 붐 세대들 덕분에 피트니스 센터를 비롯해 성형업계의 비즈니스는 계속해서 성장해나가고 있다. 호주에서 베이비 붐 세대는 일에 쫓겨 자유 시간이 모자라고, 이로 인해 스트레스를 받는 주요 집단이다. 특히 여성은 직장과 가정을 꾸려나가기 위해 분주하며 게다가 체형 관리에도 신경 써야 하기 때문에 시간이 턱없이 부족하다.

8~17세 사이의 소녀들

8세 이상의 소녀들로 구성된 새로운 소비 시장이 부상하고 있다. 이들 그룹은 호주 대부분의 유통업계에서 성장세를 보이고 있으며 특히나 이들을 겨냥한 섬유 제품 시장의 매출은 뚜렷한 상승곡선을 타고 있다. 이들 소비자는 현명할 뿐만 아니라 스스로 결정하여 구매할 능력이 있으며 트렌드를 따르는 특징이 있다.

더욱이 이들 가운데 94퍼센트 가량이 매달 백화점에 갈 정도로 쇼핑에 열성적인 모습을 보인다. 그리고 이들은 용돈을 받을 뿐만 아니라 부모에게 원하는 것을 사달라고 조르기도 잘한다. 그러므로 소매업자들에게 이들 그룹은 눈독을 들일만한 소비층인 것이다. 존슨 앤 존슨(Johnson and Johnson)의 클린 앤 클리어(Clean and Clear) 제품이나 메리 케이트 앤 애쉴리(Mary-Kate Ashley) 의류, 그리고 펌킨 패치(Pumpkin Patch)의 어번 앤젤(Urban Angel) 라인 등 메이저급 브랜드는 이미 이들 그룹을 타깃으로 삼았다. 그뿐만 아니라 〈보그걸(Vogue Girl)〉 등 이들 세대를 위한 새로운 잡지도 등장했다. 예측하건대 유행에 민감한 이들 그룹은 앞으로 몇 년 안에 유통업계에서 주요 소비층으로 자리 잡게 될 것이다.

쇼핑? 어떤 종류의 쇼핑?

이 책이 쇼핑에 대한 이야기를 다루고 있다면 과연 우리는 어떤 종류의 쇼핑에 대해 이야기하고 있는 것인가? 쇼핑은 '편의'를 위한 쇼핑과 '기분전환'을 위한 쇼핑, 대략 이 두 종류로 구분된다. 그런데 이 책에서는 두 종류의 쇼핑에 대해 모두 다루기보다는 여성이 선호하는 바를 따르기로 했다. 일반적으로 우리가 인터뷰를 했던 여성은 기분전환을 위한 쇼핑에 대해 이야기를 나누는 것에 관심이 많았다. 다시 말해 여성들은 쇼핑을 하는 동안 재미를 느끼거나 스트레스를 해소하고자 하는 바람을 갖고 있었다. 또한 신상품을 구경하며 트렌드를 파악하거나 무작정 매장을 돌아다니면서 기분전환을 할 수 있는 쇼핑을 즐겼다.

이렇듯 쇼핑은 단지 무언가를 구매하는 것만을 의미하지는 않는다. 많은 여성이 확고하게 이야기한 바와 같이 쇼핑이란 돈을 지불하고 물건을 구매하는 것 그 이상을 뜻한다. 심지어는 쇼핑에 나서더라도 어떠한 상품도 구매하지 않기도 한다. 그리고 역으로, 계획에도 없던 것을 구매하기도 한다. 또한 쇼핑을 하면서 커피 한 잔만 마시고 돌아갈 수도 있는 것이다. 이처럼 여성들은 구매의 목적 이외에 기분전환을 하고 생활에 활력을 불어넣어주며 기쁨을 얻을 수 있는 쇼핑을 좋아하는 것으로 나타났다.

＊　　＊　　＊

여성은 영향력 있는 소비자임에 틀림없다. 하지만 이들을 효과적으로 유치할 수 있는 방법에 대한 정보는 전무한 실정이다.

오늘날의 호주 여성은 고학력의 배경에, 경제적으로도 영향력 있는 소비자들이다. 1장에서는 쇼핑할 때 발생하는 남성과 여성의 사회학적, 생물학적 차이점을 살펴보았다. 또한 연령별 여성 집단의 독특한 특성도 짚어보았다. 오늘날, 사실상 어느 곳에 내놓아도 손색없을 만큼 훌륭한 유통망이 몇몇 존재하기는 하지만 여성 소비자 시장을 정복하기 위해 소매업자들이 해야 할 일은 여전히 많다.

다음 2장에서는 쇼핑의 역사를 비롯해, 가정과 직장을 벗어난 '제3의 장소'에서 이루어지는 여성의 쇼핑이 어떻게 진화해왔는가를 살펴보겠다.

2장 쇼핑하러 가기

쇼핑의 역사는 여성의 역사와 떼려고 해도 뗄 수 없는 동반자의 길을 걸어왔다. 둘 중 하나가 변화하거나 진보하면 또 다른 하나 역시 같은 상황을 맞이했다. (청(Chung)의 저서, 2001년, p.505 참조)

여성은 과거부터 현재에 이르기까지 자신을 위해서 뿐만 아니라 가족을 위해서 쇼핑을 한다. 한편 수천 년 전의 여성은 남성이 사냥을 하는 동안 가족에게 줄 음식을 마련하기 위해 식물과 씨앗, 뿌리 등을 찾아다녔다. 따라서 오늘날 여성이 쇼핑에 나서고자 하는 충동은 바로 과거 여성들이 채집에 나서던 습관을 답습하는 것이 아닌가 하는 설도 나돌았다. 이는 사실일 수도 있고 아닐 수도 있다. 다만 우리가 확신하는 바는 수세기에 걸쳐 편의시설이 발달함에 따라 쇼핑의 의미와 특징 또한 상당히 변화했다는 것이다. 예컨대 어머니와 할머니 세대는 사교 클럽이나 식료품점을 비롯해 교육 위원회와 교회를 그들의 사회적인 장소로 이용했다. 반면 오늘날 여성은 지역의 커피숍이나 쇼핑몰을 만남의 장소로 찾는다. 모녀 커플을 포함하여 잠시 동안의 여유를 즐기기 위해 외출 나온 이들과 누군가를 만나 이야기를 나누기 위해 찾아온 개인 등 연령과 상관없이 모든 여성이 이곳에 모여든다. 그뿐만 아니라 쇼핑몰에서 친구들을 만나 함께 매장을 훑어보며 시간을 보내는 어린 십대들의 모습 또한 오늘날 쉽게 볼 수 있는 광경이다.

이번 장에서 우리는 여성을 위한 '제3의 장소'의 중요성을 짚어볼 것이다. 가정과 직장과는 분리되는 곳으로 편리와 즐거움을 주는 제3의 장소는 어떤 사회에서나 중요한 기능을 하며, 특히 서양처럼 엄청난 변화를 겪은 사회에서는 더욱더 그러하다. 제3의 장소는 여가를 위한 장소를 뜻하는데 오늘날 호주를 비롯해 다른 서양 사회에서 여성을 위한 여가는 대개 쇼핑과 연관된다. 그러므로 우리는 여가의 중요성을 비롯해 쇼핑이 여가생활과 어떻게 조화를 이루는지도 살펴볼 것이다. 그리고 1880년대부터 오늘날에 이르기까지 매장과 백화점, 쇼핑몰이 진화되어 온 모습을 되짚어보고 아울러 이러한 장소가 여성의 여가생활을 위한 제3의 공간으로 어떻게 기능하고 있는지도 살펴보겠다.

우선 여성을 위한 제3의 장소에 대한 중요성을 비롯해 이들의 삶에서 여가가 어떠한 역할을 하는지 살펴보자.

여성을 위한 공간

사람들은 항상 사교적인 교류를 위한 공간에서 함께 모이는 것을 좋아했다. 누구나 커피 한 잔을 마시거나 술 한 잔을 하기 위해 일상적으로 모임을 가질 것이다. 호주의 많은 남성과 여성 또한 축구나 크리켓(cricket, 각각 11명으로 이루어진 두 팀이 교대로 공격과 수비를 하면서 공을 배트로 쳐서 득점을 겨루는 경기–역주) 모임을 비롯해 호텔이나 클럽에서 사교 활동을 한다. 한편, 사회적 교류를 위한 모임은 모두 가정 밖에서 이루어지는데 레이 올덴버그(Ray Oldenburg)는 이러한 장소를 바로 '제3의 장소'라 칭했다. 가정과 직장이 각각 '제1의 장소'와 '제2의 장소'로 간주되는 반면 사교적인 장소는 제3의 장소가 된 것이다. 그런데 올덴버그에 따르면 이러한 제3의 장소야말로 공동체에 사교적인 생명력을 불어넣는 중심이자 사람과 사람 사이를 연결해주는 장소이다. 즉, 이는 새로운 사람을 만나거나 옛 친구와 재회하거나 자신이 살아있음을 느끼게 해주는 공간이라는 것이다. 따라서 호주 사람들은 제3의 장소에서 이루어지는 이러한 사교 활동을 상당히 가치 있게 생각한다.

전통적으로 가정(혹은 제1의 장소)에서 여성은 다양한 역할을 맡았다. 여성은 요리사이자 청소부이며 세탁부이자 어머니, 아내, 회계원 그리고 운전사 등 여러 가지 일을 두루 책임 졌다. 따라서 가족을 위해 온갖 잡다한 일을 도맡아해야 하는 여성들이 자유롭게 외출하여 새로운 것을 경험하기란 결코 쉬운 일이 아니었다. 누군가에게 가정은 일종의 안식처이지만 또 다른 누군가에게는 굉장히 분주하게 움직여야 하는 공간이자 사회적으로 폐쇄된 장소이기도 하다.

반면 오늘날 직장에 다니는 여성들은 사교 모임에서 한층 더 다양한 경험을 하고 있다. 예컨대 이들은 휴식 시간 동안이나 혹은 업무 후에 외출할 기회가 많다. 단, 그들이 저녁 준비를 위해 일찍 귀가해야 하는 경우가 아니라면 말이다. 제2의 장소라 불리는 직장은 여성을 집안일로부터 해방시켜줄 뿐만 아니라 새로운 사람들도 만나게 해준다. 또한 전문기술을 배울 기회를 제공하며 새로운 친구를 사귀고 경제적으로 독립할 수 있게 해주는 의미 있는 곳이다. 게다가 많은 직장 여성은 급여 이외에도 여러 가지 혜택을 받게 되는데 사교 모임에 참석하는 것이 바로 그들이 누리는 혜택 가운데 하나인 것이다.

앞서 설명했듯이 제3의 장소는 공동체를 기반으로 여가생활을 비롯해 사회적인 교류를 할 수 있는 장소이다. 한편 여성들이 쇼핑센터에 가는 것 또한 사교활동이라 할 수 있다. 이는 물건을 구매하든 안 하든지에 상관없이 이들이 그곳에서 여가를 즐기고 친교를 나눌 수 있기 때문이다. 따라서 사교활동과 더불어 여가활동을 가능케 하는 여성들의 쇼핑에 대해 깨달은 쇼핑센터 개발업자들은 앞 다투어 음식점과 휴식 장소를 비롯해 만남의 장소까지 갖춘 쇼핑 시설을 개발하는 데 힘을 쏟고 있다.

장소의 영향력

장소를 중요하게 만드는 힘은 무엇인가? 사람들은 특정 공간을 만들어 그곳에서 활동한다. 따라서 이러한 공간은 우리에게 의미를 부여하며, 우리 생활과 긴밀한 연관을 맺는다. 예컨대 목욕탕에서는 벌거벗는 것이 당연하게 여겨지는 반면 사람들이 많은 대로변에서 옷을 홀딱 벗는 것은 상식에서 벗어난 짓으로 간주된다. 각각의 장소는 저마다 다른 의미를 지니며 그곳에 어울릴만한 행위들만 인정받는 것이다. 예컨대 종교적 장소에서 우리는 움직임 하나하나와 말과 행위에 경의를 담는다. 반면에 운동장에서는 모든 연령층의 사람들이 활기차고 떠들썩하게 활동한다.

이처럼 어떠한 활동이 사회적으로 용인될지는 그것이 이루어지는 장소에 따라 그 결과가 달라진다.

더욱이 사람들은 특정 행위에 필요한 시설을 완벽히 갖추고 활동하기를 기대한다. 특정 장소에 있는 사물은 그 장소의 정체성을 형성하는 데 기여한다. 예컨대 빈 공간을 예술 작품들로 가득 채운다면 그곳은 색다른 변화를 맞이하게 될 것이다. 그리고 만일 그 장소를 농구 골대와 계단식 단으로 이루어진 의자로 채운다면 이는 상당히 다른 공간으로 거듭나게 될 것이다.

한편 상점과 백화점 그리고 쇼핑몰은 특정한 실내 인테리어를 갖추고 그곳에 어울리는 물건을 마련해 놓았을 때 여가와 사교 모임을 위한 제3의 장소로 기능하게 된다. 아울러 이러한 장소는 여성들에게 영향력 있는 공간이 될 수도 있다.

소비자는 특정 상품을 통해 자신을 드러낼 수 있다. 게다가 이를 통해 자신과 가정의 대체적인 이미지를 만들어낼 수 있으며 더욱이 새로운 이미지를 만들어낼 수도 있다. 예컨대 우리는 한 매장에서 요리 시범을 본 후 중국 요리용 팬에 요리를 시도해보는 등 전혀 색다른 요리법에 도전해볼 수도 있다. 또한 특정 매장에서 조언을 들은 후, 촌스러운 스타일에서 벗어나 최신 유행하는 스타일로 바꾸는 등 패션 스타일에 변화를 가할 수도 있다. 그뿐만 아니라 부러진 손톱을 화려한 인공 손톱으로 장식하게 될지도 모르는 일이다. 오늘날 너무나도 많은 호주 여성들이 쇼핑에 빠져있다는 사실은 더 이상 놀라운 일이 아니다. 이들은 혼자서이든 친구와 함께이든 새로운 트렌드를 찾아 나서고 명품을 구경하면서 시간을 보내며 최신 브랜드를 추구하면서 아주 극진한 고객으로서 대접받는다. 그런데 한 가지 주목할 점은 이와 같은 일이 모두 가정과 직장의 압박으로부터 벗어난 제3의 장소에서 이루어진다는 것이다.

사이버(Cyber) 공간

인터넷과 전자 통신의 시대가 열리면서 사이버 공간이라는 개념이 등장했다. 사이버 공간은 여러 면에서 실제 공간과는 상당히 다르다. 이는 전자상거래 및 온라인 쇼핑을 가능하게 했고 이를 통해 고객들은 그동안 오프라인에서 해왔던 일을 온라인에서 하는 색다른 경험을 누리게 되었다. 예컨대 아마존 닷컴을 통해 도서나 CD를 쉽고 빠르게 구매할 수도 있게 되었다. 그러나 고객들 대다수는 여전히 서점에 가서 책을 보거나 그곳에 와 있는 사람들을 구경하고 책에 둘러싸인 채 기쁨을 느끼거나 지식도 쌓는다. 그뿐만 아니라 그들은 서점에 마련된 편안한 소파에 앉아서 피로를 풀거나 커피숍에 앉아 음료수를 마시며 지나가는 사람들을 구경하는 것을 즐긴다.

이렇듯 오프라인 매장에서 경험할 수 있는 것들은 온라인 매장에서 쇼핑하는 것과는 분명하게 다르다. 예컨대 아마존 웹사이트에서 물건을 구매하는 고객들은 집에서 편안하게 앉아 그들의 여유 시간을 이용하여 쇼핑하고 물품을 배송 받는다. 그러나 많은 이들은 여전히 오프라인 매장에서 조금 더 풍부한 쇼핑 경험을 하기를 선호한다. 이들은 사람들을 관찰하는 것을 즐길 뿐만 아니라 사람들과 더불어 조화를 이루는 법을 배우는 것을 중요하게 여긴다. 다시 말해 오프라인 쇼핑의 장점은 다른 이들을 관찰하는 즐거움을 맛볼 수 있을 뿐만 아니라 다양한 제품들을 눈으로 직접 보고 이에 대한 이야기를 충분히 나눈 후에 구매할 수 있다는 것이다.

한편 우리와 인터뷰를 나눈 여성 대부분은 이렇듯 기분전환이 될 수 있는 오프라인 쇼핑을 즐기는 이들이었다. 그렇다면 이제부터 우리는 호주에서 여가란 무엇을 뜻하는가를 살펴보겠다.

여가란 무엇인가?

호주 통계청은 자유 시간(혹은 여가 시간)을 잔여 시간, 다시 말해 다음과 같이 하루에 사용하고 남은 시간으로 정의한다.

◆ 필요한 시간 : 수면, 식사, 개인적인 보살핌
◆ 계약된 시간 : 급여를 받고 하는 업무, 학교 교육
◆ 헌신적인 시간 : 가족이나 집안을 위한 책임, 자원 봉사 활동

통계청은 또한 다음과 같은 사람들에게 여가 시간이 필요하

다고 밝혔다.

이렇듯 호주 통계청은 여가를 우리의 삶에서 굉장히 중요한
부분으로 보고 있다. 이는 건강과 개인적인 발전을 위해서 뿐
만 아니라 행복을 위해 필수적인 요소인 것이다. 한편 여가 시
간의 양은 남녀가 각기 다르며 연령별로도 차이가 난다. 이와
관련하여 통계청은 여가를 위해 필요한 시간을 측정했다.

여가 시간

여가 시간은 남성이냐 여성이냐, 주중이냐 주말이냐에 따라
다른 것으로 나타났다. 즉, 1999년 호주 통계청에 따르면 호주
사람들의 평균 자유시간은 평일에 4시간 44분 이상이며 주말
에는 6시간 37분 이상이었다. 그런데 여성은 집안일과 자녀들
의 양육 문제로 주말 여가 시간이 남성보다 적은 것으로 나타
났다.

한편 여가활동은 여러 가지 비물질적인 요구와 관련을 맺고 있다. 다시 말해 이는 사회의 가치를 긍정적으로 이행하는 건전한 활동과 개인의 정체성 개발을 위한 활동 등 개인적인 행복을 추구하는 데 필요한 요소들을 포함한다. 이와 관련하여 여가활동은 다음의 세 가지로 구분할 수 있다.

◆ 가족 혹은 가정에 기반을 둔 여가

◆ 스포츠 및 팀에 기반을 둔 여가

◆ 사회와 공동체에 기반을 둔 여가

그러므로 우리는 가족과 함께 할 수 있는 활동을 비롯해 스포츠 활동 혹은 친구나 가족과 함께 축하파티를 하기 위해 외출하는 것 등 수없이 다양한 여가활동에 참여할 수 있는 것이다. 그뿐만 아니라 좀 더 폭넓은 공동체의 여가활동에 참여해, 호주 사람들이 활동하고 있는 수백 가지나 되는 여가생활을 체험할 수도 있을 것이다. 예컨대 오지의 숲 지대에서 천연자원 보존활동을 하는 것을 비롯해 지역 스포츠클럽을 도와 후원금 모금운동에 참여하거나 취미 클럽, 합창단, 연극 모임과 같은 공동체 모임에 참여할 수도 있을 것이다.

한편 아직까지 호주 교외 지역의 여가활동과 관련된 연구는 거의 없지만 이런 지역에 거주하는 이들의 여가 범위는 좀 더 제한되어 있을 뿐만 아니라 해당 지역사회에 따라 다르다는 것을 예상해 볼 수 있다. 다만, 우리가 아는 바는 교외 지역의 여가활동이 오늘날 초고속 전자통신과 개인 컴퓨터의 등장으로 변화했다는 것이다. 다시 말해 호주의 교외 지역을 비롯해 멀리 떨어진 공동체사회에 인터넷이 보급됨에 따라 이는 활발한 통신망 역할을 하며 각 지역 사회를 연결했다.

여성과 여가

여가 문화는 변화하고 있다. 즉, 오늘날의 여가생활은 좀 더 공동체 중심이 되어 가고 있는 반면 소비와는 다소 멀어지고 있는 듯하다. 호주 여성에게 여가란 가정과 직장으로부터 벗어난 제3의 장소에서 이루어지는 행위이다. 이렇듯 이들은 제3의 장소에서 이루어지는 네트볼(netball, 구기 종목의 일종으로 경기 방식이 농구와 비슷함―역주) 등의 스포츠클럽과 독서 모임 같은 사회적이며 교육적인 모임 그리고 퀼트 클럽을 포함한 공예 모임에 참가하고 있다.

호주에서는 많은 여성이 네트볼을 즐겨한다. 예컨대 2003년에 네트볼 경기에 참여한 15세 이상의 호주 여성은 무려 50만 명이 넘었다. 네트볼은 팀을 기반으로 한 사회적인 스포츠로서, 여성들은 정기적으로 집 밖에서 이를 위한 모임을 갖는다. 네트볼 모임은 비용 면에서도 저렴할 뿐만 아니라 체력 관리에 효율적이며 가족과 친구, 동료와 어울릴 수 있는 사회화의 장이라는 점에서 유익하다.

또한 독서 클럽은 네트볼 모임보다는 덜 활동적이지만 한참 번성하고 있는 추세다. 이는 지정된 책을 읽고 한 달에 한 번씩 만나 그 책에 대해 의견을 나누고자 하는 열 명에서 열다섯 명가량의 여성들이 구성원을 이룬다. 이들은 대개 지정된 책을 읽고 그에 대한 이야기를 나누지만 남은 시간은 서로 수다를 떨며 보내기도 한다. 이들 모임은 지리적으로 가까이 사는 사람들을 중심으로 결성되는 까닭에 멤버들은 그 지역에서 일어난 스캔들이나 특정 사건에 대한 이야기를 나누기도 한다. 이처럼 독서 클럽은 지난 20년 이상 운영되어오면서, 여성의 삶을 창조적으로 이끌 뿐만 아니라 이들에게 사회적인 정보 또한 제공하는 역할을 했다. 이 모임은 본래 개인 가정에서 순번을 정해가면서 이루어졌지만 최근에는 도서관이나 서점, 성인 교육 시설과 같은 기관에서 운영되고 있다. 그뿐만 아니라 서점에서 이들에게 독서 목록을 제공하고 할인된 가격에 책을 구매할 수 있는 기회를 마련해 주는 등 이들 공동체를 기반으로 한 여가활동에 산업화의 바람이 불고 있기도 하다.

한편 여성을 위한 제3의 장소에서 이루어지는 활동으로, 다시 각광받고 있는 것이 바로 공예 모임이다. 특히 20~30대 젊은 여성들 사이에서 떠오르는 새로운 여가 모임 중에는 '스티치 앤드 비치(Stitch and Bitch, 뜨개질을 비롯해 다양한 스타일의 바느질을 하는 전 세계적인 모임—역주)'라 불리는 것이 있다. 이들 여성은 대중술집이나 클럽 같은 제3의 장소에서 만나 뜨개질이나 바느질을 하는 것이 특징이다. 그리고 이들의 모임은 쇼핑을 통해 물건을 소비하는 것보다는 자신만의 독특한 물건을 생산하는 일에 초점을 맞춘다.

지금까지 살펴본 제3의 장소에서 이루어지는 여성들의 여가활동에 더하여 지금부터는 많은 여성이 즐기는 주요 여가활동으로서의 쇼핑에 대해 이야기해보자.

제3의 장소로서의 상점과 쇼핑몰

여성이 쇼핑을 하는 이유는 제3의 장소에서 사회적인 교류를 나누고자 하는 요구와 밀접하게 관련되어 있다. 우리와 인터뷰한 모든 여성들은 쇼핑을 통해 사회적으로 교류를 할 수 있음을 인정했다. 오늘날 많은 사람이 교외 주택지에 홀로 살면서 재택근무를 하거나 외딴 직장에서 일한다. 뿐만 아니라 어린 자녀와 함께 주로 집에 머물러 있는 가정주부들을 비롯해 은퇴한 베이비 붐 세대들의 수 또한 상당하다. 따라서 이들에게는 사회와의 연결 통로가 필요한데, 바로 쇼핑가나 쇼핑몰 등이 이들에게 편안하고 흥미로운 사회적 연결고리 역할을 하는 것이다. 즉, 여성들은 쇼핑을 하기 위해 외출을 하고 친구들을 만나거나 상점 직원과 이야기를 나누며 기분전환을 한다.

이처럼 여성들은 자신이 살고 있는 마을이나 도심지의 비즈니스 구역에서 벗어나 시내로 쇼핑에 나서면서 자신의 삶에 변화를 시도하는 것이다.

쇼핑하러 시내에 가기

19세기에 쇼핑객으로서 여성의 역할은 극적인 변화를 맞이했다. 오랫동안 남성만의 비즈니스와 쾌락의 영토로 군림해왔던 도시들이 바야흐로 레스토랑과 찻집이 들어서면서 여성 고객을 환영하기 시작한 것이다. 대중교통 시설의 확장과 더불어 여성들을 도시로 불러들이기 위해 달콤한 목소리로 유혹하는 잡지 기사 또한 이러한 변화에 합류했다. 한편, 교외 지역에 거주하는 여성들이 하루 종일 집을 떠나 있어야 하는 쇼핑 여행을 할 수 있었던 이유는 공공장소를 비롯해 백화점 안에 카페와 화장실이 들어섰기 때문이었다. 짐작하건대 이전의 여성들이 화장실도 마련되지 않은 상황에서 쇼핑 여행을 나서기란 불가능했을 것이다. 이 시절 여성 대부분은 장거리를 여행해야 도시에 도착할 수 있었던 까닭에 초기 백화점 관계자들은 여성들에게 청결하고 안전하게 휴식할 수 있는 장소가 필요하다는 사실을 깨달았다. 따라서 이러한 요구에 부응하여 화장실을 비롯해 기타 휴식 장소가 마련되자 여성들은 자연스럽게 외출에 나서게 되었으며, 이를 계기로 1800년대 후반기의 여성들은 처음으로 자유를 맛볼 수 있었다. 즉, 이 시기 비로소 이들은 집이나 일터와 같은 일상에서 벗어나 새로운 장소에서 즐길 수 있게 된 것이다. 따라서 이때부터 여성들은 친구를 만나거나 상점을 이리저리 돌아다니며 구경하기 위해 시내로 나가기 시작했다.

한편, 이러한 여행의 주요 목적은 점점 증가하고 있는 상점을 두루 방문하려는 것이었다. 이런 점에서 특히 백화점은 성공적이었다. 이는 남성이 여성을 위해 만든 것으로, 여성 쇼핑객의 구매를 부추기기 위한 목적으로 탄생했다. 그뿐만 아니라 이렇듯 새롭게 등장한 백화점이 여성을 틀에 박힌 구속으로부터 해방시켜줄 것이라는 믿음 또한 팽배했다.

고든 셀프리지(Gordon Selfridge)는 런던에 새로운 백화점을 설립한 미국인(1858~1947)이었다.

그는 보수적인 영국 소매업의 벽을 허물고 숙녀들을 위한 현대적인 대중 공간으로서 백화점을 설계했다. 이는 단조롭고 보수적인 빅토리아 시대의 상업과 성에 대한 이상으로부터 여성들을 해방시키고자 하는 의도에서 탄생된 것이다. (라파포트(Rappaport), 2000년, p.143 참조)

셀프리지는 그가 유통업계에 주요 변화를 일으킬 것이라는 사실을 미리 짐작했다. 더욱이 그는 후세 사람들에게 "손님은 왕이다."라는 말을 최초로 만들어낸 사람으로 기억되고 있다.

이처럼 쇼핑은 여가의 일부가 되었을 뿐만 아니라 사람들을 만나는 통로로 기능하게 되었다. 그리하여 일부 소매업자들은 이를 깨닫고 고객에게 편리를 제공하기 위해 애를 쓰기 시작했다. 한편 셀프리지 백화점은 여성들에게 사교 모임의 기회를 제공하는 데 앞장섰다. (라파포트, 2000년, p.162 참조)

고든 셀프리지가 자신의 백화점을 설계하고 있을 당시에 그는 독특한 리서치를 수행하기도 했다. 예컨대 그는 런던을 비롯해 여성들의 모임과 여러 상점들을 두루 돌아다니며 여성들이 매장에서 쇼핑할 때 진정으로 원하는 바가 무엇인지를 조사했던 것이다. 이처럼 그는 자신이 여성을 위한 사람임을 자처하며 여성들에게 더욱더 큰 힘과 자유를 선사하기 위해 노력했다.

나아가 셀프리지는 자신이 여성들에게 흥미롭고 유쾌한 장소를 제공함으로써 그들에게 기쁨을 안겨주었을 뿐만 아니라 그들을 해방시켰다고 믿었다. 그리하여 셀프리지 백화점은 여성들이 즐겁게 쇼핑을 하며 물건을 구매할 수 있는 장소로 알려졌다.

한편 쇼핑은 여성들의 스트레스와 걱정을 격감시키는 휴식이자 치료 활동으로 간주되었다. 따라서 셀프리지는 여성이 쇼핑 시에 아무런 죄책감을 갖지 않도록 여러 방면으로 관심을 기울였을 뿐만 아니라 여성 고객이 그의 백화점을 자신의 집처럼 편안하게 느낄 수 있도록 세세한 부분에까지 신경을 썼다. 그렇지만 빅토리아 시대에는 쇼핑 자체가 낭비였으며, 심지어 부도덕하고 풍기문란하기까지 한 오락거리로 치부되기도 했다. (라파포트, 2000년, p. 143 참조)

그러나 1900년대에 이르자 비로소 쇼핑에 대한 반감적인 시선은 한풀 꺾이고 여성들은 시내로 쇼핑에 나서기 시작했다. 특히 시간과 돈이 있는 여성들은 기차를 타고 시내에 나가 점심 식사를 하고 클럽이나 극장에 갔다. 마침내 이들은 자신을

방해하는 남편이나 자녀들 없이 자유롭게 쇼핑을 할 수 있게
된 것이다. 이들은 온갖 사치스럽고 매력적인 물건을 구경하
면서도 무언가를 반드시 구매해야 한다는 의무감은 느끼지 않
은 채 자유로운 시간을 보낼 수 있었다. (사실상 여성의 쇼핑
에 관해 이야기할 때, 쇼핑이 반드시 구매를 의미한다고 착각
하는 것은 잘못된 일이다.)

빅토리아 시대의 여성이 쇼핑할 때

빅토리아 시대에는 여성들이 쇼핑을 할 때 대개는
자제력을 잃는다고까지 생각했다. 이들이 뚱뚱하고
땅딸막한 자신의 처지는 생각하지도 않은 채 키 크고 늘씬한 매장
직원에게나 어울릴 법한 드레스에 마음을 빼앗겨버리기 일쑤였
기 때문이다. 따라서 이 시기 사람들은 쇼핑이라는 것이 여성을
완전히 무기력하게 만든다고까지 생각했다. 게다가 이들은 1분이
채 지나지도 않아 자신이 고른 물건에 대해 흥미를 잃기 십상이었
다. 그뿐만 아니라 여성 혼자서 쇼핑을 할 때면 마치 이성이라도
잃은 듯이 황당무계할 정도의 의상을 구매하기도 했다. 예컨대
이들은 새우 빛깔이 나는 핑크빛 주름에 구슬 장식이 달린 황록색
드레스를 구매한 후 이를 교회에 입고 가서는 수년 동안 마을 사
람들의 이야깃거리가 되곤 했던 것이다. (라파포트, 2000년,
p.128 참조)

　20세기 초반에는 대개 여성이 백화점의 유혹 앞에서 무기력해지며 이성을 잃는다는, 다소 프로이드적인 사고방식이 팽배했다. 한편, 에밀 졸라(Emile Zola)는 자신의 작품에서 여성들을 유혹하고 이들을 사로잡아 도망갈 틈을 주지 않는 교묘한 실내 디자인과 동선이 사용된 파리의 봉 마르쉐(Bon Marche) 백화점에 대해 이야기했다. (사실상 이 백화점의 디자인 전략은 이미 결정된 동선을 따라 모든 제품을 마주할 수밖에 없게 설계된 오늘날 이케아(IKEA) 매장에서 채택한 동선의 선구자 격이었다.) 이와 관련된 졸라의 글은 다음과 같다.

그들이 몇 시간이고 걸으면서 길을 잃게끔 만들어야 한다. 먼저 그들은 수적으로 압도당할 것이고 그다음엔 매장의 규모가 크다고 느낄 것이다. 마지막으로 그들이 이처럼 의도된 무질서 속에서 방황하다보면 아마 생각지도 않았던 매장에 들어가게 된다거나 지나가는 길에 우연히 마주치는 물건들 앞에서 굴복할 수밖에 없을 것이다. (쇼월터(Showalter), 2005년 자료 이용)

　여성들은 이렇듯 새롭게 등장한 백화점에 매혹되어 그 앞에 굴복할 수밖에 없었다. 졸라는 그의 소설 클라이맥스 부분에 이와 관련된 내용을 포함시켰는데, 그의 작품에서 봉 마르쉐 백화점은 섹스 신의 배경 장면으로 묘사되었다.

채광창으로부터 내려오는 새하얀 커튼으로 인해 그곳은 침실과 신전의 중간처럼 느껴질 정도로 신비하고 매력적이었다. 또한 새하얗고 순결한 느낌을 주는 거대한 침대처럼 보이기도 했다. 그리고 마치 동화 속에 나오는 공주가 새하얀 웨딩드레스를 입고 마침내 나타나기를 기다리고 있는 것처럼 보였다.

에밀 졸라는 도시 시민들의 초기 쇼핑에 대해서도 탁월하게 묘사했다. 그러나 그는 여성이 소비자의 천국에서 유혹 당한다는, 프로이트적 방식으로 표현함으로써 여성을 나약한 존재로 만들었다. 한편, 오늘날 이를 좀 더 세련된 시각으로 보았을 때, 여성은 자신의 능력을 인정받을 수 있는 제3의 장소를 찾아 쇼핑을 나선다고 해석해 봄직하다.

백화점으로부터 대형 쇼핑몰에 이르기까지

호주의 교외 지역에 쇼핑몰이 등장하면서 백화점에만 집중되고 있던 관심이 분산되기 시작했다. 1950~60년대에는 대개 길고 좁은 거리에 세워진 쇼핑몰의 양쪽 끝에 거주지가 함께 있었다. 다행스러운 점은 좀 더 통찰력이 있었던 디자이너들이 이렇듯 황량한 디자인의 쇼핑몰에 재빠르게 변화를 시도했다는 것이다. 그 당시에는 단지 일부의 쇼핑센터들만이 졸라가 묘사했던 매력적인 파리 백화점과 그럭저럭 비슷했던 반면 오늘날의 소매업자들은 다행스럽게도 여성을 위한 제3의 장소에 대한 요구를 이해하고 이를 반영한 쇼핑 환경을 제공하기에 이르렀다.

한편, 한 소매업자에 따르면 미래의 쇼핑은 좀 더 사회적이될 것이다. 이는 고객들이 온라인에서는 불가능한 사회적인 교류와 경험을 추구하게 될 것이라는 점에서 기인한 시각이다. 다시 말해 대부분의 상품을 더 이상 굳이 오프라인 매장에서 구매할 필요가 없어진 까닭에 사회적인 교류에 대한 필요성은 앞으로 더욱 중요해질 것이라는 뜻이다. 이러한 의미에서 외식과 오락을 위한 장소와 더불어 볼거리를 제공해 주는 쇼핑 장소는 성공을 거두게 될 것이다.

한편 멜버른에 위치한 채드스톤(Chadstone) 쇼핑센터를 소유하고 있는 갠들(Gandel) 그룹은 완벽하게 설계된 환경을 제공해 쇼핑하는 여성이 즐거움을 느낄 수 있도록 최선을 다했다. 그러나 대체적으로 호주와 뉴질랜드에 위치한 다수의 쇼핑몰은 여성들에게 호감을 사지 못하고 있다. 게다가 일부 쇼핑몰은 책임감이 결여된 소비주의를 조장하는 자본주의적 사회 분위기에 동참하고 있다는 문제점도 제기되었다. 이는 논쟁의 여지가 있는 문제이지만 쇼핑몰이 소비자를 끌어들이기 위해 설계되었다는 사실만은 분명하다. 한편 모든 실내 디자인이 다 성공을 거두는 것은 아니다. 다시 말해 일부 쇼핑몰은 소비자가 길을 잃은 듯한 느낌을 들게 할 뿐만 아니라 소음이 심하며 조명과 거울이 필요 이상으로 많아 역효과를 불러일으키기도 한다. 더욱이 고객을 좀 더 오래 붙잡기 위한 쇼핑몰의 전략 때문에 고객들은 이따금씩 그곳에 갇혀버린 것 같은 느낌을 받기도 했다. 출구가 눈에 띄지 않은 채 모든 길이 계속해서 상품 진열대로 연결되는 환경은 고객을 당황스럽게 만들 확률이 높다.

스텔라(Stella)와 쇼핑몰

다음은 스텔라의 이야기이다.

"저는 한산한 때를 골라 채드스톤에서 쇼핑할 때 그다지 큰 불편함을 느끼지는 않습니다. 사람들로 북적대지도 않으며 현란한 조명도 피할 수 있으니까요. 그곳의 동선이 합리적이라는 것도 마음에 듭니다. 보통 저는 빌로(BiLo)나 케이마트(Kmart)에 주차를 하는데 좀 더 여유 있게 쇼핑하기를 원할 때는 데이비드 존스(David Jones) 주차장을 이용합니다. 저도 가끔은 쇼핑을 즐깁니다. 그렇지만 딱딱한 바닥을 오래 걷는 것은 결코 좋아하지 않는답니다. 제가 채드스톤에서 쇼핑하는 시간은 최대 90분가량입니다. 그 이후부터는 발을 비롯해 엉덩이에 통증이 와서 걸을 수가 없을 정도니까요. 이는 차갑고 딱딱한 바닥에서 오

여성 쇼핑객을 위한 제3의 현대적인 장소

오늘날 호주에 거주하는 여성은 다양한 쇼핑 장소에서 쇼핑을 즐길 수 있다. 예컨대 멜버른 시내에 있는 코코 블랙(KoKo Black)과 잠베시(Zambesi)를 비롯해, 앨리스 에우페미아(Alice Euphemia), 크리스틴(Christine), 스펜서 앤드 루더포드(Spencer and Rutherford) 그리고 르 루브르(Le Louvre) 같은 폭넓은 종류의 상점에서부터 트렌드를 가장 먼저 체험할 수 있는 채플 스트리트와 브룬스윅 스트리트 같은 상점가 등 수없이 많은 쇼핑 장소가 여성들을 기다린다. 그뿐만 아니라 여성 혼자 힘으로 집을 가꾸거나 꾸미는 데 필요한 제품을 판매하는 버닝 하드웨어(Bunnings Hardware)도 주변에서 쉽게 찾을 수 있다.

나이와 경제적 배경에 상관없이 많은 여성은 원예 용품점에

서 모종이나 잡화류를 구매거나 바느질 패턴을 구경한다든
지 댄 머피(Dan Murphy)에 신제품이 나왔나 가보거나 이베이
(eBay)를 통해 할인 상품을 찾는다. 한편, 이 같은 쇼핑은 페미
니스트들이 말하는 것처럼 남성을 신경 쓰지 않아도 되기 때
문에 더욱 편안하게 느껴지는 것이다. 다수의 페미니스트들이
주장하는 바에 따르면 여성은 아들과 남편, 아버지 혹은 파트
너, 다시 말해 남성 없이 홀로 자신의 일을 할 때 편안함을 느
낄 뿐만 아니라 활력도 넘친다고 한다. 이는 아마 창고나 차고
등에서 남성이 여성의 간섭을 받지 않기를 원하는 것과 마찬
가지라고 해석할 수 있을 것이다.

갈등

여성이 어린 자녀와 쇼핑에 나설 경우 이들은 푸대접
받기 십상이다. 앞서 이야기했듯이 어린 자녀와 함께
집에 머무는 시간이 많은 여성들에게는 사회적 상호관계를 나누
는 것이 중요하다. 그러나 쇼핑센터는 여성이 자녀를 데리고 오
기에는 적합하지 않은 것이 문제이다. 다소 흥분이 가득한 쇼핑
장소는 어린 아이들이 참아내기에 힘든 환경이기 때문이다. 더욱
이 고객들은 아이들이 울며 보채는 소리를 더없이 못마땅해 한
다. 이런 점에서 로라 애슐리(Laura Ashley) 매장은 채드스톤에서
얼마 안 되는 편리한 쇼핑 장소로써, 이곳에서라면 아이들이 매장

채드스톤과 퀸 스트리트 몰(Queen Street Mall), 더블베이(Double Bay)를 비롯해 살라망카 플레이스(Salamanca Place)와 프레맨틀(Fremantle), 런들 몰(Rundle Mall), 뉴마켓(Newmarket) 혹은 폰손비 로드(Ponsonby Road)를 약속 장소로 정하는 일은, 이미 호주와 뉴질랜드에 거주하는 다수 여성에게는 일상적인 것이 되었다. 그들은 그곳에서 만나 물건을 살 때도 있지만 단지 점심 식사를 한다거나 커피 한 잔만 마실 때도 많다. 그들에게 중요한 것은 제3의 장소에 있는 경험 그 자체이기 때문이다. 복합 상가와 공장 직영 아웃렛, 원예 용품점, 서점, 농산물 직판장 등은 모두, 여성들이 기분전환을 하며 새로운 경험을 할 수 있는 제3의 장소로 각광받고 있다. 그뿐만 아니라 퀸 빅토리아 마켓(Queen Victoria Market)과 패디스 마켓(Paddy's Market) 또한 오늘날 이들에게 새로운 여가 장소로 인기를 누리고 있다.

한편, 윌리엄스타운(Willianstown)이나 브리즈번(Brisbane)

에 위치한 마운트빌(Mountville)로부터 멜버른에 있는 브룬스
윅 스트리트와 브리즈번의 뉴 팜(New Farm) 혹은 멜버른의
리그온 스트리트(Lygon St) 같은 이탈리아 음식점과 디자이너
의상을 판매하는 매장이 가득한 지역에 이르기까지, 여성들은
언제든지 그들이 원하는 한 자유롭게 쇼핑에 나선다. 게다가
오늘날의 여성은 두바이(Dubai)나 홍콩으로까지 날아가서 쇼
핑을 즐기기도 한다.

3장 당신은 어떤 유형의 쇼핑객인가?

　　이 시점에서 우리는 여러분에게 소매업자나 기업인 혹은 광고인으로서 자신의 직업을 비롯해 부모나 딸, 요리사 혹은 운전사로서의 자신의 역할에 대해 잠시 동안 잊어주기를 부탁한다. 그리고 이제부터 자신이 어떤 유형의 쇼핑객인가에 대해 알아보는 시간을 갖도록 하자.

　　우리는 여러분의 쇼핑 스타일을 확인하는 데 도움이 될 만한 몇 가지 간단한 질문을 준비했다. 그리고 각각의 쇼핑객 유형을 설명하는 상세한 내용도 덧붙였다. 아울러 여러분 가운데 몇몇은 특정 쇼핑객 유형에 속할 수도 있지만 또 다른 일부는 한 가지 이상의 쇼핑객 유형에 속할 수도 있다는 사실을 염두에 두기 바란다. 이는 시간이 지남에 따라 자신의 삶의 환경에 의해 쇼핑 습관 또한 변화할 수 있기 때문이다. 이번 장에서 우리가 제시한 설문지는 다음 4장의 내용, 즉 여성이 왜 쇼핑을 하는가에 대한 쇼핑 동기와 함께 설명할 때 더욱 유용한 정보가 될 것이다.

　　한편 우리의 설문지와 더불어 이에 대한 해설은 우리와 인터뷰를 했던 남녀들로부터 수집한 정보에 기반을 둔 것임을 밝힌다. 따라서 남성들이여, 당신들은 부디 여성 동료나 애인, 여자 친구들을 찾아가 그들로 하여금 여기 나온 질문에 답하도록 하라. 각각의 쇼핑객 유형을 설명한 후 우리는 여러분이 어떠한 유형의 쇼핑객인가에 대해 생각할 수 있는 또 다른 질문을 준비했는데, 이것이 바로 '당신은 복싱 데이에 무엇을 했는가?'이다.

아울러 이번 장에서는 다양한 유형의 쇼핑객과 관련된 재미있는 이야기와 사례를 소개할 것이다. 이는 단지 소매업계에서 일하는 이들뿐만이 아니라 이 책을 읽는 모든 독자들에게 분명 흥미 있는 내용이 될 것이다.

당신은 어떤 유형의 쇼핑객인가?

● 계산대에 줄이 길게 늘어서 있을 때 당신은 어떤 행동을 취하는가?

① 걱정스럽게 시계를 쳐다본 후 물건을 사지 않고 그냥 나가버릴까 고민한다.

② 조용히 자신의 차례가 올 때까지 기다린다.

③ 자신 앞에 있는 사람들이 몇 명이나 되는지 세어본다.

④ 친구와 이야기를 나누거나 매장 내에 있는 커피숍에 가서 커피

를 마신 후에 줄이 짧아질 무렵 다시 돌아올까 생각해본다.

⑤ 줄이 짧거나 더 빨리 움직이고 있는 다른 계산대가 있나 찾아
본다.

● 옷 진열대 앞에서 당신은 어떤 행동을 취하는가?

① 자신이 선호하는 브랜드/스타일/색깔만을 찾는다.

② 질감을 비롯해 컬러와 스타일을 즐기면서 옷을 뒤적거린다.

③ 마음에 드는 옷을 입어보기 위해 매장 직원에게 도움을 청한다.

④ 어떤 것이 누구에게 어울리는지를 비롯해 각각의 제품에 대해
친구와 이야기를 나눈다.

⑤ 얼룩이 묻었거나 손상된 제품을 찾아내 가격을 깎는다.

● 당신은 쇼핑에 앞서 어떤 준비를 하는가?

① 언제 시간이 되는지 다이어리를 확인해본다.

② 아무런 준비도 하지 않는다.

③ 자신이 좋아하는 매장에 방문할 계획을 세운다.

④ 친구들과 함께 가기 위해 시간을 두고 미리 약속을 잡는다.

⑤ 인터넷이나 신문을 살피며 제품 가격을 미리 비교해둔다.

● 당신은 언제 쇼핑을 하는가?

① 절대적으로 필요할 때에만

② 쇼핑하고 싶은 기분이 들 때마다

③ 우울하거나 휴식이 필요할 때

④ 친구가 같이 가자고 제안할 때

⑤ 세일 기간이나 한정 제품을 판매할 때

● 쇼핑을 할 때 당신은 어떤 행동을 취하는가?

① 자신이 원하는 아이템을 찾아 되도록 최소한의 시간 동안 상점을 돌아다닌다.

② 구매보다는 쇼핑 그 자체를 즐긴다.

③ 항상 매장 직원의 도움을 받는다.

④ 자신이 고른 제품에 대해 친구의 의견이나 동의를 구한다.

⑤ 형편없는 매장 인테리어나 주차시설의 부족 혹은 거만한 판매 직원 등과 같은 문제점들에 구애받지 않는다.

– 만일 당신이 주로 1번을 선택했다면 당신은 필요한 것만 재빨리 구매해서 떠나버리는 쇼핑객이다.

– 만일 당신이 주로 2번을 선택했다면 당신은 상품을 살 의향도 없이 만지작대는 사람이다

– 만일 당신이 주로 3번을 선택했다면 당신은 쇼핑 ‘치료법’을 찾는 사람이다.

– 만일 당신이 주로 4번을 선택했다면 당신은 친구들과 ‘소풍’

만약 당신에게 두 종류나 그 이상의 쇼핑 유형이 나타난다 해도 크게 걱정할 필요는 없다. 사실상 자신이 한 가지 쇼핑 유형에 딱 들어맞기란 드문 일이기 때문이다. (그렇다고 해도 이따금씩은 발생하는 일이기도 하다.) 이제부터는 각각의 쇼핑 유형을 상세하게 설명해보겠다.

하느님! 여성들은 무엇을 원하는 것입니까? 그들이 원하는 바는 도대체 무엇인가요?

지그문트 프로이트(Sigmund Freud, 1856~1939)

정신분석학을 창시한 오스트리아인

당신은 어떤 유형의 쇼핑객인가?

우리는 앞서 살펴본 설문지에서 다음과 같은 다섯 가지 주요 쇼핑 유형을 확인했다.

◆ 필요한 것만 재빨리 구매해서 떠나버리는 쇼핑객

- ◆ 상품을 살 의향도 없이 만지작대는 사람
- ◆ 쇼핑 치료법을 찾는 사람
- ◆ 친구들과 소풍 나온 쇼핑객
- ◆ 사냥꾼

앞서 이야기한 것처럼 여성 대부분은 특정 유형의 쇼핑객으로 명확히 분류될 수 있을지도 모른다. 그런데 이들 또한 여전히 다른 여러 가지 특징을 동시에 가지고 있을 수도 있다는 사실을 염두에 두어야 할 것이다. 한 여성이 전적으로 한 가지 유형의 특징을 보이기는 어렵다. 이는 쇼핑 스타일이 나이와 라이프스타일, 생활환경에 따라 얼마든지 변화할 수 있기 때문이다. 심지어는 기분에 따라서 변하기도 한다. 예컨대 어린 자녀와 함께 집에서 머무는 가정주부와 자녀를 독립시키고 전일제로 근무하는 직장여성을 비교했을 때 요구사항도 다를 뿐만 아니라 쇼핑할 수 있는 경제적 수준 또한 차이를 보일 것이다. 게다가 여성들이 이따금씩 새로운 란제리나 화장품 등으로 기분전환을 하고자 한다는 사실 또한 기분에 따라 여성들의 쇼핑 유형이 변할 수 있음을 설명해 주는 것이다.

쇼핑이 섹스보다 더 낫다. 만일 당신이 구매한 것에 만족하지 못한다면 무언가 당신이 진정으로 좋아하는 것과 교환하면 되기 때문이다.

필요한 것만 재빨리 구매해서 떠나버리는 쇼핑객

시간에 쫓기어 항상 허둥대는 여성들은 매장에 들어와서도 자신이 필요한 것만 낚아채서 재빨리 구매하고는 이내 떠나버리기 일쑤다. 이들에게 중요한 문제는 항상 시간이 부족하다는 것이다. 따라서 이러한 유형의 쇼핑객에게는 돈보다는 시간이 더 귀하다. 45세의 파울라(Paula)는 슈퍼마켓보다는 가까운 편의점을 이용하는데 그 이유는 다음과 같다.

"저는 제품의 가격에 대해서는 그다지 신경 쓰지 않는 편입니다. 그 대신 편리함이 최대의 관건이지요. 필요한 것만 집어서 재빨리 계산하고 매장을 나오는 것이 어쩌면 시간을 버는 셈일 수도 있지요."

파울라는 시간이 부족해서 서둘러야 하는 상황에 처해 있는 건지도 모른다. 그러나 주목할 만한 점은 이러한 유형의 쇼핑객은 대개 쇼핑 자체의 경험을 즐겨하지 않는다는 것이다. 따라서 이들은 매장이나 쇼핑센터에 들어가서는 필요한 것만 구매하고 최대한 빨리 나오는 것이 특징이다. 더욱이 이들은 매장을 서성댄다거나 똑같은 제품에 대해 스무 가지나 넘는 다른 브랜드를 일일이 살펴볼 필요성을 못 느낀다. 다만 자신이 필요한 것이고 품질에 문제가 없으며 지금 바로 구매할 수 있는 것이라면 더 이상 망설일 이유가 없는 것이다.

필요한 것만 재빨리 구매해서 떠나버리는 이들은 다음과 같은 특징을 보인다. 즉, 한 번의 망설임도 없이 재빨리 매장에 들어와서는 자신이 원하는 물품을 찾아 시선을 집중한 채, 심지어 무뚝뚝한 표정을 일관하기도 한다. 이들이 매장 입구에 들어서자마자 하는 일은 재빨리 자신이 구매하고자 하는 제품의 위치를 찾아 사방을 한 번 훑어보는 것이다. 이들에게 목적도 없이 그냥 둘러보는 일 따위는 있을 수 없는 일이다. 만일 매장 직원이 이들에게 무엇을 찾는지 먼저 묻는다면 이들은 서슴없이 자신이 원하는 것을 정확히 이야기할 것이다. 이처럼 이들이 바라는 바는 매장 직원의 도움을 받아 자신이 원하는 것을 재빠르게 구매하는 것이다. 이 과정에서 무엇보다 중요한 것은 시간을 절약하는 것이다. 이러한 유형의 쇼핑객에게 쇼핑은 삶의 우선순위가 아니다. 다시 말해 이들은 쇼핑보다는 다른 것을 우위에 두기 때문에 쇼핑을 가능한 한 짧은 시간 내에 끝내고자 하는 것이다.

한편 이들은 자신이 어떤 유형의 쇼핑객인지 스스로 잘 알고 있다. 또한 이들은 빈틈없는 사람들이기 때문에 자신만의 쇼핑 법칙을 따른다. 즉, 이들은 친구와 함께 쇼핑에 나서지도 않을 뿐만 아니라 무리를 지어 다니는 쇼핑 여행도 하지 않는다. 오로지 혼자서 쇼핑하는 것을 선호한다. 그뿐만 아니라 이들은 금요일 밤이나 주말에는 결코 쇼핑에 나서지 않는다. 다만 꼭 필요하다면 잠시 일을 중단하고서라도 짬을 내어 자신이 원하는 방식대로 쇼핑을 한다. 이들은 대개 매장이 한산해서 최소한의 시간으로 쇼핑을 마칠 수도 있는 월요일 아침 10시쯤을 쇼핑하기에 알맞은 시간으로 생각한다. 또한 이 시간에는 대개 매장 직원이 여유가 있기 때문에 필요시에는 이들에게 도움을 청하기도 한다.

한편 이러한 유형의 쇼핑객은 자신의 요구에 신속하고 친절하게 응대해주는 매장의 충실한 고객이 될 것이다. 다시 말해 어떤 소매업자들이, 이들이 필요한 제품을 신속하게 제공한다면 이들은 언제까지고 그 매장의 단골손님이 될 것이라는 뜻이다. 이와 관련해서 파울라는 다음과 같이 이야기했다.

"어떤 매장이 제가 바라는 바를 만족시킬 때 저는 평생 그들의 고객이 될 것입니다. 평생을 말이죠."

일단 자신이 원하는 스타일의 매장을 발견하면, 이들은 기뻐하며 언제까지나 그 매장을 이용할 것이다. 즉, 이들은 결코 변덕스러운 고객이 아니므로 자신이 원하는 바만 얻을 수 있다면 오랫동안 충성스러운 고객으로 남을 것이다.

앞서 2장에서도 이야기했듯이 여성들은 특정 매장에 상당한 충성심을 보이기도 한다. 특히 지금까지 살펴본 유형의 쇼핑객은 자신이 줄곧 이용하던 매장 외의 다른 곳에 가기를 상당히 꺼려한다. 이는 이들이 일상에서 벗어난 혼란과 불편함을 싫어하기 때문이다. 그러나 오랫동안 이용해왔던 매장이라 하더라도 자신의 기준에서 벗어나는 일이 생긴다면 이들은 서슴없이 다른 매장으로 옮길 것이다. 물론 변화는 이들에게 달갑지 않은 일이지만 만약 재고의 여지도 없이 실망을 했다면 무리를 해서라도 변화를 받아들이고자 하는 것이다. 한편 이들은 소매업자들 사이에 경쟁심리가 작용하고 있는 것을 잘 알고 있으므로 그들의 경쟁에 휘말려 타협할 생각은 하지 않는다. 파울라는 계속해서 다음과 같이 이야기했다.

"마음에 드는 매장을 발견하면 저는 계속해서 그곳을 찾아갑니다. 만일 또 다른 매장을 찾아야 한다면 그것만큼 귀찮은 일은 없을 테니까요."

결론적으로 이러한 유형의 쇼핑객은 쇼핑을 좋아하지 않으며 최소한의 시간에 쇼핑을 끝내고자 하는 특징이 있다. 이들은 앞으로 9장에서 다룰 남성 쇼핑객의 특징 가운데 일부를 공유하기도 한다. 따라서 소매업자들이 주목해야 할 사항은 이처럼 충성스러운 고객을 얻고자 한다면 최대한 신속하고 효과적으로 이들 소비자를 응대해야 한다는 것이다.

상품을 살 의향도 없이 만지작대는 사람

이러한 유형의 쇼핑객은 아침 9시부터 쇼핑에 나서서 저녁 6시까지 돌아다니지만 실질적으로는 아무것도 구매하지 않으면서도 하루 종일 즐거운 시간을 보내는 사람들이다. 다시 말해 이들은 쇼핑 그 자체에서 기쁨을 얻으며 행복감을 느낄 뿐만 아니라 활기를 전달받는다.

한편 이들은 지나가는 사람들을 구경하고 트렌드와 유행을 체험하는 것 또한 즐겨한다. 그뿐만 아니라 얼마나 많은 사람들이 유행하는 아이템을 착용하고 있는지를 비롯해, 예컨대 각기 다른 상의를 어떠한 방식으로 코디했는지 유심히 살펴보는 것도 재미있어한다. 이러한 유형의 쇼핑객은 무엇이 독창적이며 새롭고 실용적인지에서부터 시작해서 어떤 방식으로 옷을 입는 것이 예뻐 보이는지에 대해 끊임없이 연구한다. 또한 이들은 호기심이 강하기 때문에 그저 주위에서 일어나는 일을 살펴보는 데 몇 시간을 보내기도 한다.

쇼핑 지도

25세의 로베르타(Roberta)는 하루 종일 쇼핑을 해도 질리지 않는다는 헌신적인 쇼핑객이다. 그녀는 기분 전환을 위해 쇼핑에 나서며 일주일에 보통 4~5시간을 쇼핑하는 데 보낸다. 그 덕분인지 그녀는 멜버른에 있는 주요 쇼핑 지역을 머릿속에 빠짐없이 기억하고 있다. 그녀는 매장을 특징별로 분류하여 기억해 두고 있으며, 이들 매장을 찾아가는 가장 신속한 루트 또한 잘 알고 있다. 그녀는 신중하게 쇼핑 계획을 세우며 쇼핑을 마친 후에는 상쾌한 마음으로 돌아온다.

이러한 유형의 쇼핑객은 여성이 의상을 통해 자신을 어떻게 표현하는가에 관심을 갖는다. 전통적으로 청바지는 운동화와 티셔츠로만 코디했었다. 그러나 오늘날 여성들은 청바지를 입을 때 샌들이나 높은 굽의 구두를 신고 화려한 스커트나 드레스를 겹쳐 입는 등 다양한 스타일로 연출한다. 한 가지 주목할 만한 사실은 새로운 트렌드를 가장 먼저 따르는 사람들이 바로 이들 부류의 쇼핑객이라는 것이다.

한편 이들에게는 시각화에 대한 특별한 능력이 있는 까닭에 매장을 다녀온 후에도 자신이 본 상품을 자세히 묘사할 수 있을 뿐만 아니라 이를 바탕으로 여러 가지 아이템을 새로운 스타일로 구성할 수도 있다.

이들은 친구들과 소풍 나온 듯한 쇼핑객들과는 정반대다. 다시 말해 친구들과 쇼핑을 즐기는 그들과는 달리 이들은 혼자 쇼핑하는 것을 즐긴다. 아울러 이들의 특징은 친구와 함께 쇼핑하지 않으며 누군가가 함께 있을 때에는 어떤 것도 구매하려 들지 않는다는 점이다.

이처럼 이러한 유형의 쇼핑객은 매장 직원이나 친구의 도움을 필요로 하지 않는다. 이들은 자신이 준비가 되었다고 생각할 때에만 구매를 하기 때문이다. 이들에게 필요한 것은 단지 매장에 들어가 마음껏 혼자 즐길 수 있는 시간인 것이다. 이와 관련하여 19세의 레베카(Rebecca)는 다음과 같이 이야기했다.

"매장에 들어가자마자 매장 직원이 곧장 제게로 오면 저는 무언가를 사야한다는 압력을 느끼기 때문에 그냥 나와 버려요. 또한 그들이 제게 다가와서는 도움이 필요한지 묻고, 제가 괜찮다고 이야기했는데도 제 곁을 떠나지 않고 서성일 때도 마찬가집니다. 이들이 옆에 있으면 무언가를 구매해야 한다는 의무감이 들어 마음이 불편해지니까요."

레베카의 경우처럼 모든 여성 고객은, 친절하면서도 간섭하지 않는 매장 직원을 선호한다. 특히 상품을 구매하기보다는 구경하는 것을 즐기는 여성들은 더욱더 그러하다. 25세의 카일리(Kylie)는 이를 다음과 같이 강조했다.

나서기 좋아하는 판매직원은 오히려 고객에게 가식적인 느낌을 주기도 한다. 게다가 이러한 유형의 판매직원은 대개 고객을 그저 익명의 소비자라고 생각해버리기 일쑤다. 요컨대 홀로 쇼핑을 즐겨하는 이들은 혼자서 쇼핑하는 것을 즐길 수 있도록 내버려둘 때 기쁨을 느낀다는 것이다.

내가 항상 이야기하는 것처럼 쇼핑하는 것이 정신과 의사와 상담하는 것보다 비용 면에서 훨씬 더 저렴하다.

타미 페이 바커(Tammy Faye Bakker)
〈http://www.zaadz.com/quotes/search/〉(영문 사이트)

쇼핑 치료법을 찾는 사람

쇼핑 치료법을 찾는 이들에게 중요한 것은 판매직원과 마치 친구 같은 관계를 맺는 것이다. 이러한 유형의 쇼핑객은 판매직원이 오직 자신의 이익을 위해서만 행동하기 바란다. 판매하려는 목적은 배제한 채 말이다.

많은 여성은 쇼핑을 통해 치료받을 수 있다고 생각하기까지 한다. 이 대목에서 우리는 여성에게 진정으로 의미 있는 것이 무엇인지 파헤쳐볼 필요가 있음을 느낀다. 우리는 여성들과의 인터뷰를 통해 다음과 같은 두 가지 주요 테마를 발견했다. 첫 번째는 친구들과 함께 쇼핑에 나서지만 이들의 주된 목적은 구매가 아니라 수다를 떨고 기분전환을 하는 것이다. 그리고 두 번째는 정신 건강을 위해 쇼핑하는 것이다. 이로써 우리는 쇼핑이 여성들에게 사기를 북돋워준다는 사실을 깨달았다. 이와 관련해 29세의 앤(Anne)은 다음과 같이 이야기했다.

"제 평생 가장 멋진 쇼핑 경험에 대해 이야기하겠습니다…. 그 매장 직원은 한 시간 반가량이나 제 옆에서 시중을 들면서 여러 가지 제품을 보여주고 매장에 있는 옷을 입어보는 것을 도와주었습니다. 덕분에 저는 마치 영화 〈귀여운 여인(Pretty Woman)〉의 주인공이라도 된 것처럼 행복했습니다…. 그날 10년 만에 처음으로 해변에 갔습니다…. 그리고 그녀 덕분에 최고로 기분이 좋아진 저는 제가 구매한 비키니를 입고 제 몸매를 마음껏 뽐내며 다녔습니다."

이들은 쇼핑을 통해 행복감을 느낄 뿐만 아니라 일상의 단조로움으로부터 벗어나기도 한다. 우리가 인터뷰한 여성들 가운데 여럿은 쇼핑을 하는 동안만은 자신이 시중을 받을 수 있는 까닭에 기분이 좋다고 이야기했다. 그리고 덧붙여서 이는 집에서는 결코 경험하지 못하는 것이라고 말했다. 29세의 제이닌(Janine)은 가정주부이자 두 아이의 엄마이기도 하다. 그녀는 대부분 가족을 위해 틀에 박힌 쇼핑을 하는데, 가끔은 기분전환을 위해 친구와 함께 쇼핑에 나서기도 한다고 했다. 그녀는 기분 전환 삼아 쇼핑을 하면서 피로를 풀 수 있기 때문에 정기적으로 친구와 만나 쇼핑을 한다. 이에 대해 제이닌은 다음과 같이 이야기했다.

"가족과 함께 쇼핑을 할 때면 아이들이나 남편이 원하는 것을 보기 위해 이곳저곳 사방을 돌아다니며 기운을 빼기 십상이랍니다. 반면에 친구와 만나 쇼핑을 할 때면 정말이지 행복할 따름입니다. 저는 보통 금요일 오후에 친구와 만나 쇼핑을 하는데 이날만큼은 저와 친구, 우리가 좋아하는 것들만을 구경할 수 있기 때문에 기분전환이 되는 거죠."

그녀는 가족과 함께 쇼핑하는 일이 그다지 나쁜 것은 아니지만 그렇다고 마냥 즐거운 일 또한 아니라는 사실을 강조했다. 제이닌을 비롯해 다른 많은 여성들은 혼자서 혹은 친구와 함께 쇼핑할 때 더 자유로움을 느끼며 만족스러워한다. 제이닌과 같은 여성들에게는 자신만의 시간이 필요한 것이다.

한편 49세의 독신 여성 메리(Mary) 역시 쇼핑을 통해 사회적인 교류를 나눈다. 그녀는 지난 수년 동안 토요일 아침마다 쇼핑에 나서고 있다. 메리는 오랜 기간 동안 형성되어 온 우정을 바탕으로 매번 같은 매장과 같은 시장에만 간다. 심지어 이사를 해서 일부 매장과는 거리가 멀어졌음에도 여전히 그곳까지 가는 수고를 마다하지 않고 있다. 쇼핑과 관련하여 메리는 다음과 같이 설명했다.

"쇼핑은 독신 여성으로서의 제 삶의 한 부분을 차지하고 있습니다. 그러므로 매장 직원 또한 제 삶에서 중요한 사람들이지요. 이들은 여러 면에서 고립되어 있는 제게 소속감을 느끼게 해준답니다. 그들로 인해 저는 외롭지 않습니다. 이렇듯 쇼핑을 통해 새로운 상품을 구매하고, 사람들도 구경할 수 있는 까닭에 이는 제 삶에 중요한 부분인 것입니다."

우리가 인터뷰한 여성들의 공통 테마는 바로 이들이 판매직원과 친분을 형성하고자 하는 바람을 갖고 있었다는 점이다.

다시 말해 이들은 자신을 진심으로 돕고자 하는 매장 직원들
과 신뢰를 바탕으로 친근한 관계를 형성하기를 기대하고 있
다. 이처럼 쇼핑으로부터 치료법을 찾는 이들은 심지어 판매
직원과의 친근감을 쇼핑에서 가장 중요한 점으로 꼽기도 했
다. 이와 관련하여 44세의 샤론(Sharon)은 다음과 같이 설명했
다.

"그녀는 저를 아주 친근하게 대하는 동시에 편안하게 만들어주었습니
다. 그녀와 저 사이에 형성된 친근감은 순수한 마음에서 비롯된 것이랍
니다."

쇼핑 치료법을 찾는 이들은 친절한 판매직원을 만나기를 희
망한다. 이렇듯 판매직원과 교류를 형성하면서 이들은 특정
매장의 단골고객이 된다. 즉, 이들을 끌어들이는 것은 제품이
아니라 바로 직원이다. 이와 관련하여 25세의 카일리는 다음
과 같이 이야기했다.

"그 작은 상점에서 일하는 여성들은 정말이지 사랑스럽다고 이야기할
수밖에 없을 정도로 친절하답니다. 제가 그곳에 갈 때마다 느끼는 것이
지만 그들은 제 이야기를 들어주고 저를 친구처럼 대합니다. 물론 물건
을 구매해야 한다는 어떠한 압력도 주지 않기 때문에 저는 그저 마음껏

쇼핑을 즐길 수 있으며, 그들이 그런 저를 도와줍니다. 비록 제가 아무 것도 구매하지 않는다 해도 그들은 여전히 제게 친절하게 대해주며 기꺼이 도움을 주고자 합니다. 이런 까닭에 제가 그곳을 좋아하지 않을 수 없는 것입니다.”

카일리의 이야기에서처럼 매장 직원과의 교류는 친구 사이에서 형성되는 우정처럼 막강하다. 매장 직원과 친분이 형성된 이후에는 구매에 대한 부담이 없어지기 때문에 그곳에서의 쇼핑은 즐거운 경험이 된다. 여기서 중요한 점은 물건을 구매하지 않더라도 판매직원은 여전히 이들 여성들에게 친절하다는 것이다. 쇼핑 치료법을 찾는 여성들은 자신이 하나의 인격체로 대우받기를 희망한다. 그리고 판매직원이 판매 목적에만 급급해 하지 않는 것을 높이 평가한다. 판매직원이 고객과의 관계에 대한 보상으로써 판매를 기대하기보다는 다른 목적 없이 순수한 마음으로 고객을 대할 때 비로소 이들 사이에는 우정이 형성된다. 이처럼 우리와 인터뷰한 많은 여성이 고객에게 친절하고 순수한 마음으로 도움을 주고자 하는 판매직원에 대해 침이 마를 정도로 이야기했다. 요컨대 이들은 고객에게 자신의 제품을 판매하고자 하는 압력을 가하지 않고 순수하게 충고를 아끼지 않는 판매직원이 가장 이상적이라고 생각한다.

친구들과 소풍 나온 쇼핑객

친구들과 소풍 나온 쇼핑객은 구별하기가 용이하다. 이들은 보통 눈에 띄는 구두를 신은 채 여러 개의 쇼핑백을 들고, 적어도 다른 두 명 이상의 여성과 함께 시종일관 미소를 잃지 않고 긴장이 풀어진 상태로 다니는 것이 특징이다. 물론 반드시 그런 것은 아니지만 대개 호주 각 주의 시골 지역이나 뉴질랜드에서 모여든 여성들이 이 부류에 속한다. 예컨대 이들은 최고 여덟 명 정도의 다른 여성들과 함께 그룹을 만들어 멜버른이나 시드니에 와서는 신나게 쇼핑을 즐기다 돌아간다. 이러한 쇼핑 여행의 특징은 축제의 분위기를 느낄 수 있다는 것이다. 친구들과 함께 쇼핑하는 이러한 유형의 여성들은 쇼핑을 통해 일상에서 탈출하는 기분을 맛보고자 한다. 한 가지 주목할 사항은 이들의 쇼핑 여행이 3~4일간이나 지속될 수 있다는 것이다. 따라서 이들은 쇼핑 여행에 나서기 이미 몇 달 전부터 이를 준비하고 세심하게 계획을 세운다. 게다가 그들의 일정 가운데는 구매를 비롯해 오락거리 또한 포함되는 것도 특징일 수 있다. 한편 키위(Kiwi, 뉴질랜드 사람을 일컬음—역주) 소녀들이야말로 이러한 유형의 쇼핑 여성을 설명하는 가장 좋은 예일 것이다.

키위 소녀들은 대개 크라이스트처치(Christchurch) 출신으로 이들은 매해 4일간의 여정으로 멜버른에 여행을 온다. 이들의 여행은 보통 비행기 값이 가장 저렴할 뿐만 아니라 매장에서 겨울 세일을 진행하는 6~7월에 이루어진다. 그리고 이들 소녀들은 오랜 토론 끝에 '초대받은' 사람에 한해 여덟 명 가량으로 구성된다. 이는 멜버른 여행이 이들에게는 아주 중요한 이슈이므로 여행 중에 서로 잘 어울릴 수 있는 이들만을 멤버로 구성하는 것이다.

이들의 여행 일정은 대체로 이렇다.

◆ 목요일 밤─멜버른 도착 및 호텔 체크인

◆ 금요일 아침─스파(spa)와 미용실

◆ 금요일 오후─새로 개장한 QV 센터에서 점심 식사 후 시내에서 쇼핑

◆ 금요일 저녁─〈프로듀서스(The Producers)〉나 〈맘마미아(Mamma Mia)〉류의 뮤지컬 관람

◆ 토요일(종일)─채드스톤에서 쇼핑

◆ 일요일 아침 및 오후─브룬스윅 스트리트에서 아침 식사 후 채플 스트리트로 이동해 마지막 쇼핑

◆ 일요일 저녁─ 뉴질랜드로 돌아옴

모든 키위 소녀들이 뮤지컬을 좋아하는 것은 아니다. 단지, 그들이 굳이 멜버른까지 가서 시간과 돈을 소비해야 하는 이

유를 남자친구에게 설명하는 데 도움이 되기 때문이다. 다시 말해 남성들은 쇼핑하기 위해 해외에 가는 것은 이해하지 못하지만 뉴질랜드에서는 경험하기 힘든 뮤지컬을 관람하기 위해 여행하는 것은 이해하는 편이다. 스텔라(Stella)가 이러한 이야기를 한 남성 친구에게 털어놓자 그는 이에 대해 굉장한 사기라고 맞받아쳤다.

그 밖에 여성들은 자매끼리 혹은 모녀가 쇼핑에 나서기도 하지만 여성 친구들과 쇼핑하는 사례가 주를 이룬다. 한편, 이들이 쇼핑을 함께 할 파트너를 고르는 데 가장 중요하게 생각하는 것은 다름 아닌 신뢰였다. 마치 소풍 나온 것 같이 쇼핑을 즐기는 이들은 대개 씀씀이가 헤프기 십상이기 때문에 이들은 쇼핑을 함께 나온 파트너에게서 정직한 조언을 기대하게 된다. 자신이 고른 아이템에 대해 형편없다고 핀잔을 주어도 상관없다. 이들이 바라는 것은 오로지 정직한 평가이니 말이다. 따라서 소비를 많이 하는 이러한 유형의 쇼핑 여성은 그들에게 정직하면서도 직접적으로 의견을 이야기할 수 있는 친구와 함께 쇼핑을 하여 불필요한 낭비를 막고자 한다. 예컨대 이들이 "이 옷을 입으면 엉덩이가 더 커 보일까?"라고 질문할 때 함께 쇼핑 온 친구는 이에 대해 정직한 대답을 해야 할 것이다. 결론적으로 친구들과 소풍 나온 듯 쇼핑을 즐기는 여성들은 쇼핑을 통해 자유를 만끽할 뿐만 아니라 오직 자기 자신만을 위한 시간을 즐긴다. 다시 말해 이들은 제3의 장소에서 마치 내일은 없는 것처럼 현재를 만끽하고자 하는 것이다.

사냥꾼

이 부류의 여성은 진지하며 탐욕스러운 쇼핑객이다. 이들은 재빠르고 독단적일뿐만 아니라 이따금씩 공격적인 성향을 보이며 저렴한 물건을 구하기 위해서는 단호하기까지 한 사람들이다. 마치 사냥꾼과도 같은 이들은 세심하게 쇼핑을 계획한 후 카탈로그를 손에 들고 편안한 차림의 옷과 구두를 신으며 메이크업도 거의 하지 않은 채 쇼핑에 나선다. 그리고 이들은 마치 사냥꾼이 목표물을 응시하듯 완강한 표정으로 할인 제품을 찾아다닌다.

한편 콜링우드(Collingwood)에 있는 스미스 스트리트(Smith St)와 리치몬드(Richmond)에 있는 브리지 로드(Bridge Road) 같은 공장 직영 아웃렛이나 쇼핑가야말로 세일 제품을 구매하고자 하는 이들의 발걸음이 끊이지 않는 곳이다.

게다가 점포 정리 세일을 하는 곳이라면 어떤 일이 있더라도 가고야 마는 이들이 바로 사냥꾼 기질을 갖고 있는 쇼핑객이다. 심지어 이들은 복싱 데이 때 10달러에 판매될 DVD플레이어를 구매하기 위해 아침 7시부터 마이어(Myer) 백화점 앞에서 줄을 서는 수고도 마다하지 않는다. 이들이 이미 DVD 플레이어를 세 대나 가지고 있다고 해도 상황은 마찬가지일 것이다. 이들에게 중요한 것은 물건을 싸게 구입하는 것이기 때문이다. 그러다 보니 이들은 진열된 상품 가운데 흠이 있는 아이템을 찾아내어 제품 가격을 깎기도 한다.

이러한 사냥꾼을 유혹하는 방법은 신상품을 할인해서 판매하는 것이다. 그러면 이들은 쏜살같이 몰려들 것이다. 사냥꾼의 기질을 가진 이들은 원하는 상품을 구입하기 위해서라면 얼마든지 뻔뻔해질 준비가 되어 있다. 한편 TV에서 방영하는 경매 프로그램은 이들의 소비를 부추기는 또 다른 방법일 수 있다. 재빠르게 진행되면서 경쟁적이기까지 한 경매는 이들에게 흥미 있는 도전거리인 것이다. 경매에 나온 물품이 어떤 것이든 간에 값이 저렴하다면 즉시 이들의 목표물이 된다. 저렴한 가격이야말로 이들 사냥꾼이 구매를 정당화하는 이유이기 때문이다. 따라서 이들은 다른 쇼핑객을 제치고 특가품을 손에 넣게 된 경우, 흡족한 마음으로 의기양양하게 매장을 나온다.

＊　＊　＊

쇼핑객을 특징에 따라 분류하는 것은 그다지 어려운 일은 아니었다. 이는 억지로 짜 맞춘 것이 아니라 단순한 분석이었기 때문이다. 앞서 살펴본 것처럼 다양한 부류의 쇼핑객은 저마다 다른 특징을 드러냈다. 즉, 필요한 것만 재빨리 구매해서 떠나버리는 쇼핑객을 비롯해 상품을 살 의향도 없이 만지작대는 사람, 쇼핑을 통해 치료법을 찾는 사람, 친구들과 소풍 나온 쇼핑객 그리고 쇼핑 사냥꾼에 이르기까지 이들 그룹은 모두 쉽게 구분이 될 정도로 저마다 독특한 특징이 있었다. 한편, 이들의 유일한 공통점은 바로 쇼핑에 대한 필요성이었지만 쇼핑 동기와 기대치는 서로 달랐다.

이 장을 마치기에 앞서 우리는 한 가지 질문을 남겨두겠다. 이는 바로 "당신은 복싱 데이에 무엇을 했는가?" 이다. 호주와 뉴질랜드 대부분 지역에서는 크리스마스 다음날 혹은 12월 25일이 지난 후 영업이 시작되는 첫날을 주요 매출일로 꼽는다. 전통적으로 모든 백화점과 할인매장, 일반매장, 그리고 대부분의 부티크에서 이날 재고 정리 세일을 실시하기 때문이다.

복싱 데이 세일

지금쯤이면 앞서 제시한 질문에 답하는 것을 모두 마치고 쇼핑객의 다양한 유형에 대해서도 읽었을 것이다. 그렇다면 자신의 쇼핑 스타일이 어떤지도 명확히 이해했을 것이다. 마지막으로 이러한 유형들 가운데 쇼핑 사냥꾼을 비롯해 친구들과 소풍 나온 쇼핑객이 복싱 데이를 어떻게 보내는지에 대해 살펴보며 마무리하도록 하겠다.

복싱 데이는 과거에 부유한 영주들이 크리스마스가 지난 후 농노들에게 크리스마스 선물을 건네주던 전통에서 비롯된 것이다. 오늘날은 더 이상 이러한 풍습이 남아있지 않지만 그 이름만은 계속해서 남아있다. 한편 우리들 가운데 다수는 복싱 데이에 다음의 세 가지 중 한 가지 활동을 한다.

옵션 1

복싱 데이는 크리스마스의 연장이다. 따라서 이날은 친척 집을 방문하거나 다양한 크리스마스 모임에 참석해서 과음과 과식을 즐긴다.

옵션 2

호주와 뉴질랜드 사람들은 광적일 만큼 스포츠를 좋아한다. 따라서 우리들 가운데 다수는 이날도 어김없이 스포츠에 빠져 지낸다. 예컨대 멜버른에서는 이날 복싱 데이 첫 경기가 시작되면서 수천 명의 크리켓 팬들이 MCG(Melbourne Cricket

Ground 멜버른 크리켓 그라운드 - 역주)로 몰려든다. 그뿐만 아니라 이날 시드니에서는 시드니-호바트(Hobart) 요트 경기가 화려하게 열린다. 따라서 항구에 몰려든 수백 명의 관중에서부터 집에서 편안히 TV 생방송을 통해 경기를 관람하는 이들에 이르기까지 수많은 요트 팬들이 이 연중행사를 관심 있게 지켜본다. 또한 뉴질랜드에서는 이날을 더비 경마일(Derby Day)이라고 부르는데, 이날 다수의 뉴질랜드 사람들은 경마 경기에 촉각을 온통 곤두세운다.

옵션 3

우리들 가운데 다수는 복싱 데이 세일을 손꼽으며 12월 26일이 오기만을 기다린다. 더욱이 쇼핑 사냥꾼은 몇 달 동안이나 탐욕스럽게 가격 인하를 지켜보면서 자신이 원하는 상품을 확실히 구매할 수 있도록 펜과 휴대폰을 비롯해 신용카드로 무장한 채 만반의 준비를 갖춘다. 따라서 복싱 데이 아침 7시부터 주요 백화점 앞은 극성 쇼핑객들로 장사진을 치는데, 이들 틈에서 오직 용기 있는 자들만이 최저가의 상품을 손에 넣는 기회를 맛본다.

한편 복싱 데이 세일은 일부 주에서 쇼핑 시간을 자유화하기 이전까지는 존재하지 않았다. 그러다가 1980년대부터 비로

소 다수의 주요 백화점에서 이날을 맞아 저렴한 가격으로 재고정리 세일 행사를 벌이기 시작했다. 호주에서는 소비자들이 이미 이러한 복싱 데이 세일에 너무나도 잘 길들여져 있는 까닭에 오늘날 크리스마스 이후의 판매율은 크리스마스 이전 판매율보다 그 수치가 더 높은 실정이다. 복싱 데이 세일의 하이라이트는 바로 사냥꾼의 기질을 가진 쇼핑객들이 10달러까지 가격이 인하된 냉장고 한 대를 서로 차지하기 위해 그 앞에서 난리법석을 피우는 광경일 것이다.

나인엠에스엔(Ninemsn, 호주의 MSN − 역주)에 따르면 2004년 복싱 데이 때에는 호주 전역에 위치한 백화점과 부티크를 비롯해 할인 매장에 수만 명이나 되는 인파가 몰려들어 장사진을 이루었다. 아울러 이날 발생한 사건사고에 대한 보도는 다음과 같다.

멜버른에 위치한 마이어 백화점에서는 수백 명의 쇼핑객이 서로 앞 다투어 매장 안으로 뛰어드는 동안 목발을 짚고 있던 한 여성이 바닥에 넘어지면서 인파에 짓밟히는 사고가 있었다. 한편 퍼스(Perth)에서는 대부분의 상점들이 화요일에 본격적인 세일 판매를 앞두고 준비 중이었으며 소수의 상점만이 이날 개점했다. 그리고 시드니의 중심부에 위치한 피트 스트리트 몰(Pitt Street Mall)은 이 매장에서 저 매장으로 돌진하는 쇼핑객들로 발 디딜 틈 없이 혼잡했다. 반면 차분한 상황을 보였던 퀸즈랜 이처럼 복싱 데이를 맞이하여 호주 전역에서 주요 쇼핑 행사를 벌이고 있지만 그렇다고 모든 여성이 이날 쇼핑에 열을 올리는 것은 아니다. 다시 말해 상품을 살 의향도 없이 혼자 매장을 전전하며 쇼핑을 즐기는 유형의 쇼핑객은 이날 가족이나 친구와 함께 크리켓 경기장에서 어슬렁대거나 텔레비전 앞에서 요트 경기를 관람할 것이다. 혼잡하고 소란스러운 복싱 데이 쇼핑이 이들에게는 전혀 매력적으로 다가오지 않기 때문이다. 더욱이 쇼핑 자체를 즐기지 않고 필요한 것만 구매해서 재빨리 매장을 떠나버리는 쇼핑객에게도 이날은 쇼핑하기에 적합한 날이 아닐 것이다. 다만 혹시라도 자신이 구매하기를 원했던 상품이 있다면 이들은 난리법석인 매장 안을 뚫고 재빨리 들어가 자신이 원하는 상품을 집어 들고는 재빨리 매장을 박차고 나올 것이다.

한편 혼자서 쇼핑하는 것을 즐기는 개인 쇼핑객들에게도 복싱 데이는 쇼핑하기에 적절한 날이 아니다. 우리가 인터뷰했던 몇몇 소매상인을 비롯해 소비자들의 이야기를 통해 알 수 있듯이 복싱 데이는 가족이나 친구들과 함께 쇼핑하는 날이기 때문이다. 따라서 친구들과 함께 마치 소풍을 가듯 쇼핑에 나서는 이들에게는 복싱 데이가 쇼핑하기에 이상적인 날일 것이다. 이는 다음에서 제시하게 될 인터넷 채팅 사이트에서 스무 명이 넘는 여성들이 나눈 대화에서 분명하게 드러난다. 이들은 그룹을 지어 복싱 데이 쇼핑에 나서든지 아니면 함께 크리켓 경기 관람을 한다. 이들 가운데 크리켓 경기에 관심이 없는 이들은 두말할 여지없이 쇼핑에 나서는데, 애들레이드(Adelaide)로 쇼핑을 갈 것인지 아니면 멜버른으로 갈 것인지만이 유일한 그들의 논의거리일 뿐이다.

보낸 이: 알리스(Alis)

보낸 날짜: 2004년 12월 3일 오후 8시 27분

복싱 데이 경기에 가지 않는 사람들 가운데 리즈와 나와 함께 쇼핑갈 사람은 복싱 데이 아침 10시에 플린더스 스트리트(Flinders St)에서 만나자.

보낸 이: 루씨(Ruthey)

보낸 날짜: 2004년 12월 3일 오후 9시 9분

알리! 물론 나도 너희들과 같이 가고 싶어! 너무 오랫동안 쇼핑을 안 했더니 필요한 게 한두 가지가 아니란다. 그런데 안타깝게도 올해는 조부모님들과 애들레이드에서 머물게 될 거 같아. 쇼핑 즐겁게들 하길 바랄게. 나도 틈나는 대로 애들레이드에서 쇼핑할 생각이야. 물론 그곳이 멜버른 같지는 않겠지만 말이야.

보낸 이: 휴(Hugh)

보낸 날짜: 2004년 12월 4일 오후 3시 1분

무슨 소리야. 애들레이드도 멜버른만큼이나 쇼핑할 곳이 많은데! 런들몰(Rundle Mall)은 정말이지 쇼핑하기에 좋은 곳이야.

보낸 이: 루씨

보낸 날짜: 2004년 12월 5일 오후 5시 25분

그래 맞아, 휴이(Hughie). 나도 그곳을 무척이나 잘 알고 있어. 열두 살 때부터 애들레이드를 샅샅이 돌아다녔으니까. 그래도 멜버른만큼 멋진 곳은 아닌 거 같아. 휴우~

보낸 이: 알리스

보낸 날짜: 2004년 12월 6일 오후 10시 50분

나도 루쓰(Ruth)와 동감이야!

여성들은 이처럼 쇼핑을 하기 위해 짝을 이루거나 가족 가운데 여성들끼리 모여 쇼핑 계획을 세운다. 이들에게는 저렴한 가격에 물건을 구매하는 것 외에도 즐거운 시간을 보내고자 하는 목표가 있다. 더욱이 이때만큼은 가족이나 타인을 위

해서보다 자신에게 필요한 물건을 구매하고자 한다. 한편 여성 대부분은 복싱 데이 세일 기간 동안 판매직원의 도움은 기대하지도 않는다. 이 시기에는 으레 계산대의 줄이 길뿐만 아니라 전 직원이 꼼짝할 틈도 없이 바쁘기 때문이다.

인터넷을 통해 나누었던 여성들의 대화를 살펴보면서 우리는 이들이 복싱 데이를 어떻게 보내는지 엿볼 수 있었다. 그리고 앞서 설명했던 쇼핑객의 유형을 떠올려보았을 때 이들이 어떤 유형에 속하는지 또한 짐작할 수 있었을 것이다.

4장 여성은 왜 그런 방식으로 쇼핑을 하는가?

　3장에서는 여성들의 다양한 쇼핑 스타일을 집중 조명했다. 이번 장에서는 어떻게 쇼핑을 하는가와는 상관없이 여성들이 왜 쇼핑을 하는가와 관련하여 좀 더 일반적인 동기를 살펴보겠다. 아울러 이번 장에서 소개하는 쇼핑 동기 가운데 몇몇은 여러분의 쇼핑 스타일에 따라 더 공감을 느끼는 부분이 있을 것이다.

　여성은 집과 직장에서 벗어나 제3의 장소로 쇼핑가기를 좋아한다. 여성이 얼마나 쇼핑에 열광을 하는지는 〈아이들과 결혼하다(Married with Children)〉(페기 번디(Peggy Bundy)의 소비에 대한 탐닉을 누가 잊을 수 있겠는가?)를 비롯해 〈섹스 앤 더 시티(Sex and the City)〉(극중 캐리(Carrie)는 마놀로 블라닉(Manolo Blanik)이나 지미 추(Jimmy Choo) 혹은 돌체 앤 가바나(Dolce & Gabbana) 구두를 구매하는 것으로 스스로에게 고된 하루를 보상한다.)와 〈앱솔루틀리 패뷸러스(Absolutely Fabulous)〉(에디(Eddie)와 팻시(Patsy)는 디자이너 브랜드 제품을 구매하기 위해 존재한다고 할 정도이다.) 같은 TV 드라마를 통해서도 확인할 수 있다. 그뿐만 아니라 『트레이딩 업 (Trading Up)』이나 『악마는 프라다를 입는다(The Devil Wears Prada)』 그리고 『벌그돌프의 금발(Bergdorf Blondes)』 같은 '칙릿'(chick lit, 20~30대를 겨냥한 영미 대중소설-역주) 또한 쇼핑에 열중하는 여성들의 이야기를 잘 표현하고 있다.

이렇듯 대중문화는 쇼핑에 열광적인 여성들의 이미지로 가득 차 있다. 예컨대 『벌그돌프의 금발』에서 주인공들은 샤넬 행사에 초대받아 저렴한 가격에 명품을 구매할 수 있는 기회를 얻게 된다. 그런데 이들은 행사가 열리기 이틀 전부터 마치 군사 작전이라도 펼치듯 쇼핑 계획을 세우고 심지어는 매장 직원을 매수하여 그들이 원하는 제품들이 어느 곳에 진열되는지 미리 알아내는 치밀함도 보인다.

한 가지 주목할 사실은 우리가 인터뷰했던 여성들도 한결같이 앞서 언급한 여성들처럼 쇼핑에 열성적이라는 것이다. 예컨대 제니퍼(Jennifer)는 매장에서 경험하는 사소한 부분 하나도 놓치지 않으며, 쇼핑 그 자체를 즐기는 여성이다. 그녀는 자신의 경험을 다음과 같이 고백했다.

"쇼핑을 통해 저는 무한한 것을 경험합니다. 일단 매장에 들어서는 순간부터 저는 흥분하기 시작하지요. 소규모 보석 매장은 겉으로 보기에는 별다를 것도 없지만 내부로 들어가 보면 비로소 그곳이 얼마나 특별한 곳인지 깨닫게 됩니다. 때때로 저는 매장에 들어가서 정말이지 잊을 수 없는 경험을 한답니다. 이 에르메스 스카프가 한 예이기도 하지요. 언젠가 밀라노에 있는 작은 매장에 들렀을 때 판매직원은 제게 이 스카프를 펼쳐 보인 후에 다시 얌전히 접어서는 마치 보석을 만지듯 조심스럽게 스카프를 다루었습니다. 저는 당시에 제가 그 스카프를 구매하기까지의 모든 순간을 잊지 않고 기억하고 있습니다. 예컨대 스카프를 구입했던 그 매장 분위기를 생생히 기억함은 물론이거니와 그들이 스카프를 접을 때의 모습과 그것을 매장의 이름이 찍힌 오렌지색 박스에 넣을 때의 모습, 그리고 밀라노에서 집까지 그 스카프를 가지고 올 때의 그 흐뭇함까지 모두 잊을 수 없는 감동으로 남아있습니다."

그렇다면 얼마나 많은 남성들이 제니퍼처럼 7년이나 지난 쇼핑 경험을 생생하게 기억해낼 수 있을까? 제니퍼는 사소한 한순간까지 세심하게 기억해내서는 그 각각의 경험에 대해 즐거움을 느끼고 있다. 그녀의 경험으로 미루어볼 때 여성들은 단지 제품을 구매하는 것뿐만이 아니라 쇼핑 행위 그 자체를 비롯해 쇼핑을 하기 위해 외출했던 일을 추억하는 과정에서도 기쁨을 얻는다.

쇼핑에 열광하는 여성들의 이야기는 그야말로 다양하다. 앞서 이미 말한 것처럼 일부는 여성들이 과거 채집에 나서던 본능을 바탕으로 쇼핑에 탐닉한다고 주장한다. 이들에 따르면 여성들은 역사적으로나 생물학적으로 쇼핑을 즐기도록 만들어졌을 가능성이 크다는 것이다. 혹은 여성이 쇼핑을 통해 해방감을 얻는다고도 생각해볼 수 있을 것이다. 이와 관련하여 또 다른 한편에서는 여성들이 쇼핑을 통해 우울증이나 분노, 그리고 불안정을 치료받는 효과를 얻고 있다고 주장하고 있다. 한편 여성이 쇼핑을 통해 자기실현을 이룬다고 주장하는 이들도 있다. 제니퍼는 제품을 구매하는 것에서 시작해 쇼핑에 대한 경험 자체를 중요시했다. 몇몇 여성들은 자신이 바라는 바대로 완벽한 가정을 꾸미기 위해 물건을 사들이는 데 몰두하기도 한다. 아울러 이러한 여성들은 쇼핑을 통해 자신이 결정권을 갖고 있다는 기분을 즐기고 있는 건지도 모른다. 어쨌든 여성들의 쇼핑 동기가 무엇이든지 간에 결론은 여성들에게 쇼핑 행위 자체가 중요한 경험이라는 것이다.

이번 장에서는 쇼핑에 열광하는 여성들의 배후에 숨겨진 쇼핑 동기를 비롯해 이들이 쇼핑을 하기 이전과 쇼핑 중에 하는 행위 이면에 보이는 동기 또한 자세히 살펴보겠다. 우선 여성의 쇼핑 동기를 다음과 같이 다섯 가지로 분류해보았다.

◆ 즐거움을 위한 쇼핑
◆ 자신의 경제력 과시
◆ 정체성과 독창성을 위한 쇼핑
◆ 사회적인 교류를 추구

◆ 쇼핑을 통한 치료법을 구함

우리는 여기서 단순한 필요성이나 일상적인 구매 행위 그리고 가족을 위한 쇼핑처럼 평범한 쇼핑 행위에 대한 동기는 배제했다. 오로지 여성들이 단순히 즐기면서 그 자체에 몰두하는 쇼핑 그 이면에 드러나는 동기에만 집중했다. 한 가지 명백한 사실은 여성들이 쇼핑 그 자체의 경험을 추구한다는 것이다.

즐거움을 위한 쇼핑

여성들은 쇼핑하는 것을 좋아한다.

"저는 쇼핑을 굉장히 좋아한답니다. 쇼핑만큼 즐거운 일은 없을 거예요. 돈이 있는 한 말이죠." (카일리, 25세)

"쇼핑하는 것을 상당히 좋아하다보니 제 씀씀이도 자연스럽게 커졌습니다." (테일러(Taylor), 26세)

"오늘 쇼핑이 어땠냐고요? 물론 좋았죠. 정말이지 더없이 좋았답니다." (크리스티(Christy), 23세)

여성은 쇼핑에 대한 결과뿐만 아니라 그 과정 자체에서도 즐거움을 얻는다. 이렇듯 여성은 쇼핑을 통해 단순한 물품 이상의 것을 얻는 것이다. 우리와 이야기를 나누었던 많은 여성은 쇼핑 그 자체에 대한 즐거움을 비롯해 쇼핑을 통해 다양한 요구를 한꺼번에 만족시키는 것에 흐뭇해했다.

한편 미국 란제리 유통 업체인 빅토리아 시크릿(Victoria's Secret)은 이와 같은 여성들의 요구를 완벽하게 이해한 기업이라 할 수 있다. 예컨대 빅토리아 시크릿 매장은 매장 벽에서부터 고급스러움이 발산되고 고객들에게 즐거움을 선사할 수 있도록 설계된 것이 특징이다. 우리와 인터뷰를 했던 여성들 가운데 캐롤라인(Caroline)은 빅토리아 시크릿 매장을 방문했을 때 그녀가 얼마나 흥분했는지를 이야기했다. 그녀가 탈의실에 들어가자 다양한 스타일의 브래지어와 사이즈별로 진열된 속옷들을 마주할 수 있었다고 한다. 그곳에서 매장 여직원은 그녀의 치수를 잰 후 그녀에게 꼭 맞는 속옷을 추천해주었다. 그러는 동안 그녀는 무려 한 시간 이상을 그 매장에 머물면서 같이 간 남자친구를 당황하게 만들었으며 결국은 수백 달러를 지출하고 나옴으로써 남자친구를 한 번 더 놀라게 만들었다는 것이다. 그녀는 빅토리아 시크릿의 열렬한 팬임을 자부하며 다른 여성들에게 그녀의 쇼핑 경험을 계속해서 이야기하고 있다.

수잔 그래(Suzanne Grae, 호주 및 뉴질랜드의 여성복 브랜드-역주)에서 근무하는 스콧 영(Scott Young)에 따르면 여성이 쇼핑을 좋아하는 주된 이유는 기분전환이 될 뿐만 아니라 즐거워지기 때문이라고 한다. 그런데 한 가지 흥미로운 점은 여성들이 쇼핑을 하러 가기 전에 마치 여행 계획을 세우듯 '쇼핑 계획'을 세운다는 것이다. 한편, 쇼핑을 계획하는 여성들의 동기는 우리가 생각하는 것보다 훨씬 더 복잡하고 다양할 수도 있다. 이와 관련하여 스콧은 다음과 같이 이야기했다.

"여성들이 마치 계획된 여가 활동을 즐기듯 쇼핑에 나서는 데는 그럴만한 이유가 있습니다. 이들은 쇼핑을 통해 다양한 즐거움을 만끽할 수 있기 때문입니다. 여성은 스스로를 격려하거나 자부심을 느끼기 위해 쇼핑을 합니다. 게다가 언젠가 잡지에서 보았던 트렌드를 따라할 수 있다는 것 자체만으로도 그들은 활력을 느낄 수 있습니다."

이처럼 여성들은 쇼핑 행위 그 자체만으로도 즐거움을 느끼며, 평범한 일상에서 탈출할 수 있다는 이유에 기인하여 쇼핑을 즐긴다. 그렇다고 해서 이들이 자신이 구매한 물품에 대해서는 기쁨을 얻지 못한다는 뜻은 아니다. 다음 6장에서 살펴보겠지만 여성들은 대개 자신이 원하는 완벽한 상품을 구매하지 못했을 때 쉽게 실망한다. 그러므로 여성들은 쇼핑 행위와 더불어 그 결과물, 즉 자신이 구매한 물품이 완벽하다는 사실 때문에도 즐거움을 얻는다고 할 수 있겠다. 이와 관련하여 로라

는 자신이 구매한 끌로에(Chole) 청바지를 예로 들어 이야기
했다.

> "저는 각각 600달러를 주고 끌로에 청바지를 두 벌 구입했습니다. 그런
> 데 끌로에 청바지에는 상표도 붙어있지 않거니와 눈에 띄는 로고 하나
> 없기 때문에 누구도 제가 그렇게 값비싼 끌로에 청바지를 입었다는 사
> 실을 모릅니다. 그렇지만 이 청바지는 그야말로 멋스럽게 제 몸에 맞을
> 뿐만 아니라 재단이며 질감 할 것 없이 너무나도 완벽해서 다른 어떤 청
> 바지를 입었을 때보다 제가 더 멋있어 보인다는 사실에 저 스스로 흐뭇
> 할 따름입니다. 때문에 제가 끌로에 청바지를 입고 있다는 사실을 그 누
> 구도 알아차리지 못한다고 해도 상관없습니다."

로라는 자신이 구매한 끌로에 청바지에 상당히 만족하고 있
다.

비록 구매한 물품이 흡족하지 않을 때도 있겠지만 쇼핑 행
위 자체는 여전히 즐거운 일이다. 이는 단지 물품을 구매하기
위해 재미도 없는 쇼핑을 하지는 않는다는 말로도 설명할 수
있다. 따라서 즐거운 쇼핑이 될 수 있는 전제 조건은 필요한 물
품을 얻는 것을 비롯해 쇼핑 행위 자체 또한 만족스러워야 하
는 것이다. 한편 소매업자들은 소비자가 이렇듯 쇼핑을 통해
즐거움을 얻고자 한다는 사실을 오래전부터 깨달아왔다. 그리

하여 소매업자들과 학자들은 소비자의 감각과 감정에 호소할 만한 매장 인테리어와 조명, 그리고 시각적인 도구를 비롯해 음악과 매력적인 향기를 동원한 이른바 '실험적인' 쇼핑 환경을 연구하기 시작했다. 이러한 움직임에 대한 동기는 단순하다. 소비자가 매장 내에서 유쾌한 경험을 함으로써 지출을 더 많이, 그리고 더 자주하기 때문이다. 소매업자들 사이에 차별화의 바람이 불면서 쇼핑 환경을 개선하고자 하는 움직임이 유행처럼 번졌다. 예컨대 나이키(Nike) 매장이나 프라다, 루이 뷔통(Louis Vuitton), 그리고 스와치(Swatch), 애플(Apple) 같이 연간 수백만의 소비자가 찾아오는 브랜드 매장은 앞 다투어 고객이 자사 브랜드의 가치를 경험할 수 있도록 현대적인 쇼핑 공간을 구축하여 판매율 향상을 꾀하고 있다.

이처럼 매장 환경을 개선시키는 것은 여성 고객을 유혹하기 위한 결정적인 전략이 되었다. 이는 우리가 인터뷰한 여성들로부터 확인한 바이기도 하다. 예컨대 에리카(Erica)는 메카 코스메티카(Mecca Cosmetica, 전 세계 유명 화장품 브랜드 제품을 판매하는 호주의 기업—역주)에 열광적인 모습을 보였는데, 그녀는 스텔라나 마이클과 마찬가지로 메카 코스메티카에서 시간 가는 줄 모르고 쇼핑하는 단골이다. 그녀가 이처럼 메카 코스메티카에 푹 빠지게 된 이유는 바로 매장 인테리어 덕분이었다. 이에 대해 에리카는 다음과 같이 설명했다.

"메카 코스메티카는 제가 가장 좋아하는 매장으로 꼽을 수 있습니다. 매장 안은 항상 눈이 부실 정도로 밝으며 모든 벽은 회색빛이 감도는 흰색으로 덮여있고 바닥은 좀 더 밝은 색으로 칠해져있습니다. 게다가 매장 직원은 그야말로 상냥합니다. 어느 날 저는 아이라이너를 사려고 매장에 들렀습니다. 그리고 아이라이너 펜슬을 하나 구입하려던 참에 옆에 있던 직원이 제게 다른 색깔의 펜슬을 보여준 후 한 가지 화장법을 일러주었습니다. 그녀가 알려준 것은 바로 아이라이너 브러시와 아이섀도를 이용해 마치 아이라이너 펜슬과도 같은 효과를 만들어 주는 화장법이었습니다. 솔직히 그녀가 알려준 방법으로 한 눈 화장이 더 예쁘게 보였기 때문에 저는 그녀가 권해준 대로 구매를 했습니다.

본래 저는 아이라이너를 사려고 매장을 찾았지만 결국은 한 시간 하고도 30분을 매장에서 보내며 쇼핑에 열중했습니다. 심지어 저와 함께 매장에 갔던 엄마는 생각지도 않게 저보다 세 배는 더 많이 물건을 구매했습니다. 이는 바로 매장에 들어가자마자 고객을 사로잡는 매장 인테리어를 비롯해 경쾌한 음악과 고객을 응대할 준비가 된 친절한 매장 직원에게 압도당했기 때문이라고 생각합니다."

에리카가 메카 코스메티카에서 겪은 경험을 바탕으로 우리는 여성이 왜 쇼핑을 좋아하는가에 대한 다양한 이유를 짐작해 볼 수 있다. 분명한 것은 에리카가 메카 코스메티카에서의 쇼핑을 즐겼다는 것이다. 그녀는 본래 아이라이너 하나를 구매하러 갔지만 장장 한 시간 30여 분을 그곳에서 즐겁게 보냈고 그러는 동안 매장 직원과 친분도 형성할 수 있었다. 한편 에리카는 그 매장의 세세한 부분까지 모두 기억하고 있었다. 게다가 매장 내에서 그녀가 엄마와 매장 직원과 나누었던 사회적인 교류(이와 관련해서는 나중에 더욱 상세하게 논의할 것이다.)에 대한 경험마저도 모두 즐겁게 생각했다. 즉, 에리카는 자신에게 물건을 홍보 중이었던 매장의 판매직원과 자신이 나누었던 교류적인 측면 또한 즐긴 것이다. 중요한 점은 에리카가 그 판매직원으로부터 물건을 사도록 강요하는 느낌을 받지 않았으며 오히려 그녀의 조언을 고맙게 받아들였다는 것이다. 이러한 면에서 에리카는 우리와 인터뷰를 했던 다른 여성과 마찬가지로 소매업자나 경영인들의 상술에 좌지우지되지 않고 자신의 결정을 따르는 당당한 소비자임을 짐작할 수 있다. 그렇다. 여성들은 쇼핑을 통해 즐거움을 느낀다. 아울러 이들은 자신을 통제할 수 있는 능력 또한 갖추고 있다.

한편 엘리자베스(Elizabeth)는 자신이 좋아하는 스포츠걸(Sportsgirl) 매장의 환상적인 면에 대해 이야기하면서 이 매장이 상품을 멋지게 보이도록 하기 위해 매장 분위기를 어떻게 이용했는지를 설명했다. 예컨대 그 매장은 특정 옷과 어울리는 기능적인 소품을 함께 디스플레이하여 그 옷을 입고 어떤 일을 할 수 있는가를 암시하는 전략을 이용한다는 것이었다.

계속해서 엘리자베스는 다음과 같이 덧붙였다.

"스포츠걸 매장에서 사용한 독특한 상품 진열방식은 바로 눈으로 보이는 시각적인 수준을 넘어서 소비자가 그 옷을 입고 무엇을 할 수 있는지까지 예시해주는 것이었습니다. 요즘에는 이렇게 관련 상품까지 진열하여 판매하는 경우가 꽤 있는 것 같습니다. 스포츠걸 매장에 가면 샹들리에와 침대 틀이 인테리어로 디스플레이 되어 있는가 하면 탈의실 바닥에는 작고 귀여운 쿠션이 깔려있기도 합니다. 따라서 매장을 찾은 고객들은 이러한 분위기에 빠져들게 되는 것입니다. 반면에 채드스톤에서는 구역을 나누어 각각을 다른 분위기로 표현했는데, 그 표현 방식은 역동적이면서도 신선했습니다. 더욱이 매장에 들어설 때마다 제품과 소품들은 항상 위치가 변경되어 있기 때문에 이곳에서 쇼핑을 할 때마다 기분전환이 됩니다. 이처럼 저는 쇼핑을 통해 기분전환은 물론이고 다른 어떤 곳에서도 결코 경험할 수 없는 색다른 체험을 하는 것을 좋아합니다."

여성들은 왜 매장을 돌아다니며 구경하는 것을 좋아할까?

남성들이 오랫동안 불평해오고 있는 바는 다름 아니라 여성이 구매도 하지 않으면서 오랜 시간 동안 쇼핑을 한다는 것이다. 그렇다면 여성이 이처럼 시간을 하찮게 소모하는 데는 특별한 이유라도 있는 것일까? 이는 아마도 여성이 단순히 쇼핑 행위를 통해 즐거움을 얻는다는 이유로 설명할 수 있을 것이다. 혹은 여성이 친구들과 쇼핑을 하면서 사회적인 교류를 나눈다는 것 또한 그 이유가 될 것이다. 어쨌거나 분명한 것은 쇼핑을 하거나 단순히 매장을 전전하는 경우라 할지라도 여성은 이를 통해 즐거움을 느끼고 스트레스를 해소하는 등 정서적인 요구를 만족시킨다는 것이다. 더욱이 남성들에게는 하찮게 보일지도 모르는 쇼핑이 여성에게는 마치 여행처럼 느껴지는 데는 쇼핑을 통한 여성의 만족도가 얼마나 큰지를 시사한다. 이와 관련하여 포크(Falk)와 캠벨(Campbell)은 그들의 저서를 통해 다음과 같이 밝혔다.

"쇼핑을 통해서만 물품에 대한 정보를 얻을 수 있을 뿐만 아니라 이를 구매할 수도 있기 때문에 이런 점에서 쇼핑은 필수적인 것이다. 그러나 이에 더해서 여성은 물품을 구매하든 안하든가에 상관없이 쇼핑 행위 자체로부터 즐거움을 얻는다고 이야기한다. 예컨대 그들은 단지 둘러보는 행위만으로도 만족을 하는데, 이는 근본적으로 심미적인 만족감이 채워졌기 때문이라고 해석할 수 있다." (포크와 캠벨 공저, 1997년, p.170 참조)
포크와 캠벨은 여성이 쇼핑을 '여행'으로까지 여기며, 이를 여가 활동으로 간주한다는 사실에 주목했다.

"여성은 쇼핑하러 가는 날만을 손꼽아 기다린다. 그런데 이들은 종종 무엇을 사야겠다는 특정한 계획 없이 쇼핑에 나서기도 한다." (포크와 캠벨 공저, 1997년, p.170 참조)

많은 여성이 쇼핑을 통해 즐거움을 얻는다. 9장에서 논의하게 될 남성 쇼핑객과 비교할 때 여성은 물품을 구매하는 것은 물론이거니와 쇼핑하는 그 자체만으로도 즐거워한다. 이들은 매장을 그저 둘러보거나 판매직원과 이야기하는 것만으로도 즐거움을 느끼는 것이다. 그리고 특별히 무언가를 구매하지 않는다 하더라도 오랜 시간 동안 쇼핑을 한다. 게다가 이들 여성은 쇼핑 중에 경험하는 사소한 것 하나에도 기쁨을 감추지 못한다. 따라서 소비자에게 만족스러운 물품을 제공하고 유쾌한 쇼핑 환경을 마련해주는 소매업자들에게는 당연히 단골이 줄을 이을 것이다. 이와 관련하여 소매업자들이 어떠한 전략으로 여성 소비자를 맞이할 수 있는가는 7장과 8장에서 자세하게 논의하도록 하겠다.

지금까지 즐거움을 얻기 위해 쇼핑하는 여성들에 대해 살펴보았다. 하지만 여성들이 쇼핑을 좋아하는 이유는 단지 이뿐만이 아니다.

자신의 경제력 과시

"저도 이따금씩은 누군가에게 응석을 부리거나 누군가의 보살핌을 받고 싶다는 생각을 할 때가 있습니다. 그렇지만 대개 이러한 마음을 숨기는 편입니다. 자신이 무엇을 좋아하고 또 무엇을 좋아하지 않느냐는 누구보다 자기 자신이 잘 알고 있습니다. 요컨대 홀로 쇼핑을 하기 위해서는 어느 정도 자신에 대한 신뢰감을 갖고 있어야 한다고 생각합니다."
(엘리자베스, 25세)

여성은 구매를 자립심과 능력에 연관짓는다. 게다가 이들은 자신이 무언가를 구매할 때 타인 앞에서 당당할 수 있다고 이야기한다. 여기서 이들이 말하는 당당함이란 다름 아니라 자신이 결정권을 갖고 있을 뿐만 아니라 경제적 능력도 있고 무엇이든지 자신이 원하는 것에 돈을 쓸 수 있을 때 느끼는 자신감을 뜻한다. 여성들은 자신이 무언가를 구매할 수 있는 능력이 있다는 사실을 남들 앞에서 보여주는 것에 대해 커다란 기쁨을 느낀다. 이는 특히 기혼 여성들 사이에서 흔한 일이기도 하다. 44세의 샤론(Sharon)은 이와 관련해서 다음과 같이 설명했다.

"제 자신이 능력 있는 사람이라는 것을 깨닫는 것이 그렇게 커다란 영향력을 행사하게 될 줄 몰랐습니다. 예컨대 남편과는 상관없이 저 스스로 무언가에 대해 결정을 내릴 때 저는 일종의 쾌감 같은 것을 느꼈습니다."

샤론에게 쇼핑은 곧 개인의 능력을 의미하는 것이다. 다시 말해 이러한 능력이란 자신이 무언가를 구매할 수 있는 경제력이 있다는 것을 뜻한다. 우리와 인터뷰한 여성 가운데 크리스티(Christy)는 열렬한 명품 소비자로, 그녀는 특히 루이뷔통 애호가이기도 했다. 그녀는 명품을 구매하는 것과 관련하여 다음과 같이 설명했다.

"명품 아이템을 착용하면 자부심이 느껴진다고 해야 할까요? 아무튼 저 스스로 기분이 좋아진다는 것을 느낍니다. 더욱이 값비싼 명품은 이를 구매한 저의 경제적 능력을 남들 앞에서 드러내주기 때문에 기분이 더 우쭐해지는 것이지요."

여성은 남들 앞에서 자신의 경제적 능력을 과시하는 것을 좋아한다. 그리하여 이들은 이따금씩 그저 과시의 목적으로 무언가 값비싼 것을 구입하는, 다소 불합리한 상황에 빠지기도 한다. 크리스티를 예로 들자면, 최근 루이뷔통 매장에 들른 그녀는 자신이 구매하고 싶어 했던 두 가지 상품이 다 팔려서

난감한 상황에 처하고 말았다. 이러한 상황에서 그녀는 다른 매장을 찾았을까? 아니면 그녀가 구매하기를 원했던 상품이 도착할 때까지 기다리기로 했을까? 물론 둘 다 아니었다. 크리스티는 그 상황에서 자신이 좋아하지도 않는 가방을 하나 구매한 것이다. 이는 자신이 어떤 것도 구매하지 않고 그냥 나오면, 루이뷔통의 판매직원이 자신을 능력 없는 사람으로 생각할지도 모른다는 두려움 때문이었다. 이와 관련하여 크리스티는 다음과 같이 이야기했다.

"만일 제가 어떤 것도 구매하지 않기로 결정을 했더라도 저는 무언의 압력을 받았을 것입니다. 다시 말해 루이뷔통 같은 고급 명품 매장에서 판매직원의 최고급 서비스를 받으면서 아무것도 구입하지 않고 나와야 한다면 저 스스로 상당히 부끄럽고 낯 뜨거움을 느끼게 되는 것입니다. 그래서 아무 거라도 구매해야겠다고 생각하는 것이지요. 다시 말해 제가 아무것도 구매하지 않으면, 매장 직원이 저를 능력 없는 사람으로 여길 것이 싫어서라도 구매를 하고야 마는 것입니다."

크리스티는 매장 직원 때문이라기보다는 그녀 자신 때문에 구매에 대한 압력을 느꼈다고 볼 수 있다. 다시 말해 그녀는 혹시라도 자신이 능력 없는 사람으로 비춰질까봐 걱정을 했던 것이다. 만일 여성들이 이러한 스스로의 능력을 흐뭇해하며 쇼핑을 하는 것이라고 가정할 때, 반대로 누군가 자신을 능력 없는 사람으로 여긴다는 느낌을 받는다면 이는 최악의 상황이 되는 것이다. 한편 많은 여성은 자동차나 전자제품을 비롯해 컴퓨터 등 전통적으로 남성 소비자들이 지배적이었던 매장에 들어설 때 주눅이 드는 경향이 있다. 48세의 메리는 자신의 자동차를 카센터에 가지고 가면서 어떠한 기분을 느꼈는지에 대해 다음과 같이 설명했다.

"제 차를 완전히 남의 손에 맡겨 수리를 해야 함은 물론이거니와 그들이 수리를 잘하는 건지도 알 길이 없으니 그저 답답할 따름이었습니다. 그리고 제가 무기력하다는 생각마저 들었습니다. 이처럼 저는 그들 앞에서 한없이 작아지는 반면 그들은 무한한 힘을 가진 것처럼 보였습니다."

메리는 이와 같은 상황에서 자신이 어떠한 행동을 취해야 하는지를 잘 알지 못했던 것이다. 게다가 남성의 영역에서 여성이 사기를 당하기 십상이라는 생각도 들었을 것이다. (남성의 영역권 안에서 여성이 처한 상황은 6장에서 더 자세히 논의할 것이다.)

과거에 여성이 쇼핑에 나서기 시작하면서 비로소 남성과 동등한 대우를 받았다. 오늘날도 역시 여성 소비자는 남성 소비자와 동등한 대우를 받는다. 한편 여성들은 쇼핑을 통해 자신의 경제적 능력을 과시하고자하는 경향이 있기 때문에 자신이 혹시라도 형편없는 서비스를 받기라도 한다면 이에 대해 격분을 금치 못한다. 또한 그 반대의 경우, 즉 서비스가 좋았던 매장에 대해서는 단골이 되기를 마다하지 않는다.

지금까지 살펴본 쇼핑과 관련된 여성의 경제력과 자립심은 다음에서 논의하게 될 개인의 정체성과도 관련 있는 것이라는 점에 주목해야 할 것이다.

정체성 및 독창성을 위한 쇼핑

사람들은 자신의 실체 혹은 자신이 바라는 이상적인 모습을 드러내줄 수 있는 물품을 구매하고자 한다. 이와 관련해서 우리와 인터뷰를 했던 많은 여성들은 쇼핑을 일종의 창조적인 행위로 생각하고 있었다. 게다가 여성들은 남들 앞에서 자신의 정체성을 나타내줄 만한 아이템을 구입하는 경향도 있음이 드러났다. 예컨대 제인(Jane)은 자신의 라이프스타일이나 가치를 표현해주는 제품을 찾는 데 열의를 보이는 소비자였다. 그녀는 자신의 경제적 범위 안에서 삶을 최고로 만들고자 하는 바람을 갖고 쇼핑에 나선다. 다음은 이와 관련된 제인의 이야기이다.

"저는 원단을 구매하는 것을 좋아합니다. 그래서 현재 제 옷장 서랍에는 수천 달러어치나 되는 원단들이 보관되어 있습니다. 이 원단들은 제게 너무나도 소중하답니다. 언젠가 제가 체중 감량에 성공하면 이 원단으로 멋진 옷을 만들어 입을 생각입니다. 리치몬드에 있는 한 도매상에서는 베르사체(Versace)나 샤넬(Chanel)이 사용하다 남긴 특별한 원단을 판매합니다. 때문에 운이 좋으면 그야말로 훌륭한 순모 원단을 미터 당 80달러에 구매할 수도 있습니다. 저는 왜 사람들이 시시한 것을 구매하려 하는지 이해하지 못합니다. 한편, 요즘에 판매하는 합성 섬유 원단은 형편없을 정도로 품질이 떨어집니다. 이러한 것들은 바느질도 엉망이거니와 한 디자인을 무려 5만여 개나 똑같이 찍어내기 때문에 독창성을 중시하는 저 같은 사람들에게는 치명적이기까지 하답니다. 저는 옷을 통해 제 자신을 표현하는 것을 좋아합니다."

저렴한 가격에 품질 좋은 원단을 구매하고자 하는 제인의 쇼핑 성향을 통해 주목할 사항은 그녀가 자신의 가치 기준을 분명히 고수하면서 쇼핑하고자 하는 바람을 갖고 있다는 점이다. 제인은 자립적인 소비자일 뿐만 아니라 자기 자신을 드러낼 수 있는 물품을 추구하고 있다. 본질적으로 그녀는 자신의 정체성을 추구하고 이를 더욱 강화하고자 하는 바람에서 쇼핑을 한다. 나아가 이는 그녀의 창조성과 연관을 맺는 것이다.

여성은 인테리어 디자인이나 장식을 포함하여 다방면에서

창조적 표현을 시도한다. 한편 지난 수년간에 걸쳐 '보금자리'를 가꾸고자 하는 트렌드가 부활하면서 여성들 사이에서는 자신의 가정을 독창적인 방법으로 꾸미고자 하는 바람이 일었다. 이와 관련하여 가브리엘(Gabriel)과 랑(Lang)은 그들의 저서에서 다음과 같이 서술했다.

"서양의 소비자들은 집을 꾸미는 것에서부터 옷과 음식 등 다른 물품을 선택하는 문제를 비롯해 휴가를 계획하는 데 꽤 많은 시간을 소비한다. 이는 단지 거창한 무언가를 만들어내고자 하는 것만이 아니라 개인만의 독특한 스타일을 발견하고자 하는 시도에서 기인한다고 볼 수 있다. 그리하여 이들은 유용성보다는 독창적이며 자신만의 독특한 특징을 드러내는 것을 선택하는 것이다." (1995년, p.107)

오늘날 여성들은 마치 유행을 따르듯 자신의 방이나 집안 인테리어를 필요 이상으로 자주 바꾼다. 여성들은 이를 통해 자신의 정체성이나 창조성을 표현하고자 하는 것이다. 한편 오늘날 이들이 벌어들이는 소득이 점점 증가하면서 많은 여성들이 집안 인테리어에 아낌없이 돈을 쏟아 붓는다. 그리하여 1990년대 이래 호주 가정집 인테리어에 소요된 비용은 점점 증가했으며, 부동산 시장의 호황으로 2001년도 이래 인테리어 산업은 붐을 이뤘다. 이러한 상황에 부응하여 버닝스에서는 장식 및 원예부문의 매출이 급속도로 증가했다. 더욱이 〈방 바꾸기(Changing Rooms)〉와 〈뒤뜰에 변화주기(Backyard Blitz)〉 같은 집안의 개보수를 주제로 한 텔레비전 프로그램의 영향력도 이러한 현상을 한몫 거들었다. 그뿐만 아니라 〈하우스 앤 가든(House&Garden)〉 같은 인테리어 잡지 또한 집안 인테리어를 바꾸고자 하는 열기에 부채질을 했다.

쇼핑에 불어 닥친 창조성의 바람

인테리어 디자인은 여성들 사이에서 인기를 누리고 있다. 예컨대 아마추어 디자이너들을 위한 강좌나 서적을 비롯해 텔레비전 프로그램과 잡지는 이들 사이에서 인기몰이를 하고 있으며 그 영향력 또한 상당하다. 한편 영국의 마크 앤 스팬서(Marks and Spencer)와 미국의 마사 스튜어트(Martha Stewart) 같은 유통업자들은 이 여세를 몰아 가정용 장식 산업으로 진출했으며 랄프로렌(Ralph Lauren)과 뉴질랜드의 카렌 워커(Karen Walker) 등의 패션 디자이너 또한 페인트 라인을 론칭하여 평범하게 보이는 페인트 산업에 새로운 마케팅 방식을 도입했다.

한편 유통업계의 전문가 파코 언더힐(Paco Underhill)은 그의 저서 『우리는 왜 구매를 하는가?(Why We Buy)』에서 케이마트 같은 매장은 랄프로렌과 마사 스튜어트의 이름이 붙은 페인트를 마치 패션 아이템이나 되듯 매장에서 잘 보이는 곳에 진열한다고 이야기했다. 이는 과거에 페인트 제품이 매장 구석에 감추어져 있던 모습과는 대조적인 것이었다. 이렇듯 페인트에 관심이 쏠리게 되면서 이는 기능적인 면만을 강조하는 것에서 벗어나 라이프스타일을 대변해주는 아이템으로 부상했다. 많은 여성이 계절의 변화에 발맞추어 방의 색깔 또한 변화를 주고자 희망한다. 이러한 이유로 페인트가 패션 아이템으로 급부상하여 판매량 또한 급증한 것이다. 이제 페인트를 판매하는 소매업자들이 주목해야 할 사항은 페인트를 구매하는 소비자들에게 즐거움을 선사할 만한 쇼핑 환경을 조성해야 한다는 것이다.

자신의 창조성을 표현하고자 하는 바람 또한 여성들이 진품을 찾는 데 한몫했다. 이와 관련하여 제인은 다음과 같이 설명했다.

"저는 물건 욕심이 많습니다. 사실 이번에 생전 처음으로 집을 장만하는 것이기 때문에 이를 어떻게 꾸밀 것인가를 고심하고 있습니다. 집을 어떻게 꾸미느냐는 바로 제가 어떤 사람인가를 드러내주기 때문입니다. 물론 제 자신이 어떤 사람인가는 잘 알고 있지만 솔직히 지금까지는 경제적인 제약 때문에 이를 표현할 길이 없었습니다. 이런 점에서 돈이 중요한 것이지요. 아무튼 저는 1930년대에 한 병원에 있었던 소파를 500달러에 구입해 위층에 놓았습니다. 상당히 단단한 목재 틀로 만들어진 그 소파에 천을 씌우고 쿠션을 올려놓으니 그래도 봐줄만 했습니다. 저렴한 가격에 원단을 구입할 수 있는 매장을 알고 있었으니 다행스러운 일이었죠."

이처럼 제인이 좋은 품질의 앤틱(가치 있고 미적인 아름다움도 갖추고 있지만 대부분은 상태가 양호하지 못하다.) 제품을 찾는 데는 진품을 추구하는 바람이 담겨져 있다고 볼 수 있다. 이러한 제품을 통해 그녀는 정체성을 표현하고자 했던 것이다. 그녀의 집을 방문하는 이라면 그녀가 얼마나 정성을 다해 이토록 아름다운 앤틱 제품을 장만했는지 짐작할 수 있을 것이다. 그녀가 이러한 것들을 장만하기 위해 여러 날 발품을 팔아가며 돌아다닌 이야기는 아무리 들어도 끝이 없을 정도이니 말이다.

이처럼 쇼핑을 통해 우리는 자기 자신을 표현할 뿐만 아니라 독창성을 드러낼 수도 있다. 따라서 여성은 이러한 독창적인 행위를 통해 자신만의 정체성을 표현할 수 있는 제품을 찾아다닌다. 이는 예컨대 명품 브랜드 제품이나 부티크 제품과 같은 완제품일 수도 있고 제인의 소파처럼 수리가 필요한 제품일 수도 있으며 역사적인 가치가 담겨진 제품일 수도 있다.

지금까지 여성이 쇼핑을 좋아하는 다양한 이유들을 살펴보았다. 이들은 즐거움을 위해서나 개인의 능력을 드러내기 위해서, 혹은 정체성을 표현하기 위해서 쇼핑에 나선다. 그런데 여성이 쇼핑을 나서는 또 다른 중요한 요소 가운데 사회적인 역할 또한 주목할 만하다.

사회적 교류 나누기

사람들은 상점에서 다른 사람을 만날 수 있는 기회를 얻는다. 광장이나 교회, 그리고 과거의 사교 클럽에 이어 오늘날은 상점이 사회적인 공간으로서의 역할을 대신하게 된 것이다. 따라서 오늘날 사람들은 친구를 만나거나 새로운 친구를 사귀며 사회적인 교류를 나누고, 그저 사람들을 구경하기 위해 상점으로 모여들었다. 예컨대 스타벅스(Starbuck's)는 이러한 장소를 제공하여 성공한 케이스라 할 수 있다. 대형 서점 또한 마찬가지로 이러한 아이디어를 적용하여 넓은 공간에 의자를 마련하여 소비자를 끌어들이고 있다. 이처럼 상점은 많은 사람에게 생생한 사회적 기능을 제공하는 공간으로 거듭났다.

앞서 살펴본 바와 같이 일부 여성들은 자신의 자립심이나 경제력을 입증하고자 쇼핑에 나서는 반면 또 다른 여성들은 사회적인 교류를 위해 쇼핑을 하기도 한다. 이와 관련하여 48

세의 메리는 다음과 같이 이야기했다.

> "저는 매주 쇼핑을 하면서 우정을 나눕니다. 제가 좋아하는 것은 바로
> 상호작용입니다. 혼자 사는 독신 여성인 제게, 쇼핑을 통해 만든 인연은
> 제 삶의 일부라고까지 할 수 있을 정도입니다. 이들은 여러 면에서 고립
> 된 생활을 하는 제게 존재감을 느끼게 해주며 외로움도 덜어줍니다. 이
> 렇듯 사람들을 만날 수 있는 쇼핑 장소는 제 삶에 상당히 중요한 것이지
> 요."

메리는 이처럼 매주 토요일 아침마다 과거 그녀가 살았던
곳까지 쇼핑 여행을 나서고 있다. 지난 20여 년 동안 그곳은 그
녀의 삶의 일부였기 때문에 상당한 시간을 소모하면서까지 수
고를 마다하지 않고 가는 것이다. 메리뿐만 아니라 많은 여성
이 쇼핑을 통해서 얻는 사회적인 교류를 중요시한다. 다시 말
해 이들은 판매직원과 나누는 상호작용을 더없이 가치 있게
생각하는 것이다. 예컨대 수잔 그래에 찾아오는 많은 여성 쇼
핑객들은 매장 직원을 마치 그들의 친구인 듯 생각하며 대개
는 그저 이들과 수다를 나누기 위해 매장에 들르기도 한다. 수
잔 그래의 스콧 영은 이를 다음과 같이 설명했다.

> "고객들 가운데는 쇼핑을 마치 사회적인 출구로 생각하는 이들도 있습

니다. 실질적으로 이들은 매장의 판매직원과 친구라도 된 듯, 매일 매장에 들러 이들과 그저 이야기를 나누다가 돌아가기도 합니다. 더욱이 이들은 매장 직원에게 크리스마스 선물을 준다거나 이들의 생일을 기억했다가 생일 선물도 전해주지만 그렇다고 해서 이들이 꼭 구매를 많이 한다고는 할 수 없습니다. 이러한 여성들은 단지 이야기를 나눌 누군가를 찾는 것입니다."

사람들은 사회적인 상호작용을 중요시 여긴다. 소비자들 가운데 특히 베이비 붐 세대는 대개 현재보다는 더욱 단순하고 더 안전하며 더 좋게 기억되는 과거로 돌아가고 싶어 한다. 게다가 이들은 과거에 자신이나 혹은 자신의 가족들이 경험했던 바와 같이 소매업자들과 친분을 형성하기를 기대한다.

1993년에 호주의 사회 연구원인 휴 맥케이(Hugh Mackay)는 다음과 같은 사실을 발견했다. 즉, 상점은 나날이 훌륭한 모습을 갖추어 가는 반면 소비자는 쇼핑을 통해 점점 비인격화를 경험하고 있다는 것이다. 게다가 소비자는 자신보다는 매장의 이익이 우선시되고 있다는 사실을 깨닫고 있었다. 맥케이에 따르면 소비자가 중요시하는 것은 바로 그들이 소매상인들이나 판매직원과 나누는 상호작용이었다.

사람들은 자신의 존재를 남들로부터 인정받기를 원하고 그들이 자신에게 예의바르게 행동해주기를 바란다. 휴 멕케이에 따르면 많은 호주 사람이 외로움을 느끼기 때문에 비즈니스 관계에서도 '상대를 친근하게 대하는 자세'가 상당히 중요해졌다고 한다. 특히나 이는 여성 고객들에게 더욱더 중요한 것으로, 이들은 대개 친근감 있는 관계 형성을 기대한다. 아울러 이들은 자신의 이야기를 진심으로 들어주길 원하며, 그들을 진지하게 응대해줄 때 이를 잊지 않고 보답한다.

이처럼 소비자들은 공급자와 좀 더 직접적인 관계를 맺기를 희망하며 자신이 한 인간으로서 대우받고 있다고 느끼기를 원한다. 제인이 쇼핑을 나서는 이유는 즐거움을 비롯해 사회적인 교류를 나누기 위해서다. 실제로 제인이 알고 있는 다수의 소매상인들과 판매직원들은 지난 20여 년 동안 마치 그녀의 친구들과도 같았으며 그녀는 자신을 돌보아주는 그러한 친구들이 있는 상점의 단골임을 명백히 밝혔다. 다음은 제인의 이야기이다.

"매주 토요일 아침이 되면 저는 지금 살고 있는 콜필드(Caulfield)에서 브라이턴(Brighton)까지 쇼핑을 하러 갑니다. 그곳은 제가 1981년 이래로 계속해서 쇼핑을 해오고 있는 곳이기도 합니다. 그곳에서 저는 항상 같은 채소 가게에 들르지요. 그들은 저를 마치 친구처럼 굉장히 반갑게 맞아준답니다. 프라란(Prahran) 시장에는 제가 지난 수년 동안 단골로 거래하고 있는 특정 상점들이 몇 있습니다. 이처럼 저는 쇼핑을 통해 사회적인 경험을 하는 셈입니다."

소규모 부티크에서는 고객을 개인적이며 친근하게 응대함은 물론이거니와 품질을 우선으로 한 제품을 선보이는 것을 그들의 성공 전략으로 내세운다. 반면 마이어 백화점 같은 대표적인 고급 매장에서는 소비자의 서비스 만족도 저하로 매출이 감소되는 상황을 맞았다. 호주의 소비자 연구원인 로스 허니윌(Ross Honeywill)은 쇼핑을 좋아하는 고소득 소비자는 예컨대 개인적인 조언을 포함하는 친근한 서비스를 받기를 원한다고 밝혔다. 또한 시드니에 위치한 조르지오 아르마니(Giorgio Armani) 매장의 매니저인 재클린 머레이(Jacqueline Murray)는 여성 소비자를 끌어들이는 비법은 다름 아닌, 이들의 최고 관심사가 무엇인지 파악하고 그들의 이름과 취향을 기억해서 그들이 좋아할 만한 상품을 따로 챙겨두는 등 이들과 개인적인 친분을 형성하는 것이라 귀띔해주었다.

에이드리엔은 소매업자들과 의미 있고 친근한 관계를 형성하고자 하는 바람을 다음과 같이 설명했다.

"저는 여느 때와 마찬가지로 토요일 아침에 정육점에 갔습니다. 그 정육점 주인은 제 이름을 기억하고 제가 가면 제 아이들의 안부까지 묻습니다. 지난주에는 그가 제 향수 냄새가 좋다고 이야기하기에 그저 장사 수

완이 좋다고만 생각했습니다. 그렇지만 이내 그가 자연스럽게 그 말을 꺼낸 것임을 깨닫게 되었습니다. 저는 대개 주말에는 그 향수를 뿌리지 않는데 그가 그러한 사실 또한 알고 있었던 것입니다. 이를 계기로 저는 그와 그 향수에 대해 이야기를 나누고 흐뭇한 마음으로 정육점을 나왔습니다. 사실 꼭 누군가가 제 이름을 기억해주기를 바라는 것은 아니지만 제가 단골로 드나드는 상점에서만큼은 그들이 제 존재를 알아주었으면 합니다. 이러한 이유로 저는 대형매장보다는 소규모 상점에서 물건을 구매합니다. 그리고 그곳이기 때문에 가능한 개인적인 친분을 즐기는 것이지요."

정육점 주인의 세심함에 대해 에이드리엔은 무척이나 흐뭇하고 감동스러운 느낌마저 들었다고 이야기했다.

여성들은 다양한 이유로 쇼핑을 한다. 그런데 이러한 이유 중에는 상호작용에 대한 요구가 포함된다. 제인이나 메리 그리고 에이드리엔의 경우처럼 여성의 삶에서 이러한 상호작용이 중요한 부분을 차지하기 때문이다.

이처럼 여성 소비자는 쇼핑을 통해 소매상인이나 판매직원과 친분을 형성하는 등 사회적인 요구를 만족시킴을 확인할 수 있었다. 또한 여성은 쇼핑을 통해 스트레스를 해소하고 기분전환을 하면서 정신적 치료 효과를 얻기도 한다.

쇼핑 치료법 구하기

"저는 쇼핑을 하면서 치료 효과를 얻습니다. 그런데 이보다 더 좋은 게 있을까요? 쇼핑을 하고 돈을 쓰다보면 어느새 기분이 좋아진다니까요." (샤론, 44세)

누구나 한 번쯤 쇼핑 치료에 대해 들어본 적이 있을 것이다. 그런데 쇼핑 치료는 단순한 유행어도 아니거니와 여성들 사이에서만 통용되는 우스갯소리도 아니다. 실질적으로 많은 여성이 쇼핑을 통해 치료 효과를 보고 있기 때문이다. 다시 말해 많은 여성들은 쇼핑을 하면서 스트레스를 해소하거나 이를 통해 기분전환을 하고 있다. 이 책의 저자 중 한 명이기도 한 스텔라는 업무 중 스트레스가 심할 때면 디올(Dior)의 값비싼 빨간 립스틱을 구매하기도 한다. 사라도 역시 스트레스를 풀기 위해 쇼핑을 한다. 이에 관해 그녀는 다음과 같이 설명했다.

"스트레스를 받을 때면 저는 쇼핑을 하러갑니다. 무언가 새로운 것을 구입하는 행위 그 자체만으로도 기분이 다소 좋아지기 때문입니다. 어쩌면 무언가로 인해 제가 좀 더 예뻐 보일 수 있기 때문에 기분이 좋아지는 것인지도 모르지요. 아무튼 새 바지 한 벌이나 새 구두 한 켤레로 자신감을 되찾을 수 있으니 쇼핑을 통해 충분히 치료를 받는 셈이지요?"

몇몇 사람들은 쇼핑을 통해 기분이 나아진다는 것에 대해 이를 천박한 물질주의라고 치부해버리기도 한다. 그러나 우리가 새로운 물건을 손에 넣게 되었을 때 기분이 좋아지는 것은 사실이다. (단지 아주 잠시 동안만이라 하더라도) 사라와 샤론은 둘 다 쇼핑을 통해 기분전환을 하는 여성들이다. 이들은 물건을 구매하거나 그저 둘러보는 정도만으로도 기분전환이 된다고 했다. 게다가 쇼핑을 함으로써 자신의 경제력을 실감할 수 있다는 것이다. 또한 이들은 쇼핑을 통해 직장이나 가정에서 당한 시달림에 대해 스스로 보상하려 하기도 한다.

우리는 여성복이나 액세서리(로라 애슐리 같은) 업계에 종사하는 몇몇 유통업자들과 만나 이야기를 나눈 결과, 여성이 대개 보상심리로 물건을 구매한다는 이야기를 들을 수 있었다. 예컨대 이는 특히 암을 치료하고 있는 여성들 사이에서 흔한 일이라고 했다. 이들은 자신을 격려하기 위해 그리고 힘든 시간을 이겨나가는 데 대한 보상으로 쇼핑을 한다는 것이다.

한편 여성들은 여러 가지 의무감에서 벗어나 자신만의 시간을 즐기기 위해서도 쇼핑을 한다. 예컨대 쇼핑을 통해 여성들은 가정에 대한 의무로부터 탈출하고자 하는 것이다. 여성들은 홀로 쇼핑을 하거나 친구들과 쇼핑을 나서면서 그들만의 시간을 갖고자 한다. 3장에서 이미 살펴본바와 같이(90페이지) 39세 여성 제이닌의 경우가 쇼핑을 통해 탈출구를 찾는 전형적인 예이다. 다시 말해 그녀는 금요일 오후면 으레 친구들과 만나 쇼핑을 하면서 자신만의 시간을 즐기고자 한다.

여성은 쇼핑을 하면서 해방감을 느낀다. 이들은 여러 가지 의무감과 온갖 나쁜 경험, 그리고 인생의 굴곡으로부터 해방되기 위해 쇼핑에 나선다. 얼핏 우스갯소리처럼 들리는 쇼핑 치료 이면에는 이처럼 여성들에게 탈출구 역할을 하는 중요한 쇼핑 동기가 숨어있었다.

그렇다면 여성들은 왜 쇼핑을 하는 것일까?

기본적인 필요에 의한 쇼핑이나 일상적인 쇼핑 동기를 제외하고 여성들은 다음과 같은 이유로 쇼핑을 한다. 즉, 이들은 즐거움을 얻기 위해서, 자신의 경제적 능력이나 자립심을 느끼기 위해서, 정체성과 창조성을 표현하기 위해서 그리고 사회적인 상호작용을 위해서, 쇼핑을 통해 치료받기 위해서 쇼핑에 나서는 것이다. 남성과는 달리 여성은 쇼핑 행위를 비롯해 구매 행위 모두를 즐긴다. 이와 같은 쇼핑 동기는 지난 두 세기가 지나는 동안에도 변함이 없는 것이었다. 단지 시간이 지나면서 여성들의 구매 능력과 물품이나 서비스 등에 대한 기대치는 조금씩 변화해왔다.

한편 일부 여성 소비자 가운데는 다소 불합리적인 동기로 물품을 구매하는 이들도 있었다. 다시 말해 이들은 자신이 그 럴만한 능력이 있다는 것을 남들 앞에서 과시하기 위해 구매 를 하는 것이다. 그뿐만이 아니라 이들은 쇼핑하기 위해 식사 를 미루거나 단지 스트레스를 해소하기 위해 불필요한 물건을 구입하려 들기도 한다. 따라서 남성들은 다음과 같은 점을 유 의해야 할 것이다. 즉, 쇼핑하러 가는 여성을 비웃거나 비난해 서는 안 된다. 자칫 잘못했다간 여성의 즐거움을 격감시키거 나 그들의 자유를 제한하며, 그들의 창조력까지 손상시킬 수 있기 때문이다. 더욱이 심한 경우에는 여성을 우울하게 만들 고 급기야 앓아눕게 만들 수 있다는 사실 또한 명심해야 할 것 이다.

그렇다면 이제 여성을 쇼핑에 빠지게 하거나 흥미를 잃게 만드는 것이 무엇인지 살펴볼 차례이다. 이는 다음의 5장과 6 장에서 차례대로 논의할 것이다.

5장 여성을 쇼핑에 빠져들게 하는 것은 과연 무엇인가?

　지금까지 우리는 여성의 삶에 미치는 쇼핑의 긍정적인 영향력을 살펴보았다.(2장과 4장) 또한 많은 소매업자가 종종 여성 소비자가 기대하는 바에 미치지 못하고 있다는 점을 지적했다. 다음 6장에서 여성들이 쇼핑 중에 겪게 되는 좋지 않은 경험을 논의하기에 앞서 이번 장에서는 여성 소비자가 쇼핑 중에 겪는 만족스러운 경험을 이야기해보겠다.

　인터뷰를 통해 우리는 여성이 쇼핑하는 동안 만족해하는 여러 가지 요소들을 확인할 수 있었다. 이 가운데 이들이 좋아하는 몇 가지 핵심 사항은 다음과 같다.

◆ 전반적으로 호의적인 경험

◆ 컬러, 공간 활용을 비롯해 제품을 진열하는 방식을 포함한 매장 인테리어

◆ 고객을 세심하게 배려해주고 공손하며, 진심으로 관심을 보이는 매장 직원의 서비스 정신

　위와 같은 긍정적인 요소들은 다방면에서 효과를 발휘한다. 4장에서 우리는 여성이 왜 이렇듯 쇼핑을 좋아하는가와 관

련하여 다섯 가지 이유를 밝혔다. 그리고 위에서 밝힌 세 가지 요소들은 앞의 다섯 가지 이유와도 긴밀한 관련을 맺고 있다. 예컨대 즐거움을 얻고자 쇼핑에 나서는 여성들은 쇼핑을 하는 동안 호의적인 경험을 중요시한다. 또한 사회적인 교류와 창조성을 중요시하는 여성 소비자는 매장 직원과 친분을 맺기를 바란다. 이러한 요소들로 말미암아 여성 소비자는 쇼핑의 매력에 빠져드는 것이다.

호의적인 경험

다음의 도표 5.1은 여성 소비자가 호의적인 쇼핑 경험을 위해 중요시하는 것들과 그에 대한 효과를 나타낸다.

〈도표 5.1〉 여성 쇼핑객이 기대하는 호의적인 쇼핑 경험과 그에 따른 효과

쇼핑 스타일	호의적인 경험을 위해 필요한 것들과 그에 따른 효과
필요한 것만 재빨리 구매해서 떠나버리는 쇼핑객	효율성 – 쇼핑의 속도 및 효율성 증가
상품을 살 의향도 없이 만지작대는 사람	개인적인 즐거움 – 전반적으로 만족할 만한 쇼핑 경험을 비롯해 호기심 충족

쇼핑 치료법을 찾는 사람	기분전환 및 즐거움—쇼핑하는 동안 일상으로부터의 피로와 스트레스를 해소
친구들과 소풍 나온 쇼핑객	사회화 및 즐거움—제3의 장소에서 사회적인 교류를 나눔
사냥꾼	사냥의 스릴—저렴한 가격에 제품을 구매할 기회를 얻음

4장에서 우리는 여성들이 쇼핑하는 동안 세세한 경험 하나에 얼마나 의미를 두는지 살펴보았다. 그뿐만 아니라 여성이 그들의 쇼핑 행위에 얼마나 몰입하는지도 알아보았다. 다시 말해 이들은 특정 물품을 구매하는 것보다 쇼핑 행위 자체를 더욱더 즐긴다는 것이다. 이들이 즐거움을 위해 쇼핑을 한다면, 이는 바로 여성이 호의적인 쇼핑 경험을 좋아한다는 주장을 뒷받침하는 것이 된다. 89페이지에서 우리는 이미 29세의 앤이 다음과 같은 이야기를 했음을 밝힌 바 있다.

"제 평생 가장 멋진 쇼핑 경험에 대해 이야기하겠습니다…. 옷걸이에 걸려있던 모든 제품이 제게 꼭 맞았음은 물론이거니와 그 매장 직원은 한 시간 반가량이나 제 옆에서 시중을 들면서 여러 가지 제품을 보여주고 매장에 있는 옷을 입어보는 것을 도와주었습니다. 덕분에 저는 마치 영화 〈귀여운 여인〉의 주인공이라도 된 것처럼 행복했습니다. 그날 10년 앤은 여러 가지 면에서 호의적인 쇼핑 경험을 했다. 예컨대 앤은 그 매장에서의 구매 행위 자체가 얼마나 즐거웠는지를 비롯해 친절한 매장 직원(매장 직원에 대한 자세한 이야기는 8장을 참조하기 바란다.)에 대해 강조했다. 아울러 그녀는 비키니를 구매한 이후의 즐거운 경험에 대해서도 이야기했다. (주목할 만한 사실은 팝콘과 메리골드 또한 그들의 저서를 통해 여성이 구매를 하기 이전과 그 이후 그리고 구매 당시에 그들의 요구를 만족시키는 것에 대한 중요성을 강조한 바 있다는 것이다.)

한편 매장의 인테리어 또한 소비자의 호의적인 쇼핑 경험을 위해 중요한 역할을 한다. 이는 소비자가 매장에 들어오기 전부터 매장 내에 들어온 이후에까지 지대한 영향을 미친다. 이는 다음에 소개할 엘리자베스와 앨리슨(Alison)의 이야기를 통해서도 확인할 수 있다.

요. 그들이 얼마나 열심히 쇼윈도를 꾸몄는지 짐작할 수 있을 겁니다. 게다가 탈의실은 또 얼마나 더 편리해졌다고요! 매장 내에는 소비자를 위한 소파와 사탕, 작은 정수기까지 마련되었습니다. 사탕은 계산대 앞에서 기다리는 고객들을 위한 서비스로 마련된 것이지요. 그뿐만 아니라 직원들은 더없이 친절하기 때문에 서슴없이 도움을 청하게 된답니다." (엘리자베스)

"스포츠걸 매장이 인테리어를 싹 바꿨습니다. 소파를 들여놓았을 뿐만 아니라 손님들을 위해 사탕바구니도 마련해두었죠. 매장 내에 앉을만한 공간을 마련하다니 정말 감동적이었습니다. 엄마는 항상 채드스톤에서 쇼핑하는 것을 싫어했습니다. 앉을 만한 장소가 별로 없었거든요. 하지만 이제 그곳에도 긴 의자와 마실 물이 마련되었으니 한결 편안하게 쇼핑할 수 있게 되었습니다." (앨리슨)

엘리자베스는 쇼윈도 장식과 매장 외부에서 보이는 인테리어의 중요성을 강조했다. 그녀의 설명에 따르면 이는 바로 매장을 들어갈지 말지를 결정하는 요소이기 때문이다. 게다가 이는 또한 브랜드의 이미지를 결정해주는 요소이기도 하다. 그녀는 탈의실이나 계산대 앞에 놓인 사탕 바구니와 정수기를 비롯해 친절한 직원 등 어쩌면 사소하게 보일지도 모르는 것들이 소비자에게는 중요한 것일 수 있음을 강조했다.

엘리자베스나 앨리슨은 모두 소비자를 위해 마련된 세세한 서비스에 주목했다. 이러한 서비스는 소매업자가 고객의 편의를 위해 최선을 다하고자 한다는 단적인 예이다. 아울러 직장이나 가족, 파트너와 아이들로 인해 피곤한 여성 고객의 마음을 소매업자가 이해하고 이들을 위해 준비한 작은 배려인 것이다. 이러한 작은 배려는 여성 고객과 함께 온 일행, 즉 쉽게 피로해 하는 노모나 지루해 하는 아이 혹은 최악의 경우, 그녀의 배우자를 위해서 호의적인 분위기를 조성할 수도 있다. 따라서 이러한 세심한 배려를 통해 브랜드 매장과 여성 고객 사이에는 친밀함이 형성될 수 있을 것이다. 그리고 더 나아가 이러한 호의적인 경험을 한 여성 고객은 그 브랜드의 열렬한 팬이 될 가능성도 높은 것이다.

한편 이와 같은 호의적인 쇼핑 경험의 하이라이트는 다름 아닌 판매직원이다. 엘리자베스와 앤은 판매직원의 친절함에 대해 침이 마르도록 이야기했다. 앨리슨 또한 여성 소비자들을 상냥하게 대하며 이들의 기분을 좋게 만드는 판매직원에 대해 칭찬을 아끼지 않았다.

"얼마 전에 채드스톤에 간 적이 있습니다. 그곳은 분위기도 좋으며 없는 게 없을 정도로 모든 것을 갖추고 있기 때문에 쇼핑하기에 편안한 곳입니다. 게다가 상점 직원은 항상 상냥하게 고객을 응대하기 때문에 채드스톤을 멋지게 보이는 데 한몫하고 있습니다. 즉, 그곳을 찾는 고객은

지금까지 살펴본 바와 같이 여성 소비자는 전반적으로 호의
적인 경험을 중요시한다. 그렇다면 여성들은 어떤 종류의 경
험을 높이 평가할까? 이와 관련하여 우리는 두 가지를 꼽아보
았다. 그중 한 가지는 바로 즐거움을 강조하는 '화려한' 경험
이며, 나머지 한 가지는 특정 브랜드 이미지와 그 매장의 인테
리어를 비롯한 판매 방식이 조화를 이룰 때 생기는 '완전한'
경험이다.

화려한 경험

앞서 4장을 통해 우리는 여성들이 즐거움이나 해방감을 느
끼기 위해 쇼핑을 한다는 사실을 알았다. 그렇다면 소매업자
들은 어떠한 전략으로 이러한 여성 소비자의 요구를 만족시켜
야 하는 것일까? 다음은 이와 관련된 벡(Bec)의 설명이다.

"저는 쥴리크(Jurlique, 호주의 유기농 화장품 및 제약 제조 회사—역주)
를 무척이나 좋아한답니다. 그 제품의 향기가 더없이 좋아 쥴리크 매장
에 있는 모든 제품을 다 사고 싶을 정도이지요. 그뿐만 아니라 항상 친

절한 매장 직원들 또한 제가 그곳을 찾는 이유라고 할 수 있죠. 매장에 들어서면 간결하면서도 청결하고 상냥한 분위기가 제 마음을 사로잡습니다. 한편, 저는 음악이 흘러나오는 의류 매장을 좋아한답니다. 제가 워낙 음악을 좋아하기 때문에 매장에 들어설 때 음악이 나오면 괜스레 마음이 흡족해집니다. 이러한 이유로 저는 멋진 음악이 흐르고 좋은 의류 제품이 가득한 매장과 러쉬(Lush, 영국의 핸드메이드 화장품 회사―역주)나 쥴리크 매장처럼 좋은 향이 가득한 매장을 좋아합니다. 이들 매장은 청결하며 생기가 넘쳐 보이니까요."

벡은 향기와 소리 같이 감각적인 부분을 강조했다. 실질적으로 이러한 감각적 요소들은 소비자가 특정 브랜드에 대해 친밀감을 향상시키는 데 영향을 미칠 뿐만 아니라 제품의 매출에도 지대한 기여를 한다. 더욱이 이러한 요소들은 소비자로 하여금 즐거움을 느끼게 하며, 매장이 청결하고 생기가 넘친다는 느낌을 받게 한다.

역으로 소비자는 불쾌한 냄새가 나며, 시대에 뒤떨어진 음악과 시각 이미지가 가득한 매장에서는 어떠한 반응을 보일까? 경영인들이 주목해야 할 사항은 오늘날의 여성들은 현명할 뿐만 아니라 좋고 싫음이 분명한 현대적인 소비자들이라는 것이다.

완전한 경험

"어떤 매장에 들어갔을 때 좋은 음악이 흐르고 있다면 저도 모르게 한참 동안이나 그곳에 머무르게 된답니다. 사실 무언가를 꼭 구매하려고 했던 것은 아닌데 음악을 듣다보면 기분이 좋아져 자연스레 물건을 살 때가 많습니다. 특히 립컬(Rip Curl) 매장에서 종종 그런 일이 생기죠." (멜리사(Melissa))

소비자는 특정 매장에서 일관적인 경험을 하기를 기대한다. 다시 말해 매장에서는 소비자에게 자사 브랜드의 이미지와 일치된 경험을 할 수 있도록 매장 분위기를 조성해야 한다는 것이다. 한 가지 괄목할 만한 사실은 소비자는 이러한 경험을 통해 단지 제품을 구매하는 것 이상의 효과를 얻게 된다는 것이다. 다음은 이와 관련된 멜리사의 이야기이다.

"잼 팩토리(Jam Factory)에 있는 한 가구 매장에서 흘러나오던 너무나도 멋진 음악에 취해 저는 그곳에서 텔레비전을 세 대나 구입했답니다. 그곳에서 들었던 남미풍의 음악은 굉장히 이국적인 느낌이었습니다. 때문에 작은 분수대를 비롯해 다양하게 진열된 밝은 색 컬러 제품들로 가득한 가구 매장이 더욱 유쾌한 장소로 느껴졌던 것 같습니다. 게다가 매장 곳곳에 놓여있던 푹신푹신한 쿠션과 화분 덕에 더없이 편안한 기분이 들었습니다. 심지어는 벌떡 일어나서 춤이라도 추고 싶은 기분이었다고나 할까요? 목각 제품이나 분수대 등 그곳에서 판매하는 제품들은 모두 수입품이었기 때문에 유난히 더 이국적인 정취가 느껴졌던 것 같습니다. 그리고 이러한 제품에 둘러싸여 있다 보니 저 또한 멀리 다른 나라에 와 있는 듯한 기분도 들었답니다. 아마도 그 음악 때문이었는지 제가 마치 남미 어느 나라에 와 있는 듯했습니다."

이처럼 멜리사는 한 매장에 들어가서 그녀가 정말로 남미에 와 있는 것 같은 완벽하고도 일관적인 경험을 할 수 있었다. 이국적인 매장 인테리어와 음악, 제품, 그리고 궁극적으로는 판매직원의 느긋한 태도(멜리사가 도움을 요청할 때까지 그녀에게 홀로 매장을 구경할 수 있는 시간을 주었다.) 덕분에 멜리사는 또 다른 세계를 경험할 수 있었던 것이다. 이를 통해 그녀가 즐거움을 느꼈음은 물론이거니와 긴장과 스트레스 또한 해소할 수 있었다. 그리고 물론 이는 그 매장의 매출과도 연결이 되었다.

벡 또한 이와 유사한 경험을 이야기했다.

"장식품 매장에는 온갖 크리스털 제품과 소녀들이 좋아할 만한 자지레한 장신구가 진열되어 있고 사방에는 꽃들이 매달려있습니다. 소녀들이라면 이렇듯 화려한 아이템을 좋아하지 않을 수 없을 것입니다. 더욱이 잔잔한 음악이라도 흘러나온다면 흥분할 수밖에 없겠죠. 한편 번쩍번쩍 윤이 나는 바닥 덕분에 매장 전체가 환하게 느껴지기도 합니다."

한편 우리와 이야기를 나누었던 많은 여성은 일부 소매업자들이 브랜드의 이미지와는 걸맞지 않는 음악을 매장에 틀어놓아 소비자에게 혼란을 준다고 지적하기도 했다. 다시 말해 음악이 지나치게 소란스럽다거나 계속해서 최신 음악들만 들릴 때 여성들은 그 매장이 젊은 소비자층만을 겨냥하고 있는지 혹은 싸구려 물품만을 취급하는 매장은 아닌지 의아해한다는 것이다. 이처럼 여성들은 작은 것 하나도 놓치지 않기 때문에 이와 같은 세세한 부분들도 이들의 쇼핑 경험에 커다란 영향력을 미친다. 따라서 이러한 부분들에 신경 쓰지 않는 매장은 여성 고객에게 혼란을 줄 뿐만 아니라 결국 이들을 다른 매장으로 몰아내고 마는 것이다.

훌륭한 매장 인테리어

도표 5.2에서는 각각의 여성 소비자가 어떠한 매장 환경을 선호하는지 보여준다.

〈도표 5.2〉 여성 쇼핑객이 바라는 매장 환경

쇼핑 스타일	훌륭한 매장 환경
필요한 것만 재빨리 구매해서 떠나버리는 쇼핑객	효율성─제품을 눈에 띄게 하는 매장 구조를 비롯해 통로가 넓고 계산대에서의 시간이 단축되는 구조
상품을 살 의향도 없이 만지작대는 사람	개인적인 즐거움─제품을 눈에 띄게 하는 조명과 편안한 동선
쇼핑 치료법을 찾는 사람	편안함과 즐거움─스트레스를 해소시켜주는 편안한 구조, 앉아서 쉴 수 있는 공간을 비롯해 고객에 대한 세심한 배려
친구들과 소풍 나온 쇼핑객	사회적 교류와 즐거움─따뜻한 색감과 쾌적함, 기분전환이 되는 음악과 시각적인 즐거움
사냥꾼	사냥감에 대한 흥분─할인 제품을 눈에 띄게 하는 조명 및 다른 요소들

빛과 컬러

"컬러와 쇼윈도, 그리고 특징적인 시각 이미지 등 모든 것이 저의 눈길을 사로잡습니다." (벡)

화려한 경험이든 완전한 경험이든 소비자에게 호의적인 경험을 이끌게 하기 위해서 소매업자들이 신경 써야 할 부분이 바로 매장의 실내 인테리어다. 다시 말해 조명과 공간적 배치는 물론이고 음악과 소리, 향기, 상품의 진열 등 매장의 분위기와 관련된 다양한 요소에 지속적으로 관심을 가져야 한다는 것이다. 이는 매장에 대한 전반적인 인식을 형성시킬 뿐만 아니라 소비자가 매장에 들어갈 것인지 말 것인지에도 영향을 미친다. 또한 매장 내에서 어느 정도 머물 것인지를 비롯해 결과적으로는 매출과도 직결되기 때문에 더없이 중요하다 할 수 있다. 에리카와 에이드리엔은 많은 여성 소비자가 기대하는 것처럼 빛이 가득하고 밝은 분위기의 매장을 좋아했다. 다음은 이와 관련된 에리카의 이야기이다.

"저는 밝은 분위기의 상점을 좋아합니다. 어떤 매장에 들어가기에 앞서 그 안을 들여다보는 것 또한 좋아하죠. 매장 쇼윈도에 물건이 지나치게 많이 진열되어 있으면 그 매장 안에 어떤 것들이 있는지 밖에서 보기가 여간 어려운 게 아닙니다. 특히 제이비 하이-파이(JB Hi-Fi, DVD 및 CD 등 하이-파이 관련 호주 유통 기업─역주)처럼 쇼윈도가 어두운 곳은 왠지 들어가기가 꺼려집니다. 반면에 밖에서도 안이 훤히 들여다보이는 매장이라면 서슴없이 들어가서 둘러보게 됩니다." (에리카)

제이비 하이-파이 매장에 대한 부정적인 시선은 단지 에리카의 이야기만은 아닌 듯하다. 음악을 좋아하는 마이클 또한 제이비 매장에는 가고 싶어 하지 않는다. 이는 제이비 매장이 지독히도 갑갑하게 설계되어 있어서 소비자에게 불편함을 느끼게 할 뿐만 아니라 심지어는 그곳으로부터 벗어나고 싶은 마음까지 들게 하기 때문이다.

"제가 좋아하는 상점은 상품이 잘 보이도록 진열된 곳입니다. 그리고 새로운 쇼핑센터를 방문하게 된다면 우선 그곳의 조명은 잘 되어 있는지, 소음은 없는지부터 먼저 살펴봅니다." (에이드리엔)

빛을 어떻게 사용하느냐에 따라 상점은 청결하고 안전하며 친절함과 동시에 행복한 분위기를 연출할 수 있다. 그리고 이와 관련하여 우리는 다음과 같은 이야기를 들을 수 있었다.

"매장 분위기는 컬러와 빛에 달렸다고 생각합니다. 환한 매장일수록 소비자는 즐거워하죠. 아울러 반드시 즐거운 기분을 느끼지 않는다 하더라도 적어도 우울하거나 언짢은 기분만은 피할 수 있다고 봅니다. 만약 조명이 그다지 밝지 않더라도 벽이 하얗거나 밝은 톤이라면 좀 더 밝은 느낌이 들면서 공간 또한 더 넓어 보이는 효과를 얻습니다. 따라서 이런 매장에 들어가면 마음도 밝아지고 기분이 좋아지는 것이지요. 반면에

매장 분위기가 어둡다면 다시는 그곳에 가고 싶지 않을 겁니다." (에리
카)

"쿠카이(Kookai) 매장은 다소 펑키한 분위기입니다. 아쿠아 색감이 첨가
된 시원스런 쿠카이 간판을 비롯해 쇼윈도의 진열 방식에서 그러한 분
위기를 느낄 수 있습니다. 요전날 채드스톤 쇼핑센터에 있는 스포츠걸
매장에서 쿠카이 매장이 개점하는 모습을 지켜보았습니다. 그런데 그
매장은 밖에서 오직 정면 쇼윈도만 볼 수 있을 뿐 매장 내부의 모습은
보이지 않는다는 문제점이 있었습니다. 요지는 소비자가 매장 밖에서도
내부에 어떤 옷이 있는지 볼 수 있어야 한다는 것입니다." (앨리슨)

공간

밝은 조명과 개방된 공간 그리고 매장 안으로 이끄는 개방
된 동선은 에리카와 앨리슨이 선호하는 매장의 특징이다. 많
은 여성 소비자는 매장 밖에서도 내부를 관찰할 수 있는 '오픈
플랜(open plan, 칸막이를 최소한으로 줄인 건축 평면―역
주)' 구조를 선호하는 것으로 나타났다. 이와 관련하여 에리카
는 다음과 같이 이야기했다.

"저는 개인적으로 칸막이가 있는 매장보다 오픈플랜 구조의 매장을 선
호하는 편입니다. 이는 단순히 매장을 쉽게 파악할 수 있기 때문이지요.

매장에 칸막이가 설치되어 있다면 쇼핑을 좀 더 효율적으로 할 수 있다. 예컨대 소비자는 식품 매장에 칸막이가 설치되어 있을 때 더욱 편리함을 느낀다. 그리고 특히 남성 소비자들 사이에서 이러한 구조를 선호하는 것으로 나타났다. 다시 말해 칸막이와 함께 특정 표지판이 설치되어 있으며 상품이 그에 맞게 진열되어 있을 때, 이는 합리적이며 효율적인 것을 좋아하는 남성들에게 호감을 준다는 것이다. 반면에 여성들은 매장 전체를 한눈에 훑어볼 수 있는 구조를 선호한다. 새롭게 론칭한 나이키의 여성 전용 스포츠웨어 브랜드 나이키 가디스(Nike Goddess)는 여성 소비자의 이러한 심리를 이해하고 그들이 원하는 구조를 적용한 예이다. 이 매장은 바닥 위의 옷걸이에 걸린 제품으로부터 자연스럽게 벽에 진열된 제품으로 시선이 갈 수 있도록 설계되어 있다. (바닥에 설치되어 있는 옷걸이의 모서리가 미묘하게 위쪽을 향해있기 때문에 소비자가 벽 쪽을 향해 이동할 때 이들의 시선이 자연스럽게 벽에 진열된 제품 쪽으로 움직이는 것이다.) 이러한 원리에서 발한용 탑

(top)이나 재킷 같이 좀 더 값이 나가는 상품은 벽에 진열되어
있는 반면 티셔츠나 트랙 팬츠 등과 같이 비교적 저렴하면서
실용적인 상품은 바닥 위의 옷걸이에 진열해두고 있다. 한편,
나이키 기업의 보고에 따르면 여성들은, 바지 한 벌을 구매하
려고 매장에 들렀다 하더라도 매장 곳곳에 진열된 모든 상품
들에 눈이 가기 때문에 본래의 계획보다 지출을 더 많이 하게
된다고 한다. 나이키 측은 이를 매장의 멋진 인테리어와 친절
한 서비스 덕분이라고 밝혔다. (서비스와 관련해서는 이번 장
후반부에서 다시 논의할 것이다.) 여성 소비자는 매장 직원의
서비스와 더불어 이러한 매장 구조를 긍정적으로 평가하고 있
다. 그 이유로는 그들이 매장을 방문했을 때 모든 제품을 훑어
보기 때문에 필요한 아이템을 잊지 않고 모두 구매할 수 있어
매장을 불필요하게 두 번이나 방문하지 않아도 된다는 것이었
다.

한편 매장의 공간을 어떻게 활용하느냐 또한 중요한 문제이
다. 어느 누구도 비좁거나 혼잡한 매장을 좋아하지는 않는다.
더욱이 계속해서 다른 고객들과 부딪히거나 매장에 있는 다른
소비자들이 자신을 스쳐지나갈 수밖에 없는 환경이라면 이는
남녀노소 누구나 싫어할 만한 일이다. 유통업계 전문가인 파
코 언더힐은 여성 소비자들이 특히 누군가 다른 고객이 자신
의 엉덩이를 스치고 지나가는 것을 굉장히 불쾌해 한다고 지

적했다. 그런데 실질적으로 모든 상점들이 그리 규모가 큰 것은 아니다. (임대료가 만만치 않다는 것이 최대 이유이다.) 역으로 일부 규모가 큰 매장에서 소비자는 황량하거나 냉담하다는 느낌을 받을 수도 있다는 데 주목할 필요가 있다. 이러한 점을 고려하여 소매업자들이 공간을 어떻게 활용하느냐가 중요한 문제가 되는 것이다. 예컨대 요령만 있다면 규모가 작은 매장도 얼마든지 커 보이게 할 수 있으며 반대로 규모가 큰 매장이라 하더라도 필요시에는 좀 더 아늑하고 정겨운 느낌이 들도록 만들 수 있다. 이와 관련하여 에리카는 다음과 같이 설명했다.

"공간을 어떻게 활용하느냐에 따라 매장 분위기는 크게 달라집니다. 만일 매장 규모가 작은 경우 선반을 꽉 채워 넣는다면 그 매장에 들어간 소비자는 비좁고 갑갑한 느낌에 못 이겨 결국 쇼핑도 즐길 수 없을 것입니다. 저만 보더라도 비좁은 매장에서는 움직이기도 힘들 뿐만 아니라 조금이라도 몸을 움직일 경우 진열된 물건을 떨어뜨려 값을 변상해야 할지도 모른다는 불안감을 갖게 될 것입니다. 그러나 작은 매장이라 할지라도 제품을 벽면에만 진열하는 등, 공간을 좀 더 넓게 사용한다면 상황은 달라질 것입니다. 예컨대 메가(Mega) 매장은 가늘고 긴 구조지만 벽면을 효율적으로 이용하고 있습니다. 그리고 매장 중앙에는 작고 앙증맞은 테이블 하나만을 두어 고객이 자유롭게 움직일 수 있도록 공간 어떠한 압력 없이 이리저리 돌아다니며 구경하고 싶어 하는 여성 고객들에게는 특히나 매장에서 공간을 어떻게 활용하는지가 중요한 문제이다. 그러나 공간이 과도하게 넓어 보이는 것 또한 문제점으로 대두될 수 있음을 명심해야 한다. 뉴욕에 있는 프라다의 소호(Soho) 매장처럼 개방된 공간은 고급스러운 느낌을 전달하며 소비자에게 느긋하게 둘러볼 수 있는 여유로움을 제공해주기도 한다. 그러나 넓은 공간의 단점은 이따금씩 황량하고 냉담한 분위기를 조성해서 제품이 부족해 보이는 느낌마저 줄 수도 있다는 것이다.

마지막으로, 비좁게 보이는 매장도 때로는 소비자에게 호감을 줄 수 있다는 조사 결과가 발표되었다. 연구원들에 따르면 여성 소비자는 어떤 제품을 발견해내는 것을 즐기는 까닭에 이러한 바람을 직접적으로 만족시켜줄 만한 매장을 선호한다는 것이다. 예컨대 골동품 가게나 중고 의류 매장은 여성 소비자가 이러한 특별한 기쁨을 발견해낼 수 있는 장소로 확인되었다. 이와 관련하여 에리카는 다음과 같이 설명했다.

"골동품 매장이라면 오히려 비좁은 편이 더 나을지도 모릅니다. 빽빽하게 진열되어 있는 제품들 속에서 특별한 것을 발견해내는 기쁨이란 이루 말할 수 없을 정도로 크니까요. 반면에 모든 제품들이 넓은 공간에서 제각기 멋들어지게 진열되어 쉽게 눈에 띈다면 무언가를 찾아내는 즐거움은 기대할 수 없겠죠?"

상품의 진열

소비자에게 상품을 어떻게 보여주는가도 역시 소매업자들이 주의를 기울여야 할 문제이다. 우리와 인터뷰를 나누었던 여성 소비자들은, 골동품점이나 중고품 판매점처럼 특별한 경우를 제외하고는 매장 안에 모든 상품이 말끔하게 정돈되어 있기를 기대했다. 그리고 이들은 여러 가지 상품이 지나칠 정도로 많이 진열되어 있는 모습을 볼 때면 여지없이 그 상품들을 싸구려라고 간주했다. 이와 관련하여 벡은 다음과 같이 이야기했다.

"저는 예컨대 익스트림(Extreme) 매장처럼 진열대가 너무 바짝 붙어있어서 옷 사이를 겨우 지나가야 하는 도떼기시장 같은 곳은 정말이지 너무 싫습니다. 매장이 이처럼 정돈이 안 되어 있으면 물건이 싸구려 같다는 느낌이 들기 때문입니다. 물건을 판매하는 매장이라면 적어도 여유 있는 공간에 제품이 말끔하게 정돈되어 있어야 한다고 생각합니다. 옷이 산더미처럼 쌓여있다거나 옷이 온갖 다른 잡동사니들과 뒤섞여 있는 곳에 들어간다면 숨이 막혀버릴 것 같습니다. 게다가 15달러에서 10달러 그리고 다시 5달러로 가격 인하된 꼬리표를 보란 듯이 붙여놓는 것 또한 그야말로 볼품없습니다. 물론 저도 저렴한 가격에 물건을 구입하기를 좋아하지만 이렇듯 싸구려 티가 나는 물건은 딱 질색입니다."

많은 여성들이 세일 판매에 관한 벡의 의견에 공감한다. 사실상 소매업자 대부분은 세일 상품 판매에 대해서는 상당히 서툴다. 예컨대 이들은 마치 품질이 떨어지는 상품을 떨이로 내다 팔듯이 모든 상품을 쌓아놓고 판매하여 브랜드의 이미지를 실추시키기도 한다. 만약 물건을 무작정 높게 쌓아놓고 값싸게 판매하려는 목적이 아니라면 이처럼 온갖 세일 아이템들을 한꺼번에 쏟아놓거나 옷걸이에 빽빽하게 밀어넣고 판매하려는 생각은 버려야 할 것이다. 여성 소비자의 입장에서 이는 물건을 찾아내기도 힘들며, 스트레스를 해소하고 즐거워야 하는 쇼핑 행위가 오히려 피곤한 일이 되어버릴 수도 있기 때문이다. 게다가 여성 소비자는 형편없이 쌓여 있는 제품을 마주할 때 종종 그것의 품질을 의심하기도 한다는 사실을 기억해야 할 것이다. (물론 사냥꾼의 기질을 지닌 쇼핑객들에게만은 예외이다.)

훌륭한 서비스

도표 5.3은 여성들의 쇼핑 스타일에 따라 이들이 각각 어떤
서비스를 선호하는지를 보여준다.

〈도표 5.3〉 여성 쇼핑객과 훌륭한 서비스

쇼핑 스타일	훌륭한 서비스
필요한 것만 재빨리 구매해서 떠나버리는 쇼핑객	효율성—매장 직원이 이들이 필요한 물품을 찾을 수 있도록 도움을 주고 이를 빨리 구매할 수 있도록 신속하게 응대한다.
상품을 살 의향도 없이 만지작대는 사람	개인적인 즐거움—매장 직원이 이들이 자유롭게 둘러볼 수 있도록 내버려둔다.
쇼핑 치료법을 찾는 사람	기분전환 및 즐거움—매장 직원이 이들의 이야기에 공감해주고 유쾌한 분위기를 이끈다.
친구들과 소풍 나온 쇼핑객	사회화 및 즐거움—매장 직원이 이들과 사회적 교류를 나누고 유쾌한 분위기를 이끈다.
사냥꾼	사냥의 스릴—매장 직원이 이들에게 세일 상품을 안내해주고 이들이 구매를 결정할 때까지 기다려준다.

여성 소비자는 그들의 쇼핑 유형에 따라 다양한 서비스를 기대한다. 그런데 여성들의 서비스 기대치는 과거에 비해 더욱 높아졌지만 오늘날의 서비스 기준은 질적으로 떨어지고 있는 실정이다. 따라서 여성들은 종종 과거에 비해 쇼핑을 그다지 유쾌해 하지 않는다. 그렇다면 서비스는 여성 소비자들에게 어느 정도의 영향력을 행사하는 것일까? 다음의 글을 통해 확인해보자.

"그 매장 직원은 다소 나이가 든 여성이었습니다. 아마도 50대 정도였던 것 같습니다. 사실 저는 굉장히 세련된 의류 매장에서 일하는 그녀에 대해 별로 유쾌하지 않은 기억이 떠오릅니다. 언젠가 저는 그 매장에서 10~15분 정도 둘러보고 있었습니다. 그때 갑자기 그녀가 제게로 오더니 무엇이 필요한지 묻더군요. 그러고는 제가 몇 가지 마음에 드는 옷을 입는 것을 보던 그녀는 친절하게도 제 사이즈에 맞는 옷 몇 벌을 더 가지고 와서는 저에게 입어보라고 했습니다. 결국 저는 제가 입어본 옷 가운데 가장 저렴한 옷을 선택했죠. 그리고 그녀는 저의 선택에 별다른 불만이 없는 듯했습니다. 오히려 그 선택에 후회를 했던 사람은 결국 저였죠. 그리고 그녀의 서비스에 대해서도 그렇고요. 물론 그녀가 제게 구매를 강요하지는 않았습니다. 그녀는 단지 제가 그녀의 서비스에 반응을 보이고 싶어 했던 것을 잘 알고 이를 이용했던 것뿐이었지요."

에이드리엔의 이야기는 우리와 인터뷰했던 다른 여성들의 이야기를 대변해준다. 이들 여성들은 구매를 강요하지 않고 소비자의 요구에 귀 기울이며 소비자에게 정직하게 조언함과 더불어 소비자가 원하는 것을 미리 알고 앞서나가는 서비스를 훌륭하게 평가한다. 사실상 팝콘과 메리골드는 그들의 저서에서, 판매직원은 소비자가 진정으로 원하는 바가 무엇인지 스스로 이야기할 때까지 기다려서는 안 된다고 지적했다. 소비자는 결코 그들이 원하는 바를 솔직히 이야기하지 않을 것이며 설사 이야기를 한다 하더라도 이는 진심이 아니라는 것이다. 따라서 여성 소비자의 심리를 충분히 이해하는 소매업자들만이 앞서나가는 서비스를 제공할 것이라 주장했다. 즉, 이러한 소매업자들이 소비자에게 즐거움과 놀라움을 선사하는 것은 당연한 결과인 것이다.

진심이 담긴 관심

에이드리엔의 경험은 사실상 많은 여성 소비자의 바람을 강조해준다. 즉, 여성은 자신이 마음껏 매장을 둘러보게 배려해주고 자신에게 언제 도움을 주어야 할지 잘 아는 매장 직원을 선호한다. 게다가 소비자가 올바른 선택을 하도록 진심으로 관심을 보여주는 것(이는 좀 더 장기적인 판매 전략이 될 수 있다.)은 물론이거니와 소비자를 한 개인으로서 대하는 직원을 높이 평가한다. 에이드리엔은 계속해서 다음과 같이 설명했다.

"사실 그녀는 판매에 급급해 하지 않았습니다. 저는 두 시간하고도 30여 분이나 그 매장 안을 서성였지만 그녀는 눈치를 주거나 제게 무언가를 강요해서 판매하려고 애쓰지도 않았습니다. 그러다가 그녀가 무언가 제 마음에 들지 않는 것을 가져와 보여주면 저는 그것이 너무 화려하다거나 그 원단이 마음에 들지 않는다는 이유를 들어 싫다고 이야기했습니다. 하지만 이러한 저를 두고 "그럼 손님 마음에 드는 옷을 한 번 직접 찾아보시죠."라며 핀잔을 주거나 하지도 않았습니다. 마침내 저는 제 마음에 드는 두세 가지를 추려서 선택을 할 참이었습니다. 그런데 그녀는 계속해서 멋지다거나 잘 어울린다거나 하는 말만 연발하고 있었습니다."

에이드리엔의 마지막 말은 특히 매장 직원이 명심해서 들어야 하는 바이다. 여성들은 순수한 충고를 바란다. 그러므로 무언가 어울리지도 않는 것을 잘 어울린다고 거짓 아첨을 해서는 안 된다는 것이다. 베브(Bev)와 아델(Adele)은 각각 이와 관련하여 다음과 같이 이야기했다.

"솔직히 제게 어울리지도 않는 무언가를 계속해서 잘 어울린다고 하는 판매직원이 있는 매장에는 발 디디기가 싫을 정도입니다. 너무 짜증이 나거든요." (베브)

"제가 바라는 것은 도움 그 이상입니다. 바로 진심 어린 관심이죠. 일단 판매직원은 소비자와 개인적으로 이야기를 나누면서 친분을 형성하고 이들을 계속해서 기억해주는 것이 중요합니다. 이처럼 판매직원이 그들의 고객을 기억하게 될 때 고객은 자신이 특별하다고 느낄 것입니다." (아델, 28세)

많은 여성들은 매장 직원이 솔직하지 않다는 것을 직관적으로 안다. 그뿐만 아니라 자신이 무언가 마음에 썩 들지 않는 것을 구매하고 집에 도착하자마자 실망할 거라는 사실도 짐작한다. 이런 경우 소비자는 두 번 다시 그 매장을 찾지 않을 것이다.

사실상 여성 소비자는 매장 직원과 교류를 나누기를 바란다. 그리고 매장 직원이 여성 소비자를 하나의 인격체로 대하며 진심 어린 관심을 보이기를 기대한다. 그런데도 매장 직원이 고객에게 최신 유행 상품만을 강요한다면 소비자는 보나마나 실망하고 말 것이다. 이와 관련하여 앨리슨은 다음과 같이 설명했다.

"언젠가 스포츠걸 매장에서 한 여직원이 제가 입어본 어떤 옷이 사실은 제게 잘 어울리지 않는 것 같다고 말하기에 무척이나 놀라면서도 한편으로는 감동을 받았던 적이 있습니다. 사실 저는 그 옷이 형편없다는 것을 알았습니다. 그리고 그녀는 제게 다른 색상과 다른 스타일의 옷을 추천해주는 것이었습니다. 그런 그녀가 꽤 마음에 들었습니다. 적어도 그녀가 제게 솔직했다는 의미였으니까요. 만일 그녀가 제가 선택한 옷에 대해 그저 잘 어울린다고만 이야기해서 제가 이를 구매했다고 가정해보세요. 그런데 저랑 친한 한 친구를 통해 그 옷이 너무 형편없다는 말을 듣는다면 화가 날 게 분명하죠?"

이처럼 매장 직원의 솔직함은 여성 고객을 감동시킨다. 이 경우 혹시 그 소비자가 그 당시에는 그 매장에서 구매를 하지 않는다 할지라도 장기적으로 보았을 때 충성스러운 고객을 얻게 되는 셈이다. 이는 물론 우리의 연구를 통해 밝혀진 바이기도 하다. 더욱이 소비자는 자신의 유쾌한 경험을 다른 여성들에게 이야기할 테고 그리하여 그 브랜드의 가치는 입소문을 통해 금세 퍼지게 될 것이 분명하다.

고객에게 다가가기

여성 소비자가 판매직원에게 바라는 것은 판매에 급급하기보다는 소비자와 공감을 이루기 위해 노력하는 것이다. 전문 용어로는 이를 안면을 토대로 한 '인적판매' 혹은 '순응적인 판매'라고 부른다. 이러한 관계는 쇼핑을 통해 사회적 교류를 나누고자 하는 여성 소비자의 바람을 담고 있다. 이와 관련하여 48세의 여성 메리는 다음과 같이 설명했다.

"저는 사회적인 교류를 굉장히 중요하게 생각합니다. 제가 부티크를 찾는 것도 바로 이 때문이지요. 저는 특별한 고객으로 대우받기를 원합니다. 그런데 대형 판매점에서는 저를 기억조차 하지 못할 겁니다."

여성 소비자가 생각하는 훌륭한 서비스의 핵심은 바로 소비자를 편안하게 만들어주는 것이다. 예컨대 앨리슨은 매장에 들어서는 순간 매장 직원이 어떠한 행동을 취해주기를 바라는지에 대해 뚜렷한 주관을 갖고 있었다.

"이상적인 매장 직원이요? 매장에 들어가는 순간 제가 우선 한 번 둘러볼 수 있도록 시간을 준 다음 제게 와서는 무언가 도와줄 것이 있는가를 묻는 직원이라고 할 수 있죠. 만일 제가 탑을 보고 있다면 직원이 와서 "참 잘 어울리네요. 색이 너무 예쁘죠?"라는 식으로 이야기를 걸어줄 때가 좋아요. 그러면 저는 기분이 좋아져서 무언가 구매를 하게 되죠. 직원의 말 한마디로 저는 탁월한 선택을 했다고 생각하게 될 겁니다. 저는 또한 매장 직원이 탈의실까지 저와 동행하여 옷 입는 것을 도와주고 또 입어본 옷이 어떤지 살펴봐주기를 바랍니다. 그런데 탈의실까지 와서 그냥 가버리거나 저를 내버려둔 채 다른 고객을 도와주는 직원에게는 솔직히 화가 납니다. 이것저것 입어보는 중에는 매장 직원의 도움이 절실할 때가 있거든요. 더욱이 한 직원이 처음부터 끝까지 제 옆에 있어주는 것 또한 중요하죠. 이처럼 저는 소비자가 도움을 필요로 할 때 도움을 줄 수 있는 판매원에게 만족감을 느낍니다."

완벽한 탈의실

"의류 매장에서 탈의실은 중요한 기능을 합니다. 그리고 여성은 프라이버시를 존중받기를 원합니다. 이들은 자신이 입은 옷이 어떤가를 자세히 볼 수 있는 거울과 실물보다 멋지게 보이는 조명, 그리고 자신의 가방을 내려놓을 만한 공간을 필요로 합니다. 이들의 요구사항은 그야말로 단순한 것들이지요. 나아가 소비자는 편안함을 느낄 만한 충분한 공간과 훌륭한 서비스를 기대합니다. 반면에 이들이 싫어하는 것은 자신이 무시당한다는 느낌입니다. 그리고 탈의실에서 옷을 갈아입는 중에 누군가가 커튼을 열어젖히는 상황을 끔찍할 정도로 질색합니다. 그러므로 의류 매장에서는 탈의실 밖에 거울을 마련해 두어 소비자가 함께 온 친구들과 의견을 나눌 수 있도록 배려해야 할 것입니다. 이처럼 탈의실은 소비자의 편의를 위해 존재해야 하는

"대부분의 판매직원은 소비자에게 부담을 줄 정도로 도움을 자청하고 나서는 반면 몇몇 판매원은 소비자에게 완전히 무관심한 모습을 보입니다. 이들은 고객을 그저 탈의실 안으로 몰아넣고는 그것으로 끝입니다. 탈의실에 들어갔다 나와서 저는 거울을 바라보며 누군가 와서 저를 도와주기를 기대하지만 아무도 오지 않을 때가 있습니다. 그러면 저는 화가 나서 아무것도 구매하지 않고 나와 버리죠. 이런 매장에 대해서는 정말 언짢은 기분이 듭니다. 이처럼 고객을 무시하는 듯한 매장에서는 물건을 사고 싶은 마음이 들지 않습니다." (앨리슨)

물론 여성 소비자를 도와야 하는 상황과 자유롭게 내버려두어야 하는 상황을 판단하는 것이 그리 쉬운 일은 아니다. 여성 소비자를 대상으로 한 마케팅 전문가인 메리 루 퀸란(Mary Lou Quinlan)은 매장 직원이 여성 소비자가 언제 둘러보기를 원하고 언제 구매를 원하는지 파악하는 것이 매우 중요하다고 지적했다. 그녀는 또한 여성 소비자가 그냥 둘러보고 있다고 이야기하면 이를 그대로 믿어야 하며 그녀가 무언가를 입어보기를 원한다거나 구매하려고 할 때는 친절하게 도움을 주어야 한다고 충고했다. 이러한 충고는 판매원들이 명심해서 듣고 실행에 옮겨야 하는 것이다. 앨리슨의 이야기를 바탕으로 몇몇 판매원들은 다음과 같은 사항을 주의해야 할 것이다. 즉. 소비자가 원하지 않을 때 단도직입적으로 접근하지 말아야 하며 이들에게 도움이 필요할 때까지 기다렸다가 구매를 도와야 한다는 것이다. 이와 관련하여 에리카와 앨리슨은 다음과 같이 이야기했다.

> "저는 매장에 들어서자마자 곧바로 판매직원이 저를 반갑게 맞아주기를 기대합니다." (에리카)
>
> "저는 무시당하고 있다는 기분이 들 때 굉장히 불쾌합니다. 하지만 무작정 달려드는 것 또한 그다지 유쾌하지는 않습니다. 물론 매장에 들어가자마자 매장 직원이 달려오는 것을 좋아하는 이들도 있겠지요. 하지만 저는 우선 혼자 둘러본 후에 도움이 필요하다면 제가 먼저 판매원에게 다가가는 방식을 더 좋아합니다." (앨리슨)

배려와 정중함

3장에서 우리는 여성 소비자를 한 인간으로서 인정하고 예의바르게 응대해야 한다는 점을 강조했다. 그리고 우리와 인터뷰를 했던 여성들도 이러한 점을 훌륭한 서비스의 핵심으로 간주했다. 이와 관련하여 벡이 주장하는 바는 다음과 같았다.

"그들은 예의바르고 친절해야 하며 소비자가 원하는 바에 귀를 기울여야 합니다. 그런데 이들 가운데 몇몇은 판매에만 급급한 채 계산을 마치기가 무섭게 뒤돌아서서 그들끼리 이야기를 나누기도 합니다. 이처럼 그들이 판매만을 목적으로 할 때 고객은 더 이상 찾아오지 않을 것입니다. 중요한 것은 그들이 소비자에게 친절하고 상냥해야 한다는 것입니다. 그리고 이는 바로 소비자와의 관계 형성을 위한 핵심이기도 합니다. 만일 소비자가 어떤 매장에 들어가서 마치 자신이 그저 또 다른 소비자일 뿐이라는 인상을 받는다면 이는 형편없는 서비스 탓입니다. 소비자가 기대하는 것은 친절함과 소비자에 대한 배려입니다. 즉, 소비자가 무엇을 구매하려고 하는지에 관심을 갖고 도와주려는 자세가 필요한 것입니다. 저는 제가 다른 사람을 대하듯 다른 사람도 저를 그렇게 대해주기를 바랍니다. 제가 바라는 것은 결코 비현실적인 것이 아닙니다. 그저 배려와 친절을 기대하는 것뿐입니다."

벡은 판매직원의 정중하고 상냥한 태도가 고객과의 관계 형성에 핵심임을 강조했다. 그리고 그녀는 자신이 그저 또 다른 한 사람의 소비자로 간주되는 것을 못마땅해 했다. 그녀가 원하는 것은 바로 판매직원과 인간적인 관계를 형성하고, 자신을 하나의 인격체로 대우해주는 것이었다. 매킨토시(McIntosh)와 락쉰(Lockshin)의 1997년 연구에 따르면 소비자는 특정 매장의 단골이 되기에 앞서 그곳에서 일하는 직원들과의 친분을 중요시했다. 일단 매장 직원과 친분을 형성한 이후에 비로소 자연스럽게 그 매장의 단골이 되는 것이다. 사실상 소비자와 매장 직원과 나누는 친분은 종종 우정에 빗댈 정도이다. 이와 관련하여 25세의 카일리는 다음과 같이 이야기했다.

"제가 아는 소규모 부티크에서 일하는 여성들은 더없이 사랑스럽습니다. 덕분에 그곳을 찾는 고객들은 그들을 친구처럼 여길 수 있지요. 고객은 그들과 자연스럽게 이야기를 하고, 그들은 상냥하게 고객의 이야기에 공감을 표시해 줍니다. 게다가 그들은 구매를 강요하지도 않습니다. 따라서 고객은 자유롭게 쇼핑을 하고 필요한 경우에는 그들의 도움을 받습니다. 또한 고객이 아무것도 구매하지 않는다 하더라도 이들은 여전히 성심껏 도우려고 애를 씁니다. 이러한 이유로 저는 그 부티크를 좋아합니다."

벡과 카일리는 모두 상냥하고 배려심이 많은 판매직원을 좋아한다. 벡은 자신이 이런 서비스를 기대하는 것이 무리는 아니라고 생각한다. 그러나 많은 여성들이 안타깝게도 쇼핑 중에 이러한 서비스를 받아본 일이 거의 없다고 고백했다. 덧붙여 말하기를 판매직원의 상냥함 하나만으로도 쇼핑이 유쾌해질 것이라고 이야기했다. 이와 관련하여 44세의 여성 샤론은 다음과 같은 이야기를 했다.

여성 소비자들은 박식할 뿐만 아니라 소비자의 요구에 귀
기울일 줄 알며 교양 있게 행동하는 판매직원을 높이 평가한
다. 그뿐만 아니라 여성들은 자신감에 넘치고 소비자에게 올
바른 정보를 줄 수 있는 친절한 판매직원을 만나기를 기대한
다. 더욱이 여성들은 제품에 대한 풍부한 정보를 갖고 소비자
에게 적절한 물건을 제안(최신 유행 아이템이 아니라)할 수 있
는 사람이야말로 훌륭한 판매직원이라고 생각한다. 또한 소비
자가 원하는 아이템이 품절되었을 경우 이에 상응하는 적절한
대체물을 제안할 수 있는 판매직원을 높이 평가한다.

여성들과의 인터뷰와 다양한 논의를 통해 확인된 바에 따르
면 훌륭한 서비스의 조건은 다음과 같다. 즉, 소비자와의 관계
형성을 중요시하며 친절하고 상냥하게 고객을 맞아야 한다.
그리고 판매와는 상관없이 소비자의 관심사에 귀 기울이고 여
성의 이야기에 진심으로 공감하는 것이다. 또한 고객에게 정
직한 조언을 해주고 이들이 자유롭게 구경하도록 배려해주며
고객이 필요로 할 때는 언제든지 조언을 아끼지 않고 이들이
필요로 하는 바를 미리 알아서 대처하는 것이다. 이러한 서비

스가 바탕이 될 때 비로소 판매율도 증가할 것이다. 그리고 더 나아가 만족을 느낀 고객의 입소문을 통해 매장은 결국 성공할 것이다. 이와 관련하여 52세 여성 레슬리(Lesley)는 다음과 같이 이야기했다.

"저는 제 삶의 고충에 대해서 그들과 이야기하기를 원했고, 그들은 친절하게도 시간을 내어 제 이야기를 들어주었습니다. 제가 이들에게 얼마나 고마웠는지는 더 말할 필요도 없습니다. 아무튼 저는 아들과 남편에게도 이 매장을 이용하도록 일러두었답니다. 이는 그들의 친절함에 대한 보답이라고나 할까요?"

여성 쇼핑객들은 그 밖에 어떤 것을 좋아할까? 온라인 쇼핑!

"모든 여성들이 온라인 쇼핑을 좋아하는 것은 아닙니다. 그러나 일부 여성들은 온라인 쇼핑을 상당히 좋아하죠. 특히 혼자 돌아다니며 쇼핑하기를 좋아하는 이들은 온라인 쇼핑을 이용해 시장 조사를 한 후에 매장을 찾습니다.

쇼핑을 좋아하지 않는 한 친구는 요즘 콜스(Coles, 호주의 유통기업-역주) 온라인 쇼핑에 빠져있습니다. 그녀는 자신의 귀중한 시간을 슈퍼마켓에서 보내는 대신 온라인상으로 필요한 것을 주문하여 자신의 부엌까지 배달시킬 수 있다는 것에 매우 만족스러워 합니다. 그녀는 물건을 대량으로 구매하기 때문에 가격적인 면에서도 꽤 이익을 봅니다. 예컨대 세척제나 화장지를 비롯해 파스타 등은 6주 정도를 저장해 두고 사용할 수도 있으니까요. 저는 이제야 온라인 쇼핑의 장점을 깨달았습니다. 특히 오프라인 매장에 나가기 전, 온라인을 통해 미리 물품을 살펴볼 수 있다는 것은 꽤 매력적이었습니다. 예컨대 저는 아트 데코(Art Deco, 1920~30년대의 장식적인 디자인으로 1960년대에 부활 – 역주) 시기의 작은 가구와 도자기를 구입하고자 했습니다. 사실 호주에 는 여러 곳에서 이 시기의 물품을 취급하고 있습니다. 그런데 몇 몇 현명한 딜러들만이 웹사이트를 마련해두었더라고요. 그래서 저는 온라인을 통해 그들이 갖고 있는 모든 물품의 사진을 둘러보 고 상세 설명 또한 읽은 후에 제품의 역사를 비롯해 사이즈에 관 한 정보도 얻을 수 있었습니다. 이처럼 편한 시간에 집에 앉아서 물건을 살펴보고 가격까지 확인할 수 있으니 정말 놀라울 따름입 니다." (스텔라)

완벽한 쇼핑 장소

이번 장에서는 여성의 쇼핑을 유쾌하게 만드는 몇 가지 주 요 요소들을 살펴보았다. 여성들은 쇼핑을 그저 물건을 구매하는 것 그 이상으로 생각할 뿐만 아니라 쇼핑을 통해 유쾌한 경험을 하기를 기대한다. 특히, 우리와 인터뷰를 했던 여성들은 쇼핑을 통해 자신의 삶의 가치를 높이기를 희망했다. 그런데 이는 매장의 노력을 통해서만 가능한 일이다. 다시 말해 매장은 소비자에게 브랜드의 가치를 인식시키고 사소한 것 하나에도 주의를 기울이며 전반적으로 소비자가 매장에서 유쾌한 경험을 할 수 있도록 해야 한다는 뜻이다. 이와 더불어 매장의 인테리어 또한 중요하다. 즉, 우리와 인터뷰를 했던 여성들은 밝은 조명과 훤히 트인 공간, 그리고 상품이 잘 보이도록 진열되어 있는 매장을 선호했다. 아울러 세일 판매 기간에도 여성 소비자는 상품이 그저 싸구려로 보이지 않고 말끔하게 정돈되어 있기를 희망했다.

한편 판매직원의 태도 또한 여성 소비자의 유쾌한 쇼핑을 결정짓는 중요한 부분이었다. 여성 소비자들의 서비스 기대치는 점점 높아지고 있다. 이들이 기대하는 훌륭한 서비스의 기준은 다음과 같다. 즉, 판매직원이 제품에 대한 정보를 완벽하게 파악하고 있어야 함은 물론이거니와 고객의 요구를 이해하기 위해 이들에게 진심으로 관심을 가져야 한다는 것이다. 또한 여성 소비자는 판매에 급급하기 보다는 소비자와 교류를 나누는 판매직원을 높이 평가한다. 이러한 여성의 기대는 결코 실현불가능한 일은 아닐 것이다.

그러나 안타깝게도 판매직원의 훌륭한 서비스와 여성의 유쾌한 쇼핑이 항상 가능한 것만은 아니었다. 우리와 인터뷰를 했던 많은 여성들은 그들의 쇼핑이 유쾌하기보다는 실망스러울 때가 더 많다고 이야기했다. 이는 소매업자들이 여성 소비자가 바라는 것을 무시한 채 여전히 너무 많은 실수를 범하고 있다는 증거이다. 그렇다면 여성들이 쇼핑할 때 겪는 불편한 사항은 무엇인가? 이는 다음 6장에서 살펴보겠다.

6장 여성의 쇼핑을 방해하는 것들은 무엇인가?

"요즘은 과거에 비해 고학력·고수입의 여성 수가 뚜렷하게 증가했습니다. 우리 여성들은 이제 경제적으로 능력이 있을 뿐만 아니라 스스로 결정권을 행사할 수도 있게 되었습니다. 그리하여 소매업계에 종사하는 남성들은 오늘날의 당차고 새로운 여성 소비자를 대하는 데 다소 애를 먹고 있습니다." (자넷(Janet), 29세)

5장에서는 여성들이 쇼핑할 때 좋아하는 것들을 살펴보았다. 이번 장에서는 반대로 여성들이 쇼핑 중에 싫어하는 것들, 다시 말해 이들의 흥미를 잃게 하고 구매를 막게 하는 요소들을 살펴볼 것이다. 한편 4장에서 우리는 이미 여성들이 쇼핑을 하는 주된 동기가 다름 아니라 자립심을 표현하고 즐거움을 추구하기 위해서라는 사실을 확인했다. 그런데 여성 소비자를 무시하는 태도나 이들의 즐거움을 저해하는 요소들, 다시 말해 시끄러운 음악과 청결하지 못한 탈의실, 불성실한 판매직원의 서비스 등으로 인해 여성들은 기분이 상한 채 쇼핑을 중단해버리기 쉽다. 게다가 전통적으로 남성 소비자의 고유 영역이었던 '하이-파이(high-fi, 원음의 충실한 재생을 추구한 고품질의 음향 재생 장치―역주)'나, 자동차, 컴퓨터 매장은 여성 소비자들을 배려하지 않은 이유로 이들과의 친밀감 형성에 애를 먹기도 했다. (위의 자넷의 경우와 같이)

그렇다고 남성의 고유 영역만을 비난할 수만은 없는 일이다. 오랫동안 여성 소비자를 타깃으로 해왔던 상점들 또한 계속해서 잘못을 범하고 있기는 마찬가지이기 때문이다. 이번 장에서는 이렇듯 소비자의 등을 떠미는 과오를 범하고 있는 매장들을 집중해서 살펴볼 것이다. 한편 여성들은 남성이 지배적인 시장에서 으레 형편없는 서비스를 받을 것을 예상한다. 하지만 이러한 서비스를 감수하면서까지 다른 매장으로 옮길 엄두도 못 낸다. 이는 그저 다른 기회가 없기 때문이다. 반면에 여성 소비자를 타깃으로 운영되고 있는 매장에서라면 소비자는 형편없는 서비스를 뒤로 한 채 서슴없이 다른 매장으로 발걸음을 돌려버릴 것이 분명하다. 이는 우리가 실행했던 연구 결과 분명히 확인된 사실이다.

우리의 연구 결과에 따르면 여성 소비자는 사소한 매장 분위기 하나에도 매우 민감한 반응을 보였다. 그리고 남성들이 한 번에 하나에만 집중하고자 하는 반면 여성은 한 번에 여러 가지 일을 생각한다. 게다가 이들은 다양한 기준으로 매장이나 브랜드를 평가한다. 한편 여성을 소비자로 맞는 매장에서

는 여성 판매직원을 고용해야 할 필요성이 제기되었다. 예컨
대 나바(Nava)는 그녀의 저서에서 여성 직원의 능력에 대해 다
음과 같이 서술했다.

"여성 판매직원은 남성에 비해 행동이 재빠를 뿐만 아니라 여성 소비자
가 무엇을 원하는지 또한 쉽게 이해한다. 예컨대 이들은 색의 조화를 맞
추는 일은 물론이거니와 대체 아이템을 제안하고 유행이 얼마나 오래
갈 것인지를 조언해줄 수 있다. 그뿐만 아니라 여성 소비자의 지갑 사정
에 알맞게 상품을 추천해줄 수 있는 능력도 갖추고 있다." (나바, 1997
년, p.68)

여성은 특히 세세한 것에 관심을 갖는다. 이와 관련해 팝콘
과 메리골드는 다음과 같이 지적했다.

"소녀들은 사소한 주제에 대해서도 끊임없이 이야기를 이어나가는 재
주가 있다. 다시 말해 누가 무엇을 입고, 누가 무엇을 이야기하는가를
비롯해 그가 그녀에게 미소 지었는가, 나의 행동에 그녀가 화가 났는가
등의 이야기를 쉼 없이 계속하는 것이다. 이처럼 여성들은 세세한 것 하
나라도 깊숙이 파고들기를 좋아한다." (팝콘과 메리골드 공저, 2000년,
p.196)

다음은 베브가 쇼핑 중에 어떠한 것을 싫어하는지와 관련된
이야기이다. 이를 통해 그녀가 얼마나 세세한 것들에까지 관
심을 드러내고 있는지 명확히 이해할 수 있다.

"물건 가격이 하염없이 상승하는 것은 정말 못마땅한 일입니다. 그리고
무언가를 구매하고자 하는데 그것이 눈에 띄지 않을 때도 화가 난답니
다. 어디 그것뿐인가요? 옷을 사려고 입어보았는데 사이즈가 맞지 않을
때나 기준 사이즈가 항상 작아지는 것 또한 불만입니다. 형편없는 서비
스 때문에 화가 나는 것은 물론이구요. 예컨대 매장 직원에게 무언가를
요구했는데 이들이 도울 생각은커녕 심지어 쳐다보지도 않을 때는 그야
말로 화가 머리끝까지 납니다. 반면에 매장 직원과 대화를 나누는 것은
제가 좋아하는 일입니다. 이는 즐거울 뿐만 아니라 쇼핑에 도움도 되기
때문이지요."

베브는 끊임없는 가격 상승 때문에 불만을 느낄 뿐만 아니
라 재고품이 없을 때나 서비스가 형편없을 때, 그리고 사회적
인 교류를 할 수 없을 때 화가 난다고 이야기했다. 아울러 이는
다른 여성들이 강조하는 바이기도 했다. 이번 장에서 우리는
이러한 사항들과 관련하여 좀 더 자세하게 살펴보고자 한다.
　한편 매장을 설계하는 문제에 있어서도 여성 소비자의 관심
을 끌기 위해서는 이렇듯 세세한 사항들에 주의를 기울여야 한

다. 여성은 종종 사소한 매장 분위기 하나에도 주목을 한다. 그리고 소비자를 배려하지 않는 태도에 매우 민감해 한다. 예컨대 매장 직원의 속임수나 무관심, 강제적인 판매 행위와 고객에게 귀 기울이지 않는 태도, 그리고 고객을 외면하는 행위 등에 예민하게 반응하는 것이다. 〈호주 하드웨어 저널(Australian Hardware Journal)〉지에서는 '2003년 트렌드 업데이트 리포트(Trends 2003 Update Report)—소비자의 동향 파악하기(Keeping an Eye on the Consumer)'라는 글을 통해 지난 5년 동안 호주 소비자의 쇼핑 행위와 서비스에 대한 기대, 서비스 만족도, 그리고 소매업자의 활동에 많은 변화가 있었음을 서술했다. 이 보고서는 호주 전역에서 소비자의 구매 행위와 서비스에 대한 만족도, 소비자의 성별에 따른 성향, 쇼핑센터에 대한 소비자의 기대치를 포함하여 소비자가 서비스에 대해 만족해하는 수준을 보여줬다. 보고서에 따르면 소비자가 기대하는 바와 그들이 실질적으로 쇼핑을 통해 경험한 바는 상당히 달랐다. 그뿐만 아니라 여성과 남성 소비자가 서비스에 대해 기대하는 수준은 과거에 비해 매우 높아졌음을 알 수 있었다. 이는 오늘날의 경쟁 시장에서 소비자를 만족시키는 일이 얼마나 중요한 것인가를 암시하는 부분이기도 하다.

그러나 이것이 전부는 아니다. 여성 소비자를 불쾌하게 만들 수 있는 요소는 끝도 없이 많다. 다시 말해 자신에게 맞는 사이즈가 없거나, 자신이 원하는 물품을 발견하지 못하거나, 매장을 찾아가기 힘들 때 소비자는 불만을 토로한다. 한편 여성은 빛과 소리에 민감하며, 밝고 차분할 뿐만 아니라 여유 있는 공간을 선호하는 것으로 조사되었다. 19세의 에리카는 멜버른에 위치한 이케아 매장에 대해 다음과 같이 설명했다.

"소비자는 이케아 매장에서 길을 잃기 십상입니다. 예컨대 이 매장에서 쇼핑을 하기 위해서는 큰 원을 한 바퀴 돌아야 하며 갔던 길을 다시 되돌아와야 하는 불편함을 겪어야 합니다. 매장 지도를 손에 들고 돌아다녀도 상황은 마찬가지입니다. 즉, 소비자는 역시 빙글빙글 돌다가 결국은 길을 잃거나 출구를 찾지 못해 어려움을 겪을 수밖에 없는 것입니다. 게다가 이러한 손님에게 도움을 줄 만한 직원은 어디에서도 찾아보기 힘듭니다. 일단 쇼핑센터에 도착해서 주차장에 마련된 엘리베이터를 이용해 이케아 매장까지 올라가면 한 여직원이 손님을 맞이합니다. 그리고 매장 내 엘리베이터나 계단을 이용해 매장 전시장으로 갈 수 있다는 안내를 해줍니다. 그런데 엘리베이터를 타고 올라가서 한 바퀴 둘러본후 출구와 연결되어 있다는 엘리베이터를 타고 내려오니 다시 이케아 매장의 입구에 와 있는 게 아닙니까? 이렇듯 우왕좌왕하며 출구를 찾다가 심지어는 물건도 구매하지 않은 채 계산대를 통과해야 하는 별난 상황에까지 이르기도 했습니다. 그리고 가까스로 중앙 입구 지역에 도착한 후, 매장 내 엘리베이터를 다시 이용해서 주차장에 돌아올 수 있었습니다. 이날의 경험은 마치 악몽처럼 기억됩니다. 그리고 이러한 악몽을 겪은 이후부터 지금까지, 그곳엔 발걸음도 안 합니다."

휴우! 이런 매장에서 쇼핑하기란 결코 쉬운 일이 아니다. 이는 이케아 매장을 자주 찾는 단골조차도 마찬가지일 것이다. 지금부터 여성 소비자를 불쾌하게 만드는 것은 무엇인지 조금 더 자세히 살펴보기로 하자. 우리는 인터뷰를 통해 다음과 같은 여러 가지 이슈들에 주목할 수 있었다.

- 손님의 겉모습만 보고 판단하는 듯한 매장 직원의 태도
- 원하는 물품을 찾을 수 없는 경우
- 저돌적인 판매직원
- 형편없는 매장 인테리어
- 청결하지 않은 매장
- 환불이나 교환 시의 문제점
- 시끄럽거나 매장에 어울리지 않는 음악
- 냉담한 매장 분위기
- 대기 시간이 긴 매장

이제부터 우리는 위에서 제시한 각각의 이슈를 조금 더 상세하게 살펴볼 것이다. 아울러 과거에 남성 소비자가 지배적이었던 영역에서 현재 여성 소비자가 어떠한 어려움을 겪고 있는지를 알아보겠다. 마지막으로 여성들이 이처럼 불쾌한 조

건들에 어떻게 대처하는지를 논의할 것이다.

손님의 겉모습만 보고 판단하는 듯한 매장 직원의 태도

도표 6.1은 손님의 겉모습만 보고 판단하는 듯한 매장 직원이 각각의 여성 소비자에게 어떤 영향을 미치는지 보여준다.

〈도표 6.1〉 손님의 겉모습만 보고 판단하는 듯한 판매직원이 여성 소비자에게 미치는 영향

쇼핑 스타일	손님의 겉모습만 보고 판단하는 듯한 매장 직원이 여성 소비자에게 미치는 영향
필요한 것만 재빨리 구매해서 떠나버리는 쇼핑객	효율적인 쇼핑 저해
상품을 살 의향도 없이 만지작대는 사람	쇼핑 방해
쇼핑 치료법을 찾는 사람	스트레스와 노여움 증가
친구들과 소풍 나온 쇼핑객	즐거운 쇼핑을 방해함
사냥꾼	직원을 이기고자 하는 욕구 증가

대부분의 여성은 영화 〈귀여운 여인〉에 나왔던 다음과 같은

유명한 장면을 기억할 것이다. 줄리아 로버츠가 돈을 두둑이 들고 로스앤젤레스에 위치한 비버리 힐스(Beverly Hills)의 고급 쇼핑가인 로데오 드라이브(Rodeo Drive)를 의기양양하게 거니는 장면을 말이다. 그런데 그녀가 한 고급 부티크에 들어서자 그곳 매장 직원은 줄리아를 머리서부터 발끝까지 뚫어지게 쳐다본 후에 그녀에게 어울릴 만한 옷은 없다고 말해버린다. (사실상 쇼핑객들이 좀 더 다정다감한 쇼핑 환경을 선호함에 따라 로데오 드라이브는, 현재 도도했던 예전의 이미지를 버리기 위해 애쓰고 있다.) 결국 영화 속 줄리아는 다른 매장으로 가서 그곳 매장 직원의 친절한 서비스를 받게 된다. 그리하여 그녀는 그곳 매장에서 어마어마한 돈을 지출한 후 새 옷으로 갈아입은 채 보란 듯이 첫 번째 매장으로 돌아온다. 그리고는 자신이 들고 있는 여러 개의 쇼핑백을 그곳 매장 직원들에게 과시하듯 보여주며 그들이 큰 실수를 했음을 꼬집어 말한다.

영화에서 전달하고자 하는 메시지는 분명하다. 즉, 소매업계에서 종사하는 이들은 더 이상 고객을 겉모습만으로 판단하면 안 된다는 것이다. 예컨대 고객이 착용하고 있는 시계 브랜드를 보고 그녀의 사회적 위치나 소득을 확신하던 시대는 이미 지나버렸다. (솔직히 말해서 명품 시계가 가짜일 가능성도 크다. 게다가 백만장자 고객이 저렴한 스와치(Swatch) 시계를

착용하고 있을 가능성 또한 배제할 수 없기 때문이다.) 오늘날
에는 편안한 옷차림이 인기를 끌고 중산층 가운데서 부를 거
머쥔 이들이 증가했으며 거품 경제로 백만장자들이 속출했다.
따라서 착용하고 있는 브랜드로 소비자의 사회 계급이나 개인
의 보유자산을 판단하고자 하는 방법은 적절하지 않다.

그럼에도 여전히 많은 판매직원들이 이렇듯 그릇된 방법으
로 고객을 판단한다. (대개 경력이 짧은 직원들이 이에 해당된
다.) 그리하여 호주의 여성 쇼핑객 대부분이 이들의 무분별한
판단의 희생자가 되고 있는 것이다. 25세의 카일리는 이와 관
련하여 다음과 같이 설명했다.

"저는 화장기 없는 얼굴에 운동복 차림을 하고 재킷을 구입하기 위해 매
장에 들어갔습니다. 그곳 직원들은 제 모습과는 반대로 아주 잘 차려입
고 있더군요. 그런데 제가 600달러가량 하는 재킷을 마음에 들어 하자
그곳 직원은 그 옷이 제가 구입할 수 없을 만큼 비싼 것이라고 이야기하
지 않겠어요? 그렇지만 저는 결국 보란 듯이 그 옷을 구매했답니다. 영
화 〈귀여운 여인〉의 전형적인 모습이었던 거죠. 매장 직원의 불친절함
때문에 오히려 오기가 생겼던 것이었습니다."

카일리가 자신을 〈귀여운 여인〉에 나오는 주인공에 빗댄 것
은 굉장히 흥미롭다. 영화 속에서 아마도 자신이 필요한 것보

다 훨씬 더 많은 것을 구매했던 줄리아 로버츠처럼 카일리 역시 단순히 자신이 그럴만한 능력이 된다는 것을 매장 직원에게 과시하기 위해 그 재킷을 구입했기 때문이다. 그런데 우리와 인터뷰를 나누었던 여성들 가운데 다수가 이처럼 매장 직원들 앞에서 보란 듯이 자신의 능력을 과시하고자 하는 태도를 보였다. 예컨대 44세의 샤론 역시 고객의 겉모습을 보고 그들의 능력을 판단하는 듯한 매장 직원을 마주한 경험을 이야기했다. 그녀는 자신을 섣불리 평가하려고 했던 한 남자 직원에 대해 다음과 같이 설명했다.

"그는 제가 고른 것을 살 능력이 없다고 판단했는지 굉장히 무례하게 행동했습니다. 그는 내가 누구인지 또 무슨 일을 하는 사람인지도 알지 못하면서 그렇게 사람을 판단했던 것입니다. 이는 그야말로 최악이었습니다. 저는 그때 머리끝까지 화가 나서 그에게 본때를 보여주어야겠다고 생각했습니다. 그리고 결국 그가 잘못 판단했다는 것을 깨닫게 해준 이후에야 마음이 한결 가벼워졌습니다."

샤론과 카일리는 쇼핑을 통해 자신의 능력이나 자립심 등을 표현하려는 여성 소비자의 모습을 보여준 예이다. 그렇다면 여성들의 이러한 쇼핑 동기를 저해할 때 이들은 어떻게 반응할까? 앞서 이야기했듯이 오늘날의 여성들은 현명함은 물론이거니와 마음에 들지 않는 제품이나 매장, 판매직원에게는 단호하게 등을 돌려버린다.

다음에 소개할 내용은 19세의 에리카가 조지 젠슨(Georg Jensen, 덴마크의 보석류 브랜드—역주) 매장에서 경험한 것이다. 이를 위의 두 여성들의 경험과 비교해보면 흥미롭다.

"저는 열여섯 살에 딱 한 번 조지 젠슨 매장에 가본 적이 있습니다. 그런데 그때의 경험은 지금까지도 잊지 못할 정도로 더없이 멋졌습니다. 그때 저는 솔직히 아주 볼품없는 차림새를 하고 매장에 들어갔습니다. 그리고 이내 그곳에 진열된 제품들이 상당히 값비싸다는 사실을 깨달았습니다. 한편, 매장 직원은 저를 꽤 정중하게 맞아주었습니다. 예컨대 그들이 저를 마치 만 오천 달러나 하는 반지를 구매할 수는 고객인 것처럼 대해주었을 때는 근사한 기분마저 들었습니다. 그래서 언젠가 제가 돈을 많이 벌게 되면 그 매장에 꼭 한 번 다시 들를 생각입니다. 그곳에는 굉장히 값어치 있는 보석류가 많을 뿐만 아니라 고객 서비스 또한 훌륭하기 때문입니다."

한편 모든 여성이 〈귀여운 여인〉의 줄리아 로버츠처럼 행동하는 것은 아니다. 즉, 여성 소비자들 가운데는 샤론이나 카일리처럼 다른 매장으로 가버리기보다는 매장 직원에게 보란 듯이 자신의 능력을 과시하며 그 자리에서 물건을 구매하는 이들도 많다. 그러나 만일 소매업자들이 고객을 겉모습만으로 판단하는 직원을 고의적으로 고용하는 것이 아니라면 다음과 같은 사실을 명심해야 한다. 즉, 우리와 이야기를 나누었던 모든 여성들은 이처럼 푸대접을 하는 매장에 가지 말도록 친구들에게 일러두었으며 자신들도 역시 다시는 그곳으로 발걸음하지 않았다는 것이다. 이와 관련하여 52세의 레슬리는 다음과 같이 고백했다.

"제가 만일 어떤 매장에서 기분 좋은 경험을 한다면 이에 대해 세 사람쯤에게 이야기를 합니다. 반면에 제가 아주 기분 나쁜 경험을 한 경우에는 수없이 많은 이들에게 이를 계속해서 이야기하고 다닙니다."

따라서 소매업자들이 명심해야 할 사항은 다음과 같다. 즉, 여성 소비자는 절대적인 힘을 갖고 있다는 것이다.

여성 소비자가 판매직원에게 바라는 바는 무엇인가?
여성들은 박식하며 상냥한 판매직원을 선호한다. 또한 필요시에 자신을 기꺼이 도울 수 있는 직원을 높이 평가한다. 반면에 남성들은 그들이 요구할 때까지는 판매직원의 방해 없이 홀로 쇼핑하기를 바란다. 그런데 이들 또한 정중하며 상냥하고 도움이 되는 서비스를 기대하는 것은 마찬가지이다.

원하는 물품을 찾을 수 없는 경우

도표 6.2는 각각의 쇼핑 유형에 따라 여성이 원하는 바를 발견하지 못하는 경우에 보이는 반응을 나타내고 있다.

〈도표 6.2〉 자신이 원하는 바를 찾지 못할 때 나타나는 여성 소비자들의 반응

쇼핑 스타일	자신이 원하는 바를 찾지 못할 때 여성 소비자들의 반응
필요한 것만 재빨리 구매해서 떠나버리는 쇼핑객	비효율성으로 인한 좌절감 증가
상품을 살 의향도 없이 만지작대는 사람	만족감 감소
쇼핑 치료법을 찾는 사람	스트레스와 분노 증가
친구들과 소풍 나온 쇼핑객	그룹 스트레스 증가
사냥꾼	원하는 바를 얻고자 하는 의지 증가

여성 소비자는 쇼핑을 통해 활기를 느낀다. 이들은 친절한 매장 직원들에게 지극할 정도의 서비스를 받아본 경험이 있으며 자신이 원하는 바를 모두 구매하기도 했다. 한편 여성들은 쇼핑 중에 불편한 점도 겪어봤다. 예컨대 이들은 고상한 체하거나 고객을 속이는 판매직원을 만난 적도 있다. 그뿐만 아니라 쇼핑에 데리고 간 아이들 때문에 곤욕을 치른 적도 있으며 탈의실에 부착된 거울에 속은 경험도 있다. 게다가 지저분한 제품과 마주해 불쾌했던 적도 있다. 그런데 뭐니 뭐니 해도 최악은 자신이 원하는 바를 찾을 수 없는 것이다. 여성 소비자는 이처럼 자신이 원하는 물품을 찾을 수 없을 때 당황하며 좌절하거나 화가 나기도 한다. 더군다나 남겨진 사이즈가 표준 사이즈밖에 없을 때 이들은 당혹감을 감추지 못한다. 22세의 사라(Sarah)는 이런 상황에서 실망감을 감추지 못하게 되거나 표준 사이즈의 여성들에게 질투가 나기도 한다고 고백했다. 아울러 다른 여성들 또한 이러한 경우 사라처럼 우울해진다고 맞장구쳤다. 다음은 이와 관련된 39세 다이앤(Dianne)의 설명이다.

"저는 열두 살 된 딸아이를 데리고 쇼핑을 하고 있었는데 매장에는 딸아이가 입을 만한 옷들로 즐비했습니다. 의류 매장에 들어가면 진열된 옷들은 물론이고 그곳에 있는 사람들도 구경하게 마련입니다. 그런데 그곳에 있는 여성들은 모두 날씬한 이들 뿐이었고, 하나같이 몸매를 드러내는 옷을 입고 있었습니다. 이런 상황에서 제 자신이 늙고 뚱뚱하며 누추하다는 기분이 드는 것은 어쩔 수 없나 봅니다…. 이런 매장에 갈 때마다 제 자신이 어느덧 중년이라는 생각이 들어 의기소침해지고 맙니다."

청바지 판매업자들은 다음에 소개할 내용에 특히 가책을 느낄 것이다. (지난 5년 동안 리바이스 브랜드에서 맞춤복 라인이 가장 인기를 끌었다는 사실은 매우 흥미롭다.) 이 책의 공동 저자인 마이클은 자신의 여동생이 청바지 매장에서 겪은 당혹감에 대해 이야기했다. 그에 따르면 여동생이 한 매장에서 청바지를 구입하고자 했는데 그녀가 입어본 청바지마다 길이는 상당히 길었던 반면 허리 사이즈는 너무나도 작았다는 것이다. 그녀에게 유명 브랜드 제품은 큰 의미가 없었다. 체형에 맞는 청바지를 찾는 일이 급선무였기 때문이다. 그녀를 비롯해 다수의 소비자는 자신의 체형에 맞지 않게 짧거나 긴 것을 비롯해 자신이 숨기고 싶은 허릿살이나 뱃살을 두드러지게 하는 청바지 때문에 난처했던 경험이 있을 것이다. 다음은 29세 앤의 이야기이자 많은 여성들이 공감하는 이야기이기도 하다.

"제 몸에 꼭 맞는 청바지가 있다면 지금이라도 기꺼이 천 달러를 내고라도 구매하고 싶은 심정입니다. 제 체형에 맞는 청바지를 찾지 못해서 받는 스트레스는 이루 말할 수 없을 정도입니다. 이 때문에 심지어는 쇼핑하고 싶은 기분마저 들지 않으니까요. 그래서 저한테는 쇼핑할 때 문제되는 것이 돈이 아니라 제 사이즈에 맞는 옷을 찾을 수 있는가 하는 것입니다."

앤을 비롯해 자신의 체형에 꼭 맞는 옷을 발견하지 못하는 여성들은 소매업자들이 어째서 이러한 요구에 귀 기울이지 않는지를 의아해한다. 소매업자들은 과연 대다수 호주 여성들이 원하는 바가 무엇인지 알고나 있는 것일까? 이와 관련하여 수잔 그래의 스콧 영은 다음과 같이 설명했다.

"저희 고객은 넘쳐나는 살을 감추고자 온갖 애를 씁니다. 이들의 관심사는 오직 그뿐인 것입니다. 여성 소비자는 자신의 허벅지 살이나 엉덩이, 팔 아래로 축 처진 살들을 비롯해 많은 부분을 숨기고 싶어 합니다. 더욱이 사회와 대중 매체에서는 여성들에게 어떻게 옷을 입어야 하는지부터 시작해 여러 가지 압력을 가하기 때문에 여성들은 이들이 만들어 놓은 유행에 뒤지지 않기 위해 애를 쓰는 것입니다. 저희는 호주 여성의 평균 사이즈인 14~16(미국을 비롯한 호주의 여성복 사이즈는 0,2,4,6,8…로 단위가 진행—역주)을 주요 타깃으로 삼고 있습니다. 물론 더 작은 8~10 사이즈도 구비해 놓고 있지만 이는 우리의 주요 관심사가 아닙니다. 자사 매장에서 시즌이 마감할 때 8~10 사이즈 재고만 남고 14~16 사이즈는 재고 한 장도 없이 품절되는 것만 보아도 주요 타깃 층이 누구인지 짐작할 수 있을 것입니다. 이처럼 저희는 작은 사이즈보다는 상대적으로 큰 사이즈에 대한 수요가 훨씬 더 많다는 것을 매번 확인하고 있습니다. 여성들 대부분은 이곳저곳 숨기고 싶은 살이 많음에도 유행을 따라가고 싶어 합니다. 그러므로 의류 회사는 이 점을 주목해야 하는 것입니다. 더군다나 이는 남성 소비자들 또한 마찬가지입니다."

다음은 여성들의 쇼핑을 저해하는 부정적인 예이다.

"어렸을 적에 저는 쇼핑을 상당히 좋아했습니다. 그런데 지금은 바지를 구매하러 가는 일이 곤욕스러울 정도입니다. 제 몸에 맞는 사이즈를 구하기 힘들기 때문이지요. 제 다리는 짧고 엉덩이는 상대적으로 크기 때문에 웬만한 바지는 맞지 않습니다. 이 때문에 항상 화가 났지요. 매장에 진열된 바지가 너무 마음에 들어 입어보려고 하면 하나같이 제 몸에는 맞지 않는 겁니다. 매번 이럴 때마다 얼마나 마음이 상하는지 모릅니다. 언젠가 엄마와 함께 브래지어를 사러 갔다가 탈의실에서 울었던 기억도 납니다. 마음에 드는 것을 입어보았는데 역시 제 몸에는 맞지 않았기 때문이었습니다." (익명)

마지막으로, 체구가 작은 여성들의 불만 또한 이만저만이 아니었다. 특히 동양 여성들은 6 사이즈와 그 이하의 작은 사이즈를 거의 찾을 수 없다고 불만을 토로했다.

앞서 여성 소비자가 그들의 자립심이나 경제력을 표현하려는 것을 저해하고 자신만의 견해로 고객을 판단하는 판매직원을 싫어한다고 밝힌 바 있다. 그런데 여성들은 자신이 원하는 물품을 찾을 수 없을 때에도 좌절감을 경험했다. 오늘날 여성들이 경제력을 손에 쥐고 있음에도 소매업자들은 여전히 이들의 능력을 무시한 채 이들의 존재를 인정하지 않는 과오를 범하고 있는 것이다. 자신의 체형에 맞는 옷을 찾지 못하거나 자신이 원하는 물품을 발견하지 못했을 때 여성은 상실감에 빠진다. 요컨대 오늘날 여성들에게 가처분 소득이 많은들 무슨 소용인가? 이들에게 맞는 사이즈의 옷을 충분히 마련해두지 않는다면 이들은 쇼핑에 나서지 않을 텐데 말이다.

저돌적인 판매직원

도표 6.3은 저돌적인 판매직원이 여성 소비자에게 미치는 영향을 나타낸 것이다.

<도표 6.3> 저돌적인 판매직원이 여성 쇼핑객에게 미치는 영향

쇼핑 스타일	저돌적인 판매직원이 여성 쇼핑객에게 미치는 영향
필요한 것만 재빨리 구매해서 떠나버리는 쇼핑객	비효율성으로 인한 좌절감
상품을 살 의향도 없이 만지작대는 사람	불만 증가
쇼핑 치료법을 찾는 사람	스트레스와 분노 증가
친구들과 소풍 나온 쇼핑객	제3의 장소 파괴
사냥꾼	직원에게 도전하고 싶어 함

"제가 좋아하는 부류의 판매직원은 고객에게 상냥하며 고객을 편안하게 해주는 이들입니다. 사실상 다수의 판매직원들이 고객에게 저돌적인 태도를 보이는데, 저는 이런 응대를 가장 싫어합니다." (카일리, 25세)

"저는 대개 혼자서 쇼핑을 하기 때문에 누군가가 방해하는 것을 못 견뎌합니다. 아울러 저는 스스로의 결정과 선택을 믿기 때문에 다른 사람의 의견은 중요하게 생각하지 않습니다." (로베르타)

우리는 모두 고객을 그냥 내버려두려 하지 않거나 그들이 원하는 바에 귀 기울이지 않는 판매직원을 싫어한다. 우리가 진정 원하는 바는 고객의 요구에 따라 행동하고 상냥하게 응대하는 판매직원을 만나는 것이다. 불행한 일이지만 판매직원이 고객에게 저돌적인 태도를 보이는 것은 상당히 오래 전부터 벌어지고 있는 일이기도 하다. 대형 백화점은 고객이 이리저리 구경하며 돌아다닐 때 백화점에 오히려 득이 된다는 사실을 이해했다. 반면에 백화점이 등장하기 이전의 판매직원들은 구매도 하지 않은 채 이리저리 서성이는 고객들을 따라다니며 성가시게 하거나 심지어는 매장 밖으로 쫓아내는 일도 있었다. 20세기가 시작되면서 (심지어는 오늘날에 이르기까지) 판매직원들이 판매건당 수수료를 챙기는 제도가 도입되면서 하나라도 더 팔기 위해 혈안이 되어 있는 것이다.

한편 고객이 매장에 들어서자마자 곧바로 달려가는 판매직원 또한 고객에게 부담을 안겨주는 예이다. 특히 일부 판매직원은, 고객이 매장 물품을 훔쳐가지 못하게 하고자 끊임없이 이들의 행동을 살피면서 고객을 부담스럽게 하기도 한다. 이는 백화점의 등장과 함께 여성 소비자 사이에 좀도둑질이 빈번하게 발생한 데서 비롯된 결과였다. 배우 위노나 라이더(Wynona Rider)를 비롯해 칙릿 소설에 등장하는 주인공들이 그 예이다. 놀라운 사실은 이처럼 부유한 여성들이 부티크(특히 세계적인 명품 제품을 판매하는 곳)에서 몰래 훔치는 행위가 유행처럼 번져나가고 있다는 것이다. 그리하여 오늘날에는 보안장치와 도난 방지용 마그네틱 표를 부착하는 등 여러 방법을 동원하여 도난을 방지하고 있다. 이유가 어떠하든 간에 소비자는 저돌적인 판매직원에 대해 강한 불만감을 표시했다. 19세 레베카의 다음 이야기는 여성들이 모두 공감하는 바이기도 하다.

"매장에 들어가자마자 매장 직원이 곧장 제게로 오면 저는 무언가를 사야 한다는 압력을 받기에 그냥 나와 버립니다. 그리고 만일 그들이 제게 다가와서는 도움이 필요한지 묻고 제가 괜찮다고 이야기했는데도 제 곁을 떠나지 않고 서성일 때도 저는 매장을 나와 버리고 맙니다. 이들이 옆에 있으면 무언가를 구매해야 한다는 의무감이 들어 마음이 불편해지기 때문입니다."

고객이 매장에 들어서자마자 다가오는 판매직원을 못마땅하게 생각하는 사람은 단지 레베카만이 아니다. 파코 언더힐은 매장 안에서 소비자가 어떻게 행동하는지를 연구하여 다음과 같은 사실을 확인했다. 즉, 소비자가 매장에 들어서자마자 그 매장에 적응하는 시간은 몇 초 정도가 소요된다는 것이다. 이들은 일단 이 몇 초간에 모든 상황이 정지된 상태에서 매장 분위기에 흡수된 후 매장을 둘러보기 시작한다. 그런데 이때 이들을 방해할 경우 고객은 안절부절못하고 혼란스러워하게 된다는 것이다. 그런데 일부 유능한 소매업자들만이 이를 이해하고 매장 직원들이 매장에 들어온 고객에게 몇 초간의 여유를 줄 것을 교육시키고 있다. 물론 고객을 응대하는 시점이 너무 늦어져서도 안 되며 이들에게 어떻게 다가가느냐 또한 중요하다.

대부분의 여성 소비자는 구매를 강요하는 저돌적인 판매직원을 싫어하며 이들을 마주하면 대개 매장을 떠나버린다. 여기서 판매직원이 주목할 사항은 고객과 친근한 관계를 맺고 이들의 관심사에 진심으로 공감해야 한다는 것이다. 이처럼 고객에게 마음속에서 우러나오는 관심을 보여주는 것이 이들의 마음을 사로잡는 데 결정적인 역할을 할 수 있는 것이다. 29세의 앤은 이와 관련하여 다음과 같이 설명했다.

"저는 그들이 고객에게 충분한 관심을 갖고 있다고 생각하지 않습니다. 그들은 단지 판매에만 급급해있죠. 그런데 그들이 저 같은 사람에게 좀 더 관심을 보여준다면 지금보다 훨씬 더 많이 판매할 수 있을 것이라고 확신합니다."

소비자를 대상으로 연구한 결과 이들과 공감을 하는 것이 얼마나 중요한지 확인되었다. 소비자는 자신을 고객이 아닌 한 사람으로서 먼저 생각하고 진정한 관심을 보이는 판매직원이나 서비스 직원을 높이 평가한다. 앞서 설명했듯이 여성 소비자들은 세세한 것들에 주목한다. 그리하여 소비자에게 관심을 가져주지 않고 판매에만 급급한 직원들은 궁극적으로 브랜드 이미지에 손상을 입히는 것이다. 인터뷰를 통해 여성들은 공공연히 매장 매니저들을 비난했다. 이는 고객에게 진정한 관심을 갖도록 판매직원을 충분히 교육시키지 못했다는 이유에서였다. 앤은 계속해서 다음과 같이 이야기했다.

"오늘날의 많은 여성들은 상당히 박식하며 교육도 많이 받았습니다. 그리하여 오늘날의 소비자는 과거에 비해 더 많은 것을 알고 있을 뿐만 아니라 상황 판단 능력 또한 뛰어납니다. 게다가 자신이 원하지 않을 때는 굳이 돈을 쓰려하지도 않습니다. 그뿐만 아니라 판매직원이 제품을 잘 파악하지 못하고 있거나 고객에게 관심을 보이지 않을 때, 이들은 뒤도 안 돌아보고 매장을 나가버립니다. 일부 판매직원은 상냥하기는커녕 무례하며 오직 판매에만 급급해 있기도 합니다. 그 결과 이들은 고객을 내쫓고 있는 셈이 되죠. 그런데 이와 같은 일은 대개 매장 매니저가 이들을 제대로 교육시키지 않았기 때문에 발생합니다. 게다가 판매직원 스스로 직업의식이 부족하기 때문에 초래되는 일이기도 합니다."

앤의 지적은 전혀 놀라운 일이 아니다. 오늘날에는 과거에 비해 전문직에 종사하는 여성들이 많아졌다. 이들은 비즈니스 교육 과정의 절반 이상을 등록하고 있으며 두 명의 교수로부터 배울 수 있다. 그런데 이들은 대개 남성들에 비해 비즈니스 교육과정에서 실력이 월등한 것으로 나타났다. 한편 경영에 투자를 하지 않는 경우 다음과 같은 문제점이 발생할 수 있다. 즉, 직원들에 대한 교육이 충분히 이루어지지 않아서 이로 인해 직원들의 자질에 문제가 생기는 것이다. 그뿐만 아니라 자신의 일에 관심이 없는 직원들이나 필요 이상으로 많은 시간제 직원으로 인한 문제점 또한 무시하지 못할 정도이다.

따라서 소매업자들이 주의 깊게 생각해야 할 바는 다음과 같다. 즉, 자질을 갖춘 직원을 제대로 고용했는지, 이들을 올바로 교육하며 우수 직원에게 합당한 보상을 하고 있는지 되짚어보아야 한다. 여성 소비자들은 자신이 필요로 할 때 판매직원이 기꺼이 나서서 도움을 주기를 기대한다. 그러므로 판매직원은 각 소비자의 쇼핑 유형을 파악하는 것은 물론이거니와 이들이 구매를 하는 데 어느 정도의 시간이 소요되는지 등을 적절히 파악하여 이들에게 도움을 줄 수 있도록 노력해야 할 것이다. 더욱이 소비자를 하나의 기준에 끼워 맞추려고 하는 태도는 오늘날 더 이상 용납되지 않는다는 사실을 깨달아야 한다. 따라서 소비자 개개인이 어떠한 것을 원하는지 귀 기울여 듣고 그에 맞게 응대해야 할 것이다. 물론 이 같은 방법이 지금 당장의 판매 실적에는 도움이 안 될지도 모른다. 하지만 장기적으로 봤을 때 고객과 판매직원 사이에 신뢰가 형성되어 단골손님을 확보할 수 있는 것이다.

과거처럼 판매에만 급급해 하며 소비자의 요구사항에 귀 기울이지 않는 매장은 결국 실패할 수밖에 없다. 한편, 판매직원의 교육과 관련된 사항은 8장에서 상세하게 다루기로 하겠다.

형편없는 매장 인테리어

도표 6.4는 형편없는 매장 인테리어가 각각의 여성 소비자에게 어떠한 영향을 미치는지를 나타낸다.

〈도표 6.4〉 형편없는 매장 인테리어가 여성 소비자에게 미치는 영향

쇼핑 스타일	형편없는 매장 인테리어가 여성 소비자에게 미치는 영향
필요한 것만 재빨리 구매해서 떠나버리는 쇼핑객	쇼핑 속도의 둔화 및 효율성 저해
상품을 살 의향도 없이 만지작대는 사람	쇼핑 방해
쇼핑 치료법을 찾는 사람	스트레스와 분노 증가
친구들과 소풍 나온 쇼핑객	제3의 장소 파괴
사냥꾼	정복에 대한 욕구 증가

매장의 인테리어 또한 소비자에게 영향을 미치는 주요 요소이다. 쇼핑객은 협소하거나 번잡스러운 매장 안에서 서두르거나 결국은 매장을 급히 나가버리고 만다. 이와 관련하여 한 여성은 다음과 같이 이야기했다.

"비좁고 꽉 막힌 공간에 시끌벅적한 음악 소리가 울려 퍼진다면 이는 그야말로 최악입니다. 더욱이 그곳에서 일하는 여성들이 모두 깡마르고, 진열된 의류 또한 모두 작은 사이즈뿐이라서 계속해서 큰 사이즈를 찾아 입어보아야 할 때면 화가 머리끝까지 치솟고 맙니다." (익명)

1999년에 실행된 언더힐의 연구에 따르면, 매장에서 소비자가 인파에 떠밀려 다니거나 이들이 몸을 숙여야 할 상황을 만들지 않는 것이 중요하다. 계속해서 그는 여성들이 사람들의 왕래가 많은 곳에서 쇼핑하는 것을 좋아하지만 이들을 위해 한적한 곳에 휴식 공간을 마련하는 것 또한 유익한 일이라고 지적했다. 호주 여성의 쇼핑 습관과 관련해서 2002년에 언더힐의 연구를 재실행한 도일(Doyle)은 다음과 같은 사실을 확인했다. 즉, 호주 여성 소비자들은 대부분의 매장에서 피로함을 느끼며 서비스 수준 또한 그들의 기대에 미치지 못한다는 것이다.

한편 금속 기구류 및 기계 설비와 같이 전통적으로 남성 소비자가 지배적이었던 영역은 오늘날 여성 소비자를 만족시키기 위해 이들의 요구에 부응하기 시작했다. 언더힐에 따르면 미국의 홈 데포(Home Depot, 가정용 건축자재 유통기업—역주)는 여성 소비자에게 다가가기 위해 매장의 체제 변경을 감행했다.

그 밖에도 매장 인테리어와 관련해 소매업자들이 명심해야 할 또 다른 사항들이 있다. 예컨대 유모차를 끌고 다니는 어머니들을 위해서 경사로와 충분한 공간을 마련해야 할 것이다. 이는 탈의실에서도 마찬가지이다. 만일 자녀를 동반하고 유모차를 끌고 있는 어머니들이 비좁은 탈의실에서 어려움을 겪게 된다면 이는 판매에도 영향을 미치게 될 것이 분명하다. 여성들은 자신이 원하는 옷을 입어보지 않고서는 이를 구매하지 않을 것이기 때문이다.

한편 매장의 조명 또한 소비자에게 중요한 역할을 한다. 수잔 그래의 스콧 영은 이와 관련하여 다음과 같이 설명했다.

"검정색과 남색이 뚜렷하게 구분되어 보이는 조명이 올바른 것입니다. 특히 쇼핑몰 내부에서 자연광에 접근하기란 거의 불가능해서 많은 소매업자들이 종종 조명 때문에 애를 먹습니다."

또한 매장 내 온도 역시 소비자에게 지대한 영향을 미친다. 이에 대해 스콧은 계속해서 다음과 같이 설명했다.

"서늘해야 할 곳이 지나치게 덥거나 따뜻해야 할 곳이 지나치게 춥다면 소비자는 당황합니다. 예컨대 이들이 탈의실에서 옷을 갈아입는데 너무 더우면 화가 나는 것은 당연한 일입니다."

앨리슨은 스콧의 이야기에 동의를 하며 다음과 같이 이야기
했다.

"스포츠걸 매장을 비롯해 일부 매장에서는 종종 조명 때문에 너무 덥다
고 느껴질 때가 있습니다. 제가 어렸을 적에 엄마는 이처럼 지나치게 더
운 매장은 들어가기조차 꺼려했습니다. 그래서 음악은 물론이고 조명
또한 매장에서 신중하게 다루어야 할 문제라고 생각합니다."

지난 10년 동안 매장 인테리어는 상당히 발전했다. 예컨대
나이키 타운(Nike Town)과 프라다, 루이뷔통 매장을 포함해
많은 매장에는 관광객의 발길이 끊이지 않고 있다. 그럼에도
호주에서 실행된 연구를 비롯해 우리의 인터뷰 결과로 미루어
보건대, 오늘날 소매업계는 소비자에게 유쾌한 쇼핑 경험을
제공하기 위해 여전히 많은 문제를 고민해야 할 것이다. 특히
금속 기계류를 비롯해 자동차와 전기 제품처럼 과거에 남성
소비자의 고유 영역이었던 곳은 더더욱 그러하다. 소비자에게
유쾌한 쇼핑 환경을 제공하기 위해서는 조명과 음악, 매장 인
테리어, 그리고 제품의 진열 방식에 세세한 주의를 기울여야
한다. 게다가 유모차를 끌고 있는 어머니나 휠체어를 탄 고객,
목발을 짚고 있는 고객을 비롯해 친구들과 함께 여럿이 쇼핑
다니는 여성 고객들을 위해 여유 있는 공간을 마련하는 것은

필수이다. 매장 인테리어와 관련하여 소매업자들이 알아야 할 사항은 7장에서 더욱 상세하게 살펴볼 것이다.

청결하지 않은 매장

도표 6.5는 청결하지 않은 매장이 여성 소비자에게 어떠한 영향을 미치는지를 나타낸다.

〈도표 6.5〉 청결하지 않은 매장이 여성 소비자에게 미치는 영향

쇼핑 스타일	청결하지 않은 매장이 여성 소비자에게 미치는 영향
필요한 것만 재빨리 구매해서 떠나버리는 쇼핑객	매장과 상품의 가치 하락
상품을 살 의향도 없이 만지작대는 사람	쇼핑에 대한 욕구 저하
쇼핑 치료법을 찾는 사람	스트레스와 실망감 증가
친구들과 소풍 나온 쇼핑객	상품과 매장에 대한 가치 상실
사냥꾼	상품과 매장에 대한 가치 상실(아울러 제품 가격을 더욱 저렴하게 흥정)

우리는 여성 소비자가 세세한 것에까지 마음을 쓴다는 사실

을 반복해서 이야기하고 있다. 여성은 먼지가 쌓인 제품이나 청결하지 않은 매장을 마주하면서 매장 주인이 제품을 얼마나 하찮게 여기는지를 짐작한다. 최근 이른 아침에 OPSM(호주의 안경 전문 회사—역주) 매장을 방문했던 스텔라는 먼지와 사람들의 손때로 뒤덮인 제품들을 보고 당혹감을 금치 못했다. 그리하여 안경을 써보기는커녕 기겁을 하며 매장에서 뛰쳐나왔다. 여성 소비자는 제품을 지저분하게 내팽개쳐두는 소매업자들을 과연 신뢰할 수 있을까? 여성 소비자가 깨끗한 환경을 중요시하는 반면 남성들은 웬만한 더러움 정도는 무시하고 넘어간다. (매장이 지나치게 지저분하거나 제품이 더럽지 않다면, 남성 대부분은 이를 이해하고 지나갈 것이다.)

이런 점에서 앨리슨은 콜스를 단연 청결한 매장으로 손꼽고 있었다. 한편 에리카는 값비싼 제품을 판매하는 매장은 당연히 청결함을 유지해야 한다고 주장했다.

"예컨대 빌로 매장에 들어서면 제품이 이곳저곳 산만하게 흩어져있다는 느낌이 듭니다. 하지만 세이프웨이(Safeway) 매장은 콜스만큼 청결한 편입니다. 저는 무엇보다도 청결함을 중요하게 생각합니다." (앨리슨)

"매장의 청결함이야말로 소비자를 배려하는 서비스 정신에서 비롯된다고 생각합니다. 어떤 소비자가 지저분한 매장을 돌아다니고 싶어 하겠습니까? 소매업자들은 '청결 상태' 하나가 매장의 이미지를 좌우할 수 이런 점에서 호주 소매업자들은 프랑스인들에게서 배워야 할 점이 있다. 여러 차례 프랑스에 다녀온 경험이 있는 마이클은 티끌 하나 없이 깨끗하고 아름다운 매장들에 흠뻑 반해버렸다고 한다. 이들은 심지어 매일매일 생화의 상태를 확인하고 잎사귀나 꽃잎이 떨어져있으면 곧바로 치웠다. 프랑스에 있는 상점들은 우리의 기준으로 보았을 때 개점 시각이 늦다. 알고 보니 상점 직원들은 가게 문을 열기 몇 시간 전부터 매장 청소를 하는 등 개점 준비를 한다는 것이다. 한편 마이클은 유리 제품을 판매하고 있는 한 상점 앞을 우연히 지나가면서 여성 직원이 장미 꽃잎을 하나씩 따서 유리 제품 주위에 일정하게 떨어뜨리고 있는 모습을 보았다. 각각의 유리 제품이 최상의 상태로 깨끗하고 솜씨 있게 디스플레이 되어 있음은 물론이었다. 그 상황에서 마이클은 어떠한 행동을 했을까? (지금 마이클에게는 그 매장에서 구입한 두 쌍의 유리 제품이 있다.)

유쾌한 쇼핑

스텔라는 빅토리아주에 위치한 콜필드 파크 옵티칼 (Caulfield Park Optical) 매장의 인테리어와 그곳의 서비스를 침이 마를 정도로 칭찬했다. 심지어 그녀는 이 매장을 매장과 제품의 청결함을 통해 소매업자나 판매직원이, 그들의 브랜드는 물론이거니와 고객을 어떻게 생각하는지를 알 수 있다. 골동품 상점에서라면 먼지에 쌓인 제품이 또 다른 효력을 발휘할 수도 있는 일이다. 하지만 일반적인 매장이 청결하지 않다는 것은 여성 소비자가 발길을 돌려버리기에 충분한 이유가 된다. 따라서 소매업자들은 여성 소비자가 유쾌한 쇼핑을 하도록 하려면, 탈의실을 비롯해 매장 구석구석에 먼지가 쌓이지 않았는지 지속적으로 확인해야 한다.

환불이나 교환 시의 문제점

도표 6.6은 환불이나 반품 시 혼전을 겪을 때 여성 소비자가

어떤 반응을 보이는가를 나타낸다.

〈도표 6.6〉 환불이나 반품 시 혼전을 겪을 때 여성 소비자의 반응

쇼핑 스타일	환불이나 반품 시 혼전을 겪을 때 여성 소비자의 반응
필요한 것만 재빨리 구매해서 떠나버리는 쇼핑객	시간 낭비로 인한 불만 증가
상품을 살 의향도 없이 만지작대는 사람	불만족스러운 쇼핑이 될 가능성 증가
쇼핑 치료법을 찾는 사람	스트레스와 분노 증가
친구들과 소풍 나온 쇼핑객	그룹 스트레스 증가 및 이들이 단결하여 대항할 가능성 증가
사냥꾼	좀 더 저렴하게 물건 값을 흥정할 가능성 증가

　　소비자가 환불이나 반품 시에 혼전을 겪는 일은 비일비재하다. 여성 대부분은 마음에 들지 않는 제품을 아무런 어려움 없이 환불하거나 교환할 수 있기를 바란다. 그런데 이때 소비자에게 매니저와 상담을 해야 한다는 등 서비스 직원을 찾아가라는 등 이야기한다면 어떤 반응을 보일까? 심지어는 제품을 구입한 매장에서만 이를 반품할 수 있다든지 서류를 작성해야

한다든지 등 복잡한 절차가 뒤따른다면 소비자는 반감을 표시할 것이다.

호주를 방문하는 이들은 대개 환불이나 교환과 관련된 제도의 편리함에 놀라움을 감추지 못한다. 그래서 소비자가 쇼핑에 대한 위험부담을 줄일 수 있는 것이다. 더욱이 이러한 제도는 브랜드가 내세우는 주요 공약이기도 하다. 즉, 어떠한 문제가 발생한다 해도 브랜드 기업이 고객의 편이 되어줄 것을 약속하는 것이다. 그럼에도 우리와 인터뷰를 한 소비자들의 주요 골칫거리는 바로 환불이나 교환 시에 발생되는 문제점들이었다. 이와 관련하여 24세의 일레인(Elaine)은 다음과 같이 이야기했다.

"그들은 제가 영수증을 가지고 있지 않다는 이유로 저를 도울 수 없다고 했습니다. 그 제품은 분명 그 매장에서 판매했던 신제품인데도 말이지요. 제 생각에는 그저 새것으로 바꾸어주면 간단히 끝날 문제로만 보였는데도 현실은 그렇지 않았습니다. 저도 한때는 소매업계에서 일한 경험이 있는데, 제가 만약 같은 상황에 처했다면 물론 아무런 문제없이 교환해주었을 것입니다. 제 생각에 이는 단지 관대함의 문제인 것 같습니다."

소매업계에서 일한 경험 덕분에 엘레인은 그들로부터 일정 수준의 서비스를 기대할 수 있었을 것이다. 그녀는 청바지를 구입한 후 흠이 있음을 발견하고 교환을 요청했다. 엘레인이 생각하기에 이는 회사가 소비자에게 보여주어야 하는 관대함과 관련된 문제였다. 그런데 이를 꺼려하는 그 회사의 태도에 지난 10여 년간의 귀중한 고객은 영원히 등을 돌려버리고 만 것이다.

"그들은 고객을 전혀 신경 써주지 않았습니다. 지난 10년 동안 변함없이 그곳에서 옷을 구매했지만 앞으로 다시는 그럴 일이 없을 것입니다. 그뿐만 아니라 제 친구들에게도 역시 그곳에서 옷을 사지 말라고 일러둘 것입니다. 이런 점에서 저는 상당히 까다로운 소비자인 것 같습니다."

반대로 제품의 결함에 대한 소비자의 불평에 적극적으로 대응하고, 이들의 요구를 만족시키고자 노력하는 브랜드는 두터운 고객층을 확보하게 될 것이다. 다음은 앞의 엘레인의 경우와 대조되는 앤(54세)의 경험을 이야기한 것이다.

"저는 라 프레리(La Prairie)의 보습 크림을 구매한 적이 있습니다. 그런데 구매하고 보니 누가 이미 이 제품을 개봉해서 사용한 흔적이 있는 것입니다. 그 제품은 500달러를 주고 구매한 것인데 누군가 조금이라도 이를 사용했다면 제가 20~30달러를 손해 본 셈이 아니겠어요? 그래서 저는 이 일에 대해 그 회사에 항의했고 얼마 지나지 않아서 시드니에 있는 본사로부터 편지 한 통과 소포를 받았습니다. 알고 보니 제가 편지를 보내자마자 즉시 답변이 온 것이었습니다. 그들은 새 제품을 보내주었을 뿐만 아니라 이 일에 대해 정중히 사과를 하며 이와 같은 일이 반복되지 않게 하겠다고 다짐했습니다. 물론 저는 그들의 반응에 만족을 했지요. 그들은 500달러짜리 제품의 값어치에 상응하는 보상을 해주었으니까요."

앤의 경험을 통해 기업이 서비스나 제품의 결함에 대한 불평에 신속하고 적절하게 대응함으로써 소비자와 더욱더 가까워질 수 있음을 알 수 있었다.

오늘날의 바쁜 여성들에게 환불이나 교환에 따른 번거로움은 또 다른 골칫거리일 뿐이다. 소매업자들은 종종 환불을 해주지 않는 대신 고작 몇 달러를 아껴가면서까지 고객과의 소중한 관계를 망쳐버리기도 한다. 한편 일부 매장 직원들은 브랜드나 매장에 대한 충성심 때문에 소비자의 교환이나 환불 요구를 받아들이지 않기도 한다. 게다가 일부 소비자들 가운데는 교환이나 환불 정책을 악용하는 사례가 있기 때문에 이에 대한 제한을 두기도 하는 것이다. 그러나 소비자의 악용 사례는 상대적으로 적다. 그런데 교환이나 환불을 거부한 매장은 부정적인 입소문이나 소비자의 불평은 물론이며, 심지어는 법률 분쟁에까지 휘말리면서 장기적으로 손해를 입는다. 그뿐만 아니라 불만에 가득한 소비자를 달래기는커녕 마치 이들이 매장을 상대로 사기라도 치는 것처럼 대응한다면 소비자는 자신이 신뢰받지 못하고 있다는 기분에 더욱 화가 날 것이다. 이와 반대로 환불이나 교환을 요구하는 소비자에게 긍정적으로 대응할 때 소비자는 그 매장의 충성스러운 고객으로 남게 될 것이다.

시끄럽거나 매장에 어울리지 않는 음악

도표 6.7은 시끄러운 음악이 여성 소비자에게 미치는 영향을 보여준다.

〈도표 6.7〉 시끄러운 음악이 여성 소비자에게 미치는 영향

쇼핑 스타일	시끄러운 음악이 여성 소비자에게 미치는 영향
필요한 것만 재빨리 구매해서 떠나버리는 쇼핑객	쇼핑을 서두르거나 매장을 나와 버림
상품을 살 의향도 없이 만지작대는 사람	쇼핑 기분을 망치고 매장을 나와 버림

쇼핑 치료법을 찾는 사람	스트레스와 분노 증가
친구들과 소풍 나온 쇼핑객	제3의 장소 파괴
사냥꾼	쇼핑할 기분을 망침

우리는 한 번쯤 귀에 거슬릴 정도로 시끄러운 음악이 흘러나오는 매장에 가본 경험이 있을 것이다. 그런데 대개 이런 음악은 운전하면서 카 오디오의 볼륨을 최대한도로 높여서 음악을 듣는 젊은 판매직원이 틀어놓게 마련이다. 그뿐만 아니라 유명 매장에서 들을 수 있는 음악은 대개 획일화되어 있으며 어디에서든 시끄럽기는 매한가지다. 그나마 다행스러운 점은 이들 매장이 고급 음향 시스템을 갖춰두고 있어 적어도 싸구려 스피커를 통해 나오는, 듣기에도 곤욕스러운 소리를 내뿜지는 않는다는 것이다.

마이클은 쇼핑객에게 영향을 미치는 매장 음악의 중요성을 폭넓게 연구해왔다. 음악은 매장 내 활기를 북돋아주며 (고객을 느긋하게 하거나 빨리 움직이게 한다.) 매장의 인지도도 높여준다. (예컨대 클래식 음악을 틀어놓은 매장은 왠지 수준 있어 보이기도 한다.) 그뿐만 아니라 소비자는 각각의 다양한 매장에서 보통 어떤 종류의 음악을 틀어놓는지도 무의식적으로 짐작한다.

한편, 마이클이 인터뷰를 했던 소비자 대부분은 음악을 틀어놓지 않은 매장이 소비자에게 부정적인 인상을 심어준다는 사실을 지적했다. 그뿐만 아니라 이런 매장에서 쇼핑하는 소비자들은 무언가가 빠진 듯한 느낌을 받을 수도 있다는 것이다. 그러나 한 가지 주목할 사실은 음악이 소비자에게 긍정적인 영향을 미치는지 부정적인 영향을 미치는지에 관련해 일정한 기준이 있다는 것이다. 소비자는 시끄럽게 울려 퍼져 자신을 압도하는 듯한 음악보다는 잔잔한 음악을 선호한다. 또한 음악 선곡은 매장의 분위기와 어울려야 한다. 이는 다시 말해 매장의 타깃 층에 맞추어 음악을 선곡해야 한다는 의미이다. 너무 소란스러운 음악은 소비자를 압도할 뿐만 아니라 이들의 쇼핑을 방해할 가능성이 높다. 예컨대 앨리슨은 이와 관련하여 각각 긍정적인 사례와 부정적인 사례를 이야기했다.

"쿠카이 매장에서는 고풍스러운 분위기가 풍깁니다. 그래서인지 그곳에 진열된 옷들은 무척이나 멋지게 보일 뿐만 아니라 매장 역시 더없이 훌륭합니다. 어디 그뿐인가요? 저는 그곳 매장에서 시끄러운 음악을 틀어놓지 않는 점이 무척이나 마음에 듭니다. 반면에 웨스트코(Westco) 같은 매장은 진저리가 날 정도입니다. 그곳은 항상 음악을 너무 시끄럽게 틀어놓기 때문에 결국 발길을 끊었습니다."

얼마나 많은 매장에서 음악을 지나치게 시끄럽게 틀어놓아 소비자의 쇼핑을 망치고 있는가? 매장에서 저지르는 기본적인 실수는 바로 매장 직원의 취향에 따라 음악을 선곡하게 하는 것이다. 예컨대 젊은 판매직원이 선곡한 갱스터 랩(gangsta rap, 도시의 범죄단, 폭력, 마약, 여성 비하 등의 가사로 된 랩 음악－역주)을 최대한 볼륨을 높여 틀어놓고 있는 매장에서 소비자는 어떤 반응을 보일까?

냉담한 매장 분위기

도표 6.8은 냉담한 매장 분위기가 여성에게 어떤 영향을 미치는지 보여준다.

<도표 6.8> 냉담한 매장 분위기가 여성 쇼핑객에게 미치는 영향

쇼핑 스타일	냉담한 매장 분위기가 여성 쇼핑객에게 미치는 영향
필요한 것만 재빨리 구매해서 떠나버리는 쇼핑객	전적으로 쇼핑에만 전념
상품을 살 의향도 없이 만지작대는 사람	쇼핑할 기분 상실
쇼핑 치료법을 찾는 사람	스트레스와 분노 증가
친구들과 소풍 나온 쇼핑객	제3의 장소의 아늑함 상실

매장 분위기는 활기가 넘치거나 반대로 냉기가 가득할 정도로 차분한 등 다양하다. 그런데 우리와 인터뷰를 나눈 여성들 가운데 압도적인 수가 활기 넘치고 매력적인 분위기를 선호하는 것으로 나타났다. 이와 관련하여 25세의 로베르타는 미니멀리즘 인테리어를 사용한 매장을 예로 들어 이야기했다. 실질적으로 그녀는 디자이너가 전달하고자 하는 콘셉트는 이해하지만 솔직히 그런 매장에는 발을 들여놓을 마음이 생기지 않는다는 것이다.

"저는 필립 스탁(Philippe Starck, 프랑스의 산업 디자이너 – 역주)의 디자인이 굉장히 위협적이라고 생각합니다. 잡지에 소개되는 그의 디자인 콘셉트는 충분히 흥미가 있지만 실질적으로 저는 그보다는 좀 더 따뜻한 분위기를 좋아합니다. 사실 그의 디자인은 엘리트주의적인 냄새가 풍기거든요. 같은 맥락에서, 집 근처에 있는 위버 갤러리(Uber Gallery) 또한 매일 그 앞을 지나칠 뿐 안에 들어가 보고 싶다는 생각은 한 번도 들지 않았습니다."

매장을 따뜻한 분위기로 이끄는 요소는 다음과 같다. 즉, 제품이 풍부해 보이도록 해야 함은 물론이거니와 매장 내 활동이 활발하게 보여야 한다. 수잔 그래의 스콧 영은 매장을 활기 넘치는 곳으로 보이게 하기 위해 직원들에게 움직일 것을 장려한다고 이야기했다.

> "소비자에게 매장은 분주해 보여야 합니다. 즉, 사람들이 왔다 갔다 하면서 활기 넘치는 모습을 보여주어야 하는 것입니다. 그래서 저는 매장 직원들에게 계속해서 움직일 것을 장려합니다. 더욱이 매장 직원을 뽑을 때는 이야기를 많이 하고 활기에 넘치며 활동적이고 항상 움직이기 좋아하는 이들을 선발 기준으로 삼습니다."

한편 멍하게 밖을 내다보며 지루해하는 직원들은 고객에게도 역시 지루함을 전달하기 십상이다. 이처럼 매장 직원은 물론이고 매장 분위기까지 따분해 보이고 활기 없게 느껴진다면 소비자는 그런 매장에 들어가고 싶어 하지 않을 것이다. 반면 움직임이 많은 매장은 고객의 흥미를 불러일으킨다. (그런데 단순히 손님 뒤를 졸졸 따라다니면서 이들이 만진 물건을 정리하기에 급급하다면 오히려 소비자의 마음을 상하게 하며 불편하게 만들 수 있다.) 스콧은 그의 직원들에게 손님이 매장에 들어오면 2분 안에 그들에게 다가가 도움을 주도록 교육하고 있다.

대기 시간

도표 6.9는 매장에서 기다리는 시간이 여성에게 어떠한 영향을 끼치는지 보여준다.

〈도표 6.9〉 기다리는 시간이 여성 쇼핑객에게 미치는 영향

쇼핑 스타일	기다리는 시간이 여성 쇼핑객에게 미치는 영향
필요한 것만 재빨리 구매해서 떠나버리는 쇼핑객	비효율성과 시간 낭비로 분노함
상품을 살 의향도 없이 만지작대는 사람	문제되지 않음
쇼핑 치료법을 찾는 사람	스트레스와 분노 증가
친구들과 소풍 나온 쇼핑객	그룹 스트레스 증가—이는 그룹 간의 상호작용에 의해 다소 완화 가능함
사냥꾼	만족스럽게 쇼핑을 마치는 데 장애가 될 수 있음

오늘날 모든 사람들은 시간에 쫓기며 살고 있다고 이야기한다. 따라서 매장에서 손님을 기다리게 만드는 것은 이들을 짜증나게 할 수밖에 없는 것이다. 2002년 필 렘퍼트(Phil Lempert)

의 조사 결과에 따르면 소비자는 매장에서 실질적으로 자신이 얼마나 기다렸는지 정확하게 판단하지 못한다. 다시 말해 소비자는 자신이 기다린 시간보다 항상 더 오래 기다렸다고 느낀다는 것이다. 물론 소비자가 쇼핑 시에 때에 따라서는 기다려야 하는 경우도 있을 수 있다. 즉, 매장 직원의 도움을 받고자 할 때나 직원이 물품을 찾으러 창고에 갔을 때, 그리고 물품값을 치르고자 계산대 앞에 서 있는 동안은 기다릴 수밖에 없는 것이다. 한편 미국의 일부 주요 소매업자들은 소비자가 매장에서 기다리는 시간을 깨닫지 못하게 하기 위한 방안을 모색했다. 예컨대 타임즈 스퀘어(Times Square)에 위치한 토이저러스(Toys R Us, 미국 장난감 전문 소매회사—역주) 매장에서는 비디오테이프를 틀어놓고 고객의 주위를 환기시키고자 했다. 즉, 어린이들이 장난감을 가지고 신나게 놀고 있는 모습이 나오는 비디오를 보면서 소비자가 기다리는 시간 자체를 잊게 만들고자 한 것이다.

이와 관련하여 수잔 그래의 스콧 영은 다음과 같이 설명했다.

것입니다."

한편 여성들은 계산대에서 물건 값을 지불할 때 대기 시간이 좀 더 줄어들었으면 하는 바람을 갖고 있다. 그러므로 매장에서 이러한 요구에 부응하려면 소비자가 신속하게 계산을 마칠 수 있도록 제도를 정비해야 한다. 예컨대 은행 카드 결제 시스템을 비롯해 최신식 컴퓨터 시스템을 도입해야 하는 것이 필수이다. 그뿐만 아니라 직원들의 역할 또한 중요하다. 특히 혼잡한 시간대에는 특정 직원들을 카운터에 배치하여 계산이 신속하고 정확하게 이루어질 수 있도록 해야 한다.

마지막 남은 남성만의 영역

여성은 특히 전통적으로 남성 고객을 상대로 비즈니스를 해오던 영역, 즉 자동차 영업소나 정비소, 자동차 부품 매장을 비롯해 금속 기계류나 페인트 매장 그리고 컴퓨터와 전자 제품 등의 매장에 가는 것을 꺼려한다. 여성들은 이러한 매장에 대해 부정적인 시각을 가지고 있다. 게다가 이들은 남성이 지배하고 있는 영역에서 위협감마저 느낀다고 이야기했다.

지금부터는 자동차 영업소나 정비소의 예를 시작으로 여성들이 이러한 환경에서 겪는 불쾌한 경험을 지적해보겠다.

자동차 영업소와 정비소

많은 여성들은 자동차를 구매하거나 정비소에 차를 맡겨야 하는 상황에서 그들이 단지 여자라는 이유만으로 사기를 당하는 느낌을 받는다고 이야기했다. 다음은 이와 관련하여 48세의 주디(Judy)가 이야기한 것이다.

"저는 자동차 정비를 받으러 갈 때 굉장히 불쾌한 기분을 느낍니다. 사실 자동차를 구매한 지 6개월 만에 에어컨이 작동하지 않아 수리를 받으러 갔습니다. 그런데 그들이 제게 "이리 와 보세요. 제가 에어컨을 어떻게 켜는지 알려드리죠."라고 말하며 마치 제가 에어컨 하나 제대로 켜지 못하는 바보 천치라는 기분이 들게 만들지 뭡니까? 그날 이후 다시는 그곳에 차를 맡기지 않습니다. 그들이 제게 했던 모욕적인 말을 잊을 수 없기 때문이죠."

여성들은 이처럼 자동차와 관련하여 남성들이 보이는 거만한 태도를 불쾌하게 생각한다. 이들은 이 분야에서 일하는 남성들이, 자신이 단지 여성이기 때문에 아무것도 모른다고 얕보는 것 같다고 말했다. 이와 관련하여 19세의 레베카는 다음과 같이 말했다.

"여성은 자동차와 관련해서 지식이 부족하기 때문에 먼저 겁부터 먹습니다. 그런데 이쪽에서 일하는 남성들은 이런 점을 악용해서 돈을 최대한 많이 뜯어내려고 하는 것이죠. 이들은 그저 고객이 여성이기 때문에 자신이 무슨 말을 해도 이해하지 못할 거라고 생각하는 것입니다. 한마디로 여성을 깔본다고밖에 볼 수 없는 거죠."

레베카의 이야기처럼 여성들은 대개 자동차와 관련된 지식이 부족하기 때문에 자동차 정비소에서 일하는 남성들 앞에 서면 일단 겁부터 먹는다. 사실상 레베카는 아직 자신의 자동차를 소유하고 있지 않다. 그래서 아직까지는 자동차 정비공과 직접적인 마찰을 겪을 일이 없었다. 그럼에도 그녀는 다른 여성들과 마찬가지로 이들에 대해 부정적인 태도를 가지고 있었다. 더욱이 그들로부터 안 좋은 대우를 받아본 경험이 있는 여성들은 이에 대해 치를 떨 정도였다. 예컨대 레슬리는 자동차 서비스를 받으러 가는 것을 질색하며 그들에게 사기 당할지도 모른다고 생각하던 대표적인 여성이었다.

그 밖에도 대부분의 여성들은 자신을 무시하는 듯한 판매직원의 태도에 대해 불쾌감을 표시했다. 48세의 주디는 남편과 함께 오지 않았다는 이유로 그들에게 외면당했던 경험에 대해 다음과 같이 이야기했다.

"제 남편 다니엘(Daniel)은 제게 혼자 가서 마음에 드는 자동차를 구매하라고 이야기했습니다. 그런데 그들은 제 말을 믿지 않고 제 남편과 거래하기를 원했던 것입니다."

앤 역시 자신은 외면한 채 그녀의 배우자가 구매 결정권을 갖고 있을 것이라고 단정하고 그와 직접 말하기를 원했던 남성 판매원 때문에 상처받은 이야기를 털어놓았다.

"돈을 가지고 있던 사람도 저고, 자동차를 구매하고자 했던 사람도 저였는데 그들은 저를 상대해주지 않았습니다. 그들이 저를 독립된 인격체로 보지 않았다는 사실에 얼마나 기분이 상했는지 모릅니다. 물론 그 이후로는 그곳에 다시는 발걸음을 하지 않습니다."

이처럼 여성 소비자를 존중하지 않는 소매업자들은 고객을 잃을 수밖에 없다. 그런데 더욱 심각한 것은 여성 소비자를 존중하지 않는 태도가 심지어는 성희롱으로까지 발전할 수 있다는 사실이다. 이와 관련하여 29세의 앤은 다음과 같이 설명했다.

"금발 머리에 미니스커트 차림의 여성을 맞닥뜨리기라도 하면 남성들은 영락없이 휘파람을 붑니다. 저는 성격도 좋고 활발한 편이지만 여성을 비하하는 남성들의 그런 태도만큼은 참을 수 없습니다. 제가 바라는 것은 단지 사람들이 저를 하나의 인격체로 대해주었으면 하는 것이지요."

많은 여성들이 앤과 같은 일을 겪고 있다. 여성들은 종종 남성이 지배하는 영역에서 그들의 선심 쓰는 체하는 태도를 경험하고, 멸시당하거나 심지어는 사기당하는 듯한 기분까지 느낀다. 이 책을 만드는 데 도움을 주었던 미쉘은 자동차업계에서 일하며 정비소에 자동차 부품을 납품했던 어머니에 대해 이야기를 해주었다. 이와 관련해 미쉘에게 가장 먼저 떠오른 장면은 어둡고 음산한 정비소와 지저분한 남자들, 그리고 벽에 걸린 달력 사진 속 여자들이었다. 심지어 그녀는 어렸을 적부터 이미 자신과 어머니가 그들의 영역에서 받아들여지지 않음을 깨달았다고 한다. 어머니가 남성의 고유 영역을 침범하고 있었기 때문이다. 미쉘의 어머니는 그 시절 그녀가 그곳에서 어떤 기분을 맛보았는지 다음과 같이 회상했다.

"그들이 나에게 어떻게 이야기하고 나를 어떤 눈으로 바라보는지만 보아도 그들이 나를 얼마나 모욕하는지 알 수 있었지요. 그 때문에 일하기가 무척이나 힘에 겨웠답니다."

그렇다면 현재는 변화가 있는 것일까? 사실은 그렇지 않다. 많은 여성들이 자동차 서비스를 받으러갈 때면 자신이 마치 성적 노리개가 된 기분이 든다고 고백했다. 23세 소냐(Sonja)의 이야기는 많은 여성들이 공감하는 부분이다.

"제가 차를 맡기러 그곳에 가자마자 그들은 젊은 여자가 왔음을 알아채고 갑자기 우르르 몰려나왔습니다. 그리고는 일을 하는 척하면서 저를 훔쳐보고 있던 것이었습니다. 기분이 상할 대로 상한 저는 재빨리 그곳에서 빠져나올 수밖에 없었답니다. 그때 저는 마치 성적 노리개가 된 듯한 기분이 들었습니다."

이와 관련하여 팝콘과 메리골드는 2000년도 그들의 저서에서 다음과 같이 밝혔다.

"여성들은 자동차를 복잡하게 생각하기 때문에 이에 대한 자신감도 없다. 따라서 자동차 서비스를 받으러 정비소에 가야 할 때면 그곳에서 일하는 남성들과 마주하는 일 때문에 스트레스를 받는다. 게다가 많은 여성들은 정비공이 자신을 바보로 만들면서 재미있어하는 것 같다고 이야기한다. 그들로부터 무시당하면서도 아무 말도 못한 채, 여성은 질 나쁜 정비공이 자신에게 사기를 치고 있다는 식의 불쾌하고 불편한 느낌을 받는다." (팝콘과 메리골드 공저, 2000년, p.100 참조)

"남성 고객이 신속하고 능률적인 서비스를 좋아하는 반면 여성들은 아무런 이야기도 하지 않은 채 재빨리 수리를 끝내버리는 것을 좋아하지 않는다. 아울러 여성 소비자는 정비소에 마련된 낯설고 불편한 고객 대기실에 대해서도 불만감을 감추지 못했다." (팝콘과 메리골드 공저, 2000년, p.100 참조)

그 밖에 남성이 지배하고 있는 영역

여성 소비자가 자동차 업계에서 존중받지 못하고 있다는 사실을 앞서 이야기했다. 그렇다면 가전제품과 금융 업계에서는 어떨까? 안타까운 사실이지만 이 분야에서도 여성은 역시 푸대접을 받고 있음을 확인했다. 앞서 살펴본 바처럼 페인트 매장에서는 여성이 결정권을 갖고 있는 반면 자동차 업계를 비롯한 가전제품과 금융 분야에서 일하는 남성 직원들은 여성이 아닌 그들의 배우자와 거래하기를 원했다.

앞서 주디가 남편과 동행하지 않은 채 자동차를 구매하러 갔다가 난처한 상황을 맞게 되었다는 이야기를 했다. 그런데 그녀는 주방 설비를 새로 하고자 했을 때에도 역시 같은 문제로 곤란함을 겪었다.

"저는 그 직원에게 내 남편의 의견은 상관없이 제가 결정할 문제이고,

값을 치르는 사람도 저라고 이야기했답니다. 그런데 그들은 부부가 함께 와서 이야기해야만 한다고 우기는 것이었습니다. 결국 저는 자리를 박차고 나오며 뒤도 돌아보지 않았죠. 제가 원하는 바를 구매하면 그것으로 끝나는 것이었는데, 그들의 태도는 정말 이해할 수 없었습니다."

이처럼 여성 소비자를 제대로 대우해주지 않는 업계는 귀중한 고객을 쫓아버리고 있는 셈이다. 한 연구 결과에 따르면 의료계를 비롯해 자동차업계와 금융 분야에서 각각 여성의 66, 73, 84퍼센트가 적절한 대우를 받지 못한다고 생각한다. 이와 관련하여 바를레타의 저서를 인용하면 다음과 같다.

"많은 여성은 여전히 은행원이나 의사, 자동차와 컴퓨터 관련 업계 영업사원들에게 무시당하고 바보 취급당했다고 이야기하고 있다." (바를레타, 2003년, p.viii)

전통적으로 남성들만의 고유 영역이었던 분야의 소매업자들은 이제 여성 고객에게 눈을 돌려야 할 것이다. 예컨대 여성 소비자에 대한 판매직원의 태도와 매장 환경, 그리고 상품의 진열 방식 등 다방면에 걸쳐 변화를 시도해야 한다. 그뿐만 아니라 가격 책정 과정 역시 투명해야 할 것이다. 만약 이러한 사항을 명심해서 실행해나간다면 여성 소비자는 그들의 충성스러운 고객이 될 것이다.

한편 좀 더 효과적인 방법으로 여성 고객을 끌어들이기 위해서는 문화적인 변화 또한 필수적이라 하겠다. 예컨대 자동차 정비공과 여성 고객의 대화로 구성된 최근의 렙코(Repco, 뉴질랜드의 자동차 부품 공급 업체—역주) 광고를 통해 렙코가 새로운 시도를 하고 있음을 알 수 있다.

여성 : 한 정비공이 제게 말하기를, 자기가 무슨 말을 하는지 이해하지 못하겠거든 남편한테 가서 물어보라는 것이었어요. 그 말에 정말 기분이 상했답니다.

렙코 : 저희는 모든 작업에 대해서 쉽고 간단하게 설명해드립니다.

여성 : 제가 여자라는 이유만으로 그들이 바가지를 씌울 것 같습니다.

렙코 : 저희는 추가요금에 대해서는 반드시 고객과 상의를 합니다.

여성 : 그들을 신뢰해도 되는지 어떻게 확신할 수 있죠?

렙코 : 저희가 한 모든 작업은 호주에서 가장 규모 있는 서비스망을 통해 보장해드립니다.

한편 미국에서 여성 소비자를 타깃으로 삼은 지피 루브(Jiffy Lube, 세계적인 자동차 정비업체—역주)는 서비스를 비롯해 매장의 인테리어와 관련하여 좀 더 광범위한 변화를 시도했다.

"이제 여성 소비자는 매장에 도착하자마자 차에서 내릴 필요 없이 자동차 정비를 받을 수 있게 되었다. 또한 원한다면 언제든지 직원에게 커피나 물을 요구할 수 있으며 직원이 자동차를 정비하는 동안 차 안에 앉아서 편안하게 휴식을 취할 수 있다." (팝콘과 메리골드 공저, 2000년, p.101 참조)

여성은 남성들의 무례한 태도에 어떻게 대처하는가?

도표 6.10은 여성이 불쾌한 행위를 당했을 때 어떻게 대처하는지를 보여준다.

〈도표 6.10〉 불쾌한 행위에 반응하는 여성 쇼핑객

쇼핑 스타일	불쾌한 행위에 반응하는 여성 고객의 태도
필요한 것만 재빨리 구매해서 떠나버리는 쇼핑객	매장을 바꾸고 부정적인 소문을 퍼트림
상품을 살 의향도 없이 만지작대는 사람	매장을 바꾸고 부정적인 소문을 퍼트림
쇼핑 치료법을 찾는 사람	분노와 체념, 흥분하며 부정적인 입소문을 퍼트림
친구들과 소풍 나온 쇼핑객	흥분하여 집단행동을 함, 부정적인 입소문

	을 퍼트림
사냥꾼	끈질기게 값을 깎음, 흥분하며 부정적인 입소문을 퍼트림

여성들이 원한다고 해서 항상 다른 매장으로 옮길 수 있는 것은 아니다. 다시 말해 이따금씩 이들은 불쾌한 경험을 참아 내며 특정 매장에서 쇼핑을 할 수밖에 없다. 이는 구입하고자 하는 물품이 그 매장에만 있든지 혹은 다른 매장 또한 별반 다를 것이 없기 때문이다. 따라서 여성들은 이러한 상황에 대처하고자 하는 방법을 찾기도 한다. 그런데 이를 악용하는 일부 소매업자들이 여성 소비자에게 계속해서 형편없는 서비스를 제공하고 있다.

한편 여성들이 불쾌한 서비스에 대처하는 방법은 간단하다. 예컨대 서비스 기대치를 낮추어 최하 수준의 매장이나 대중시장에 기준을 맞추는 것이다. 즉, 최하 수준의 매장이나 대중시장에서 소비자는 값싼 제품을 구매하는 대신 서비스가 형편없을 것이라는 사실을 미리 예상하고 있기 때문에 기대를 하지 않는다. 그런데 주목할 만한 사실은 이러한 매장이라 하더라도 조명이나 매장 인테리어는 대개 소비자를 위해 효율적으로 마련되어 있다는 것이다. 반면에 앞서 이야기한 것처럼 여성 소비자가 불쾌한 경험을 하게 되는 매장은, 서비스는 물론이고 쇼핑 환경도 열악하지만 그렇다고 해서 가격이 저렴한 것도 아니다. 다시 말해 이들 매장에서는, 매장 환경을 비롯해 서비스의 수준도 최하일 뿐만 아니라 소비자에게 물건 가격마저 사기를 치는 일이 다반사이다. 예컨대 48세의 주디는 이러한 매장에서 자신은 그저 바보로 취급받지 않기만을 기대할 뿐이라고 이야기했다.

여성들의 대처 방법 하나―기대치를 낮춘다

여성 소비자는 남성이 지배하고 있는 영역이 어떠할 것이라는 사실을 미리 짐작하고 있기 때문에 그들에 대한 기대치를 낮춘다. 이와 관련하여 26세의 테일러(Taylor)는 다음과 같이 이야기했다.

"제가 그곳에 찾아갔을 때 그들이 실수하고 있다는 사실을 한눈에 깨달았습니다. 그곳은 여성 잡지를 한 권도 구비해두지 않았던 것입니다. 다른 곳에서라면 기다리는 동안 으레 잡지를 훑어볼 수도 있었을 텐데 그곳에서는 불가능한 일이었습니다."

이처럼 여성이, 전통적으로 남성 고객이 주를 이루던 매장에 들어간다면 으레 지저분하겠거니 예상하고 서비스 또한 기대하지 않는다. 그러므로 여성 쇼핑객은 이런 곳에서 아무런 즐거움도, 사회적인 교류도 기대할 수 없는 것이다. 이와 같은 이유로 자연히 소매업자들의 판매 기회가 감소하는 것이다. 반면에 이런 환경에서 여성들이 유쾌한 경험을 한다면, 이들은 충성스러운 고객으로 남게 될 것이다. 다음은 28세 아델의 이야기이다.

> "과거에 그들은 제게 필요하지도 않은 것을 구매하도록 강요했습니다. 그러나 지금은 상황이 변했습니다. 그들은 이제야 비로소 여성 소비자가 현명해졌다는 사실을 깨달은 것입니다. 그래서 예컨대 자동차 정비를 맡기러 갈 경우 그들은 더 이상 여성을 바보 취급하지 않고 정중하게 대해 줍니다."

아델은 지난 6년 동안 자동차 정비소와 두터운 관계를 맺어 왔다. 그 결과 이제는 자동차 서비스 업계를 대하는 태도가 달라졌다.

여성들의 대처 방법 둘─여성 판매원의 도움을 구한다

여성 소비자는 이따금씩 여성 판매직원의 도움을 받는 것을 선호한다. 그 이유는 여성 판매직원이 같은 여성으로서 공통

된 경험과 관심사를 바탕으로 자신을 더 잘 이해하고 도와줄 수 있을 거라고 생각하기 때문이다. 이와 관련하여 25세 카일리는 다음과 같이 설명했다.

여성들의 대처 방법 셋 — 맞서 싸운다

여성 대부분은 남성의 영역에서 받게 되는 형편없는 서비스를 성차별이라고까지 생각한다. 26세의 테일러는 이를 다음과 같이 말했다.

이러한 상황에서 여성은 남성과 싸워서 이겨야겠다고 생각한다. 예컨대 48세 여성 메리는 최근 자신에게 바가지를 씌우려했던 남성 정비사 앞에서 자동차에 관련된 자신의 지식을

뽐내면서 그의 성차별적인 태도를 통쾌하게 짓밟아버린 경험
에 대해 다음과 같이 이야기했다.

메리에게 이 싸움은 꼭 이겨야만 하는 것이었다. 그리고 그
녀는 여성을 마치 바보처럼 취급하는 그들을 이기고 난 후 날
아갈 듯 기뻐했다. 한편, 남성과 여성 사이에서 힘겨루기 싸움
을 하며 서로를 고객이나 판매원이 아닌 이겨야 할 대상으로
대하다 보면, 판매/구매 절차는 더 어려워질 수밖에 없을 것이
다.

여성들의 대처 방법 넷─고정관념을 고수하다

여성 소비자가 특정 상황에서 여성 판매원의 서비스를 받고
자 한다는 것은 단순히 고정관념을 고수한다는 사실을 뜻한
다. 25세 카일리의 예를 소개하자면 다음과 같다.

알고 있다는 것은 익히 알려진 사실이기 때문이죠. 한편, 요리기구나 가정용품을 비롯해 의류를 구입하고자 할 때는 여성 직원이 더 도움이 된다고 생각합니다. 이들이야말로 제가 원하는 바를 더 잘 알 것이기 때문입니다."

여성 소비자가 남성 직원으로부터 으레 형편없는 서비스를 받을 것이라 미리 예상하고 이들에게 더 이상 기대하지 않는다면 이들의 서비스는 앞으로도 향상될 가능성이 없을 것이다. 많은 여성들은 남성의 도움이 필요하다고 인정하는 순간 바보가 된 듯한 느낌을 받는다고 이야기했다. 남성이든 여성이든 모두 자신이 무언가를 잘 알지 못한다는 사실을 남들이 아는 것을 싫어하기 때문에 반대 성을 가진 이들과 거래할 때는 특히 자신의 위엄과 능력을 잃지 않으려고 애를 쓴다. 이와 관련하여 52세의 레슬리는 다음과 같이 이야기했다.

"많은 여성들이 남성들과 이야기하는 것을 불편해 하고 곤란해 합니다. 자신이 그동안 남성들로부터 바보 취급을 너무 자주 받아왔기 때문입니다."

여성 소비자가 남성 직원들로부터 바보 취급당할 것을 두려워하며 그들과 이야기하기를 꺼려한다면 상황은 앞으로도 나아지지 않을 것이다. 여성은 대개 자신의 부족한 지식 때문에 남성 직원에게 무시당할 것이라고 예상한다. 그리고 스스로 바보라는 것을 인정하는 것 같아 궁금한 것도 질문하지 못한 채 불편해하고 곤란해 한다. 그런데 남성 직원 역시 여성 소비자가 잘 모르면서도 이를 질문하지 않는다는 사실을 짐작하면서도 그들의 문제를 설명해주지 않음으로써 해결책을 제시하지 않는 것이다. 때문에 이런 식으로 대화의 장벽은 계속될 수밖에 없다.

성과 관련된 또 다른 주요 장애는 고정관념과 추측이다. 다시 말해 전통적으로 여성과 남성에게 각각 기대되는 역할이나 지식에 의존하는 것이다. 예컨대 카일리의 이야기는 전통적인 성의 역할과 관련된 고정관념에서 비롯된 태도였음을 알 수 있다. 다시 말해 그녀는 자동차와 금속 기계류와 관련해서는 남성이 더 많은 지식을 갖고 있는 반면 요리나 집, 의류에 대해서는 여성이 더 많이 알고 있다고 가정함으로써 성과 관련해 전통적인 고정관념을 고수하고 있었다. 카일리를 포함해 많은 여성들이 여성 판매원을 편안하게 생각함에도, 여전히 특정 부문에 관해서만큼은 여성 판매원의 지식이 충분하지 않다고 간주하며, 본능적으로 남성 판매원과 거래하기를 바란다. 이러한 고정관념을 변화시키는 가장 좋은 방법은, 여성 소비자가 궁금해 하는 것을 완벽하게 답해줄 수 있는 유능한 여성 직원을 고용하는 것이다.

*   *   *

어떠한 일이 있어도 여성 소비자를 화나게 해서는 안 된다. 쇼핑하고 있는 여성의 기분을 상하게 한다면 대부분의 여성은 시간을 들여가며 불평을 하기보다는 매장을 나와 버릴 것이며, 다시는 그곳에 발길을 하지 않을 테니 말이다. 이와 관련하여 50대 여성 웬디는 다음과 같이 설명했다.

"이런 경우 저는 그들과 상대할 필요가 없다고 생각합니다. 그곳에서 물건을 구입하지 못한다고 해서 제가 손해될 것은 없다고 보거든요. 그들이, 자신들의 서비스가 형편없다는 사실을 이해하지 못한다면 저는 그것에 대해 더 이상 왈가왈부하지 않습니다. 그들 역시 들으려고 하지도 않겠지만요. 어쨌거나 한 가지 분명한 것은 그들은 결과적으로 고객을 잃을 수밖에 없다는 사실입니다. 오늘날 소비자는 다양한 기회를 누릴 수 있는 까닭에 자신이 마음에 드는 매장을 선택해서 얼마든지 즐겁게 쇼핑할 수 있습니다."

소비자가 직접적으로 매장에 불만을 토로하지 않을지라도 여성은 그들의 친구들에게 이에 관해 이야기할 것이 분명하

다. 그뿐만 아니라 이들은 특정 브랜드를 반대하는 웹사이트
에 자신의 불만을 제기할 수도 있을 것이다.

다음의 7~8장에서는 여성 소비자에게 유쾌한 쇼핑 환경을
제공하고자 매장 인테리어와 서비스 부문에서 어떠한 개선책
이 필요한지와 판매직원의 교육 방법 등을 집중해서 소개할
것이다.

　　쇼핑을 상당히 좋아하는 여성도 쇼핑 중에 이따금씩 불쾌한 경험을 하게 마련이다. 한편, 이는 쇼핑을 주제로 연구한 바 있는 휴 맥케이가 밝혀낸 결론이기도 하다.

　　쇼핑과 관련된 여성들의 좋고 나쁜 경험은 매장 인테리어를 비롯해 매장의 특징과 관련을 맺고 있다. 다시 말해 매장의 인테리어는 여성의 쇼핑 경험에 지대한 영향을 미친다는 것이다. 유럽이나 일본 혹은 미국의 중심지를 방문해본 경험이 있는 이들이라면 누구든지 이곳의 대다수 소매업자들이 호주나 뉴질랜드 소매업자들보다 훨씬 더 많이 매장 인테리어에 주의를 기울인다는 사실을 확인했을 것이다. (뉴질랜드에서 디자인에 대한 혁명의 바람이 분 것은 사실이지만 이곳의 매장 인테리어는 여전히 촌스러움을 벗어나지 못한 것처럼 보인다. 그리고 호주 역시 상황은 마찬가지이다.) 앞서 우리는 여성이 매장 인테리어와 관련해 다양한 요소들에 주목한다는 사실을 알 수 있었다. 다시 말해 이들은 공간의 활용과 조명, 탈의실, 편의시설을 비롯해 제품의 진열 등 세세한 부분에 이르기까지 놓치지 않고 신경을 쓴다. 따라서 이번 장에서는 소매업자들이 여성 소비자가 좋아할 만한 쇼핑 환경을 만들기 위해 매장 인테리어를 어떻게 개선시킬 수 있는가와 관련하여 몇 가지 조언을 하도록 하겠다.

매장 인테리어는 지난 10년 동안 현저히 발전해왔다. 예컨대 장난감 분야를 정복하고 있는 토이저러스는 다른 장난감 할인 매장들과 차별화하기 위한 새로운 방편으로써 매장 인테리어에 신경을 썼다. 한편, 브랜드의 플래그쉽 매장(flagship store, 시장에서 성공을 거둔 특정 상품 브랜드를 중심으로 하여 브랜드의 성격과 이미지를 극대화한 매장—역주)은 관광객의 발길이 끊이지 않는 명소가 되었다. 예컨대 관광객들은 소호(Soho)나 도쿄에 위치한 프라다 매장을 비롯해 도쿄에 새로 등장한 루이뷔통 매장이나 전 세계에 펼쳐져 있는 나이키타운에 몰려들고 있다. 그뿐만 아니라 몰 오브 아메리카(Mall of America), 버밍엄(Birmingham)의 불링(Bullring), 라스베가스(Las Vegas)의 시저스 팰리스(Caesar's Palace)에 위치한 포럼 샵(Forum Shop)과 같은 쇼핑몰 또한 이들의 발걸음이 끊이지 않고 있다. 한 가지 주목할 사실은 이렇듯 관광 명소가 되다시피 한 매장과 쇼핑몰은 종종 유명한 건축가들의 손에서 태어났다는 것이다. 예컨대 렘 쿨하스(Rem Koolhass)는 소호의 프라다 매장을 설계했으며, 이는 미국의 드라마 〈섹스 앤 더 시

티〉의 주요 무대가 되기도 했다. 그리고 이러한 유명 매장들에
서는 일반 소비자를 비롯해 관광객들을 유혹하기 위해 독특한
건축과 디자인 기법을 전략적으로 사용했다.

　더욱이 소매업자들과 학자들은 소비자의 쇼핑을 즐겁게 만
들고 이들의 오감을 자극시킬 수 있는 '실험적인' 쇼핑 환경에
관심을 가졌다. 예컨대 콜롬비아 대학(Columbia University)의
번트 슈미트(Bernd Schmitt)는 최근 그의 저서『모든 비즈니스
는 쇼 비즈니스다(All Business is Show Business)』를 통해 이를
설명하기도 했다. 한편 우리와 인터뷰를 했던 여성들은 좀 더
친근함을 경험할 수 있는 소규모 부티크를 비롯해 화려하면서
도 일관된 특징을 보이는 브랜드 매장을 선호했다.

　매장 인테리어는 여성 소비자의 쇼핑에 상당한 영향을 미친
다. 따라서 이번 장에서는 소매업자들이 여성 소비자를 유혹
하기 위해 공간과 조명, 그리고 편의시설을 비롯해 제품 진열
에 이르기까지 어떻게 신경을 써야 하는가를 자세히 살펴볼
것이다. 아울러 소비자의 오감을 자극하는 방법 또한 논의할
것이다. 그뿐만 아니라 매장의 상품 판매와 관련하여 과학 기
술 장비의 중요성도 이야기할 것이다. 마지막으로 브랜드의
역할과 브랜드 이미지에 적합한 마케팅에 관련하여 몇 가지
개선 방안을 짚어볼 것이다.

매장 내 주요 변화에 관한 필요성

이제부터 우리는 호주 매장에서 개선해야 할 주요 사항에 관해 짚어볼 것이다. 우리가 초점을 맞추고 있는 부분은 다음과 같다.

◆ 공간

◆ 조명

◆ 편의시설

◆ 사소한 것들

◆ 제품 진열

공간

앞의 5~6장을 통해 우리는 매장 내 공간을 어떻게 활용하느냐에 따라 여성 소비자의 쇼핑에 긍정적 혹은 부정적 영향을 미칠 수 있다는 사실을 확인했다. 파코 언더힐은 예컨대 여성이 허리를 구부려야 하거나 물건을 잡기 위해 손을 있는 힘껏 위로 뻗쳐야 하는 상황을 비롯해 번잡스러운 매장을 싫어한다는 사실을 밝혔다. 그에 따르면 여성들은 혼잡한 매장에서 다른 고객들과 몸이 스치는 것을 상당히 꺼려한다. 그중 최악은 바로 엉덩이가 부딪히는 상황이다. 이 경우 여성들은 뒤도 돌아보지 않고 그 매장을 떠나버린다는 것이다. 한편, 매장의 규모와 상관없이 공간을 어떻게 활용하느냐에 따라 여성들의 쇼핑이 즐겁거나 불쾌해질 수 있다는 사실에 주목해야 할 것이다.

그렇다면 매장을 좀 더 커 보이게 하는 방법은 없을까? 우선 바닥에 진열되어 있는 제품의 수를 줄이거나 제품 대부분을 벽면에 진열하는 방법이 있다. 예컨대 대부분의 캠퍼(Camper) 매장은 한편에 마련된 기다란 테이블 위에 신발을 진열하여 매장 내 공간을 넓게 사용하고 있다. 그리고 매장 다른 편에는 고객이 앉아서 편안히 신발을 신어볼 수 있도록 공간을 마련해두고 있다. 따라서 이 매장을 찾은 고객들은 충분한 공간적 여유 속에서 편안하게 제품을 살펴볼 수 있는 것이다. 그뿐만 아니라 캠퍼 매장은 아늑한 분위기를 연출하는 오렌지색 조명을 설치하여 제품에서 따뜻한 느낌이 풍기게 한다.

이처럼 색과 조명을 이용하면 공간을 넓어보이게 할 수 있는 것이다. 자연광은 개방적인 느낌을 살리는 데 효과가 있다. 따라서 매장을 밝게 유지하면 대개 실제보다 공간이 더 넓어보이는 것을 경험할 수 있다. 한편 음악도 공간과 밀접한 관련을 맺는다. 다시 말해 매장 내 활기 넘치는 음악을 틀어놓으면 매장에 생기를 주면서 활동적인 분위기를 이끄는 데 효과적이다. 물론 이는 넓은 매장의 경우 적절하다. 반면 소규모 매장에서는 부드럽고 차분한 음악이 더 잘 어울린다. 한편 매장 중간에 있는 기둥을 없애거나 바닥 위에 설치된 진열대를 벽면으로 옮기고, 직원의 수를 줄이거나 이상적으로 배치시킴으로써 공간을 넓어 보이게 할 수도 있다. 또한 천장의 높이 역시 공간과 밀접한 관계가 있다. 예컨대 인공 천장을 제거하면 매장이 더욱 넓어 보일 수 있다. 그 밖에 조명을 높이 다는 방법도 공간을 넓어보이게 하는 데 효과적이다.

한편 규모가 상대적으로 큰 매장은 냉담하고 텅 빈 느낌을 줄 수 있다. 예컨대 골동품점이나 보석 매장에서는 너무 큰 공간이 오히려 부작용을 불러일으킬 수도 있다. 고급 매장에서는 넓은 공간을 선호하지만 인간미가 없어 보인다는 문제점을 피할 수는 없을 것이다. 따라서 이러한 매장들은 실제보다 조금 더 아담하게 보임으로써 소비자에게 친근한 느낌을 주도록 해야 할 것이다.

예컨대 조명을 약간 어둡게 하고 차분한 색깔로 매장을 연출하는 방법은 공간을 다소 작아 보이게 할 뿐만 아니라 아늑한 분위기를 유도하는 데에도 효과적이다. 그리고 빠른 템포의 음악 또한 공간을 축소시키는 데 기여한다. (그런데 이와 같은 방법은 고급스러운 이미지를 약화시킬 가능성이 있다는 것이 문제이다.) 또한 기둥과 진열대를 이용해 매장을 여러 개

의 작은 공간으로 분산시키는 방법도 있다. 천장의 높이를 낮
추는 방법 또한 효과적이다. 우리는 많은 매장에서 이처럼 천
장을 낮추거나 조명을 낮게 달아서 공간을 조금 더 아늑하게
연출하고 있음을 확인했다. 예컨대 세포라(Sephora, 세계적인
화장품 체인 업체 – 역주) 매장은 벽이나 기둥에 검정과 흰색
선을 연속적으로 칠해 천장의 높이를 낮게 보임으로써 공간을
좀 더 포근하게 연출하고 있다.

조명

우리와 인터뷰를 했던 여성 대부분은 밝은 매장을 선호했
다. 여성 소비자는 밝은 조명을 통해 넓은 공간을 경험하고 편
안함을 느낀다. 그뿐만 아니라 조명은 제품을 두드러지게 하
는 효과도 있다. 수잔 그래의 스콧 영은 여전히 많은 소매업자
들이 조명을 제대로 이용하지 못하고 있다고 지적했다. 대부
분의 매장이 대규모 복합체 안에 위치하거나 다른 건물들에게
가려져 빛이 차단되기 때문에 자연광에 접근하기란 여간 어려
운 일이 아니다. 그렇기에 여성 소비자를 매장으로 이끌기 위
해서는 조명의 역할이 상당히 중요하다. 특히 매장 입구의 밝
기는 소비자의 발걸음을 이끄는 데 지대한 영향을 미친다. 즉,
소매업자들이 매장 내 조명을 어떻게 사용하느냐에 따라 소비

자는 서슴없이 매장에 들어오거나 반대로 아예 등을 돌려버릴
수 있다.

편의시설

2장에서 우리는 19세기의 소매업자들이 예컨대 화장실이나
의자, 식당, 찻집, 탈의실 등의 공공 편의시설을 마련하여 여성
소비자를 대형 백화점으로 유혹할 수 있었음을 확인했다. 그
런데 오늘날 이러한 편의시설의 중요성은 더욱 부각되고 있다
는 점에 주목할 필요가 있다. 앞의 5~6장에서는 여성 소비자
가 넓은 탈의실을 비롯해 매장 내 휴식 공간과 정수기, 그리고
쇼핑백을 올려놓을 수 있는 공간과 주차장 등 소비자의 스트
레스를 완화시키는 데 도움을 주는 편의시설들을 중요시하고
있음을 알 수 있었다.

그런데 이 가운데 가장 큰 문제점은 탈의실과 관련된 것이
다. 예컨대 너무 덥거나 비좁으며, 필요 이상으로 어둡다거나
불청결한 탈의실은 소비자에게 불쾌감을 조성한다. 소매업자
들이 또한 주의를 기울여야 하는 부분은 다음과 같다. 즉, 재고
가 얼마나 남아 있는지 항상 염두에 두고 적절한 양의 제품을
확보해야 한다. 아울러 탈의실에서 고객을 도울 수 있는 인력
을 더욱 많이 배치하고 탈의실의 수를 늘리며, 탈의실 환경을

개선하기 위해 노력해야 할 것이다.

사소한 것들

여성들은 사소한 것들에 주목한다. 이들은 대개 어려서부터 인형 옷을 어떻게 입힐 것인지부터 시작하여 화장은 어떻게 하고 옷을 어떻게 갖추어 입을지에 공을 들였다. 그뿐만 아니라 여성은 쇼핑을 하면서도 세세한 사항에 주목한다. 앞서 3장과 5장 그리고 6장에서 우리는 예컨대 기다리는 고객들을 위해 카운터 옆에 사탕 바구니를 마련해두고 있는 매장을 높이 평가하는 등 사소한 일에 주목했던 여성들의 예를 밝힌 바 있다. 이처럼 사소한 것들에 주목하는 여성 소비자들은 매장의 작은 실수 또한 그냥 넘어가지 않는다. 예컨대 이들은 매장이 불청결하다거나 상품이 지나치게 많이 진열되어 있는 것에 대해 불평한다. 그리고 반대로 재고가 충분하지 않다거나 음악이 매장 분위기와 어울리지 않을 때에도 기분이 상한다. 더욱이 판매직원이 상냥하지 않거나 무례할 때는 예외 없이 매장을 나가버린다.

그러므로 소매업자들은 이렇듯 까다로운 여성 소비자를 유혹하기 위해 세세한 것들에 신경 써야 한다. 그 일환으로써 몇몇 여성 고객을 각각 다른 시간대에 매장으로 초대하여 매장이 개선해야 할 점을 질문하는 것도 좋은 방법이다. 한편 매장 한구석에 작은 장식물을 걸어놓는 등의 작은 시도조차도 여성들은 금방 알아채고 그 매장을 새로운 시각으로 바라본다는 사실에 주목해야 할 것이다.

제품 진열

소매업자들이 제품을 어떻게 진열하느냐에 따라 소비자는 그들이 그 제품을 얼마나 가치 있게 여기고 있는지를 짐작한다. 따라서 제품이 더럽거나 먼지가 뽀얗게 앉아있다면, 여성들은 소매업자가 책임을 다하지 않고 있다고 생각한다. 또한 제품이 선반에 쌓여있거나 의류 제품이나 서적, CD나 DVD 제품이 선반이나 진열대에 필요 이상으로 많이 진열되어 있으면 여성들은 선택하는 데 어려움을 느낀다. (게다가 소비자가 선반 위에 산더미처럼 쌓여 있는 제품 가운데 하나를 선택하는 순간 다른 제품들이 모두 바닥으로 떨어진다면 당황스러움을 금치 못할 것이다. 마이클은 이와 같은 경우에 떨어진 물건을 다시 제자리에 올려놓는 수고를 하고 싶지 않다고 했다.) 더욱이 제품을 찾기 힘든 곳에 놓아둔다거나 너무 높거나 낮은 곳에 둔다면 여성들은 여지없이 불만을 표시한다.

소매업자가 주목해야 할 사항은 각각의 제품이 고유의 가치를 드러낼 수 있도록 진열해야 한다는 것이다. 예컨대 부티크나 명품 브랜드 매장을 방문해본 일이 있는 사람이라면 그들이 제품을 어떻게 진열하는지 알고 있을 것이다. 이들 매장에서는 받침대를 사용하여 제품을 그 위에 진열함으로써 각각의 상품을 더욱 가치 있게 보이도록 연출한다. 상품을 진열하는 방식이나 선반과 진열대를 배치하는 방식과 더불어 소비자가 제품을 구입할 때 이를 포장하는 과정에도 세심하게 신경을 써야 한다. 그뿐만 아니라 여성 소비자가 매장에 들어와서 어떠한 반응을 보이는지 살피고, 이들에게 매장의 모습과 관련하여 조언을 구하는 것 또한 소매업자들이 고려해야 할 사항이다.

한편 상품을 효과적으로 진열하는 또 다른 방법은 실제 상황에서 제품이 어떻게 사용되는가를 보여주는 것이다. 예컨대 오늘날 가구 매장이나 가정용 금속 기구 제품 매장은 소파나 페인트 등 개별적인 제품을 보여주기보다는 특정 라이프스타일을 투영하는 방을 연출하여 소비자에게 선보인다. 이때 여성 소비자는 개별적인 제품보다는 이처럼 전체적인 모습 속에서 자신이 구매하고자 하는 제품이 어떤 모습으로 비추어지는지를 시각화할 수 있는 것이다.

앞서 이야기한 것보다 더 좋은 방법은 다름 아니라 여성 소비자가 구입하고자 하는 제품이 실제 상황에서 얼마나 유용하게 쓰이는지 미리 알려주는 것이다. 예컨대 마이클은 여행 중에 시애틀(Seattle)에 있는 레이(REI, 아웃도어 장비 판매 업체—역주) 매장에서 고객이 실제로 부츠를 신고 걸어볼 수 있도록 거칠고 평탄하지 않은 모형 트랙을 마련해두고 있는 모습을 확인할 수 있었다. 사람들 대부분은 제품을 구입한 이후 실외에서 직접 이를 사용해본 후에야 비로소 제품의 성능을 확인할 수 있다. 그런데 만일 제품이 제 기능을 발휘하지 못하는 일이 발생한다면 소비자가 이를 반품해야 하는 번거로움이 뒤따른다. 따라서 레이 매장은 소비자가 처할 수 있는 이러한 위험성을 줄이고자 매장 내 모형 트랙을 마련해둔 것이었다. 한편 프라다 매장에서는 과학 기술 장치를 사용해 소비자의 편의를 돕고 있다. 즉, 소비자의 이미지를 컴퓨터로 스캔하여 제품을 이 이미지에 입혀본 후 각각 다른 가상의 장소에서 이 제품들이 어떻게 보이는지 소비자가 쉽게 확인할 수 있도록 하는 것이다.

감각에 호소하는 경험 의도하기

이제부터는 여성의 감각에 호소하는 방법이 이들에게 어떠한 영향을 미치는지 살펴볼 것이다. 우리는 다음과 같은 여성의 감각에 호소할 때 어떠한 반응을 나타내는지 조사해보았다.

- ◆ 시각
- ◆ 청각
- ◆ 후각

시각

소매업자 대부분은 매장에서 시각 장치를 사용하여 마케팅 메시지를 전달한다. 그런데 과연 그들은 이를 효과적인 방법으로 사용하고 있는 것일까? 시각 장치가 효율적으로 사용되고 있는지는 소비자가 판단할 것이다. 따라서 소매업자들은 이러한 장치가 모든 여성 소비자를 효과적으로 유혹하고 있는가를 파악해야 할 것이다. 예컨대 대부분의 여성 소비자는 남성이나 젊은 세대 혹은 날씬한 금발 여성들만의 이미지만을 내세우는 시각 장치에 부정적인 반응을 보이기 때문이다. 한편, 소매업자들은 매장 내 시각 장치가 마케팅이 전달하고자 하는 메시지와 일치하고 있는지 확인해야 한다. 예를 들어 애플사를 비롯해 나이키 가디스의 광고는 오프라인 매장이나 웹 사이트에서 항상 똑같은 이미지를 사용하고 있다. 즉, 이들의 광고에서는 각각 애플 컴퓨터로 바꿀 생각을 하는 여성이나 다양한 운동을 즐기는 활동적인 여성의 모습을 보여준다. 이

것이 바로 브랜드의 시각 장치와 마케팅의 일관성을 강조하는 바인 것이다.

그뿐만 아니라 소매업자들은 종이에 인쇄된 시각이미지의 한계에서 벗어나야 한다. 일례로 기둥을 사용해 보는 것은 어떤가? 혹은 비디오 스크린이나 컴퓨터에서 생성되는 이미지 같은 전자화면 표시 장치를 이용해보는 것도 좋을 것이다. 이와 같은 장치는 해외에서 흔하게 사용되고 있음에도 호주의 소매업계에서는 여전히 쉽게 찾아보기 어렵다. 한편 패션 매장에서는 최근 패션 쇼 장면을 비디오로 상영하여 소비자에게 패션과 관련된 새로운 정보를 제공해주기도 한다. 예를 들어 미국의 장난감 매장에서는 걸어 들어갈 수 있는 바비 하우스(Barbie house)와 실제 장난감보다 더 큰 전시품으로, 거대한 모형 공룡을 제작하여 어린이 소비자의 흥미를 북돋고 있다. 그러나 호주에 있는 같은 장난감 체인점에서는 이와 달리 그저 판매에만 열중해 있을 따름이다.

마지막으로 소매업자들이 명심해야 할 것은 가능한 한 모든 공간을 이용해야 한다는 것이다. 대부분의 소매업자들은 천장이나 바닥까지도 시각적인 효과를 줄 수 있다는 사실을 모르고 있는 듯하다. 사실상 많은 소비자들이 매장에 들어오면 위아래를 둘러본다. 따라서 소매업자들은 이러한 공간을 이용해 어떻게 시각적인 효과를 창출할 수 있는가를 곰곰이 생각해보아야 할 것이다.

청각

청각은 사람들의 감정과 직접적인 연관을 맺는 것으로 알려졌다. 특히 음악 소리는 어떠한 생각으로 해석할 필요 없이 우리의 감정과 직접적으로 연결된다. 따라서 소리야말로 소매업자들이 소비자를 이끌 수 있는 강력한 도구가 될 수 있는 것이다. 예컨대 적절한 음악은 한 매장을 고급스러운 이미지로 탈바꿈시키는 것은 물론이거니와 매장을 활기차게 할 수도 있다. 게다가 소비자를 매장에 더욱 오래 있도록 붙잡기도 하며 상품의 이미지를 고객에게 전달해주는 효과도 있다.

그렇다면 소매업자들이 종종 매장과는 어울리지 않는 잘못된 음악을 틀어놓는 이유는 무엇인가? 가장 분명한 이유는 판매직원이 음악을 선곡하게 내버려두기 때문이다. 최악의 상황은 바로 매장 내에 라디오 방송을 틀어놓는 것이다. 소비자는 라디오 방송을 틀어놓은 매장에 들어섰을 때 소매업자가 음악을 선곡하는 일에 게으르다고 생각할 가능성이 크다. 그리고 라디오 방송에서 흘러나오는 광고를 들을 때마다 짜증이 날 것이다. 심지어 라디오 채널이 올바르게 설정되지 않아 잡음이 새어나온다면 소비자의 심기가 더욱 날카로워질 것은 불을 보듯 뻔한 일이다. 매장 직원에게 음악 선곡을 맡길 때 대개는 그릇된 결과가 초래된다. 예컨대 스포츠걸 매장에서 흘러나오는 데스메탈(death metal, 폭력, 악마의 이미지를 상징하는 템포 빠른 메탈 록-역주)을 과연 어떤 소비자가 참아내겠는가? 게다가 십중팔구 이들은 음악을 너무 시끄럽게 틀어놓아 소비자를 긴장하게 만들기 일쑤다. 소비자는 지나치게 시끄러운 음악을 들으면 한시바삐 매장을 떠나고 싶은 기분까지 느낀다. 반면에 음악이 너무 나른하다면 지루함을 느낄 것이다.

한편, 소매업자들이 음악의 종류에 대해 전혀 무관심하다거나 심지어는 어떤 음악도 틀어놓지 않는 것 또한 문제가 된다. 음악은 브랜드의 일부를 의미할 수도 있다. 다시 말해 음악은 브랜드가 타깃으로 하는 연령층과 소통할 수 있으며, 이러한 소비자층의 특징과 라이프스타일을 대변하는 기능도 한다. 그뿐만 아니라 음악은 소비자의 행동에 영향을 미치기도 한다. 예컨대 잘못 선택된 음악 때문에 소비자가 자신이 매장에 잘못 들어왔다는 혼란에 빠질 가능성도 있는 것이다. 한편 많은 소비자들이 매장 밖으로까지 흘러나오는 음악 소리를 듣고 그곳에 들어갈지 말지를 결정하므로 음악 선곡을 어떻게 하느냐는 상당히 중요하다. 그런데 소매업자가 아무리 음악 선곡을 잘했다 하더라도 스피커가 제대로 작동하지 않는다면 소비자는 스피커에서 내뿜는 잡음 때문에 고통스러워 할 것이 분명

하다. 게다가 심지어 9월부터 크리스마스 캐럴을 틀어놓는다
면, 소비자는 이런 매장에 들어가고 싶은 기분이 싹 달아날 것
이다. 그렇다고 아예 어떤 음악도 틀어놓지 않는다면 어떨까?
이는 소비자의 감각에 호소할 수 있는 기회를 그저 무시해버
리는 셈이다.

한편 매장의 특성에 따라 음악을 선곡해서 전문적으로 제공
하는 회사도 있다. 이러한 회사들은 브랜드가 무엇을 상징하
며 어떤 소비자층을 타깃으로 하고 시간대별로 소비자가 어떻
게 다른지를 먼저 조사하며 매장 내 음향 장치까지도 점검해
준다.

젊은 판매직원이 지나치게 소란스러운 음악에 익숙해 있다
할지언정 소비자는 이를 싫어할 가능성이 크다. 따라서 소매
업자들은 매장 내 음악 소리가 일정 수준을 넘을 정도로 크지
는 않은지 수시로 점검해야 할 것이다. 또한 너무 일찍부터 크
리스마스 캐럴을 틀어놓는 우스꽝스러운 일도 벌어지지 않도
록 주의해야 할 것이다.

후각

부동산 중개인은 종종 집을 내놓은 이들에게 다음과 같은
조언을 해준다. 즉, 사람들이 집을 보러올 때, 집안에 신선한

커피향이 가득하게 하거나 오븐에서 갓 구운 빵 냄새가 나게
하라고 말이다. 이러한 냄새 덕분에 사람들은 집에 온 듯한 편
안한 기분을 느끼면서 그 집에 대한 좋은 인상을 갖기 때문이
다. 이처럼 후각은 상당한 영향력을 발휘하는 감각이다. 신선
한 식품을 판매하는 지역 재래시장에 가서 냄새를 맡아보라.
이는 물론 슈퍼마켓에 갔을 때와는 다른 경험이 될 것이다. 슈
퍼마켓에서 판매하는, 포장되어 있는 제품은 시장에서 경험하
는 신선함과 흥미로움을 주지 못하기 때문이다. 또한 특정 향
기를 전략적으로 이용하여 매장에 고급스러운 이미지(예컨대
라벤더를 사용하여)나 신선한 이미지를 불어넣는 방법도 있
다. 아울러 냄새를 이용해 소비자에게 편안한 기분을 느끼게
할 수도 있다. (이는 오늘날 많은 매장에서 신선한 커피를 소
비자에게 제공하고 있는 이유이기도 하다.)

따라서 소매업자들은 그들의 매장이 소비자의 후각을 자극
할 만한 환경을 조성하고 있는지 점검해보아야 할 것이다. 대
부분의 매장에서는 별다른 향기를 느낄 수 없는 것이 일반적
이다. 매장 내에 음악이 흘러나오지 않을 때 소비자의 완전한
쇼핑 경험을 저해하듯이 향기가 없는 매장 또한 마찬가지의
역효과를 발생시킨다.

시중에는 실내 향기를 좋게 만드는 제품을 판매하는 업체가
많다. 그리고 매일 지속적으로 향기를 분출시키도록 만들어진

방취제품 또한 저렴한 가격에 판매되고 있다. 게다가 오래된 가죽 제품이나 천연 목재를 매장 내에 비치해서 소비자의 기분을 편안하게 만드는 방법도 있다. 그러나 향기가 지나칠 경우 오히려 역효과가 발생한다는 사실 또한 염두에 두어야 한다. 사방에서 풍기는 자극적인 향기 때문에 소비자가 불쾌해할 수도 있기 때문이다. 후각은 매우 민감한 감각이다. 따라서 소비자의 후각에 호소하고자 할 때는 이를 과용하지 않도록 주의해야 할 것이다. 만약 그렇지 않는다면 이는 단지 소비자를 압도해버리는 데 그치고 말 것이다.

과학 기술의 효과

과학 기술 또한 여러 가지 면에서 쇼핑 환경의 발전에 기여한다. 분명한 점은 과학 기술이 청각과 시각, 후각을 통해 감각에 호소할 수 있다는 것이다. 또한 소비자는 컴퓨터 온라인상에서 그들의 궁금증을 해소할 수도 있어 효과적이다. 예컨대 소비자는 온라인상에 마련된 '자주 물어보는 질문'을 통해 금속 기구류나 페인트, 전자제품 등의 사용방법을 알아볼 수도 있다. 예컨대 미국에 있는 대부분의 매장에 인터넷이 가능한 컴퓨터를 설치해둠으로써 소비자는 움직이지 않고서도 제품의 재고 여부를 확인할 수 있다. 게다가 소비자는 온라인상에서 주문을 하여 집까지 제품을 배달시킬 수도 있다.

한편, 전통적인 탈의실에 혁신적인 변화가 필요한 시점이다. 비디오 기술의 발달로 오늘날 우리는 거울 없이도 가상공간에서 특정 옷을 입은 자신의 모습을 관찰할 수 있게 되었다. 이를테면 프라다 매장에서는 이러한 시스템을 도입한 덕분에 소비자는 온라인을 통해 특정 옷을 입어볼 수 있게 되었다. 그리고 탈의실 역시 과학 기술의 도움을 받아 변화하고 있다. 예컨대 투명한 유리 재질로 이루어진 탈의실 문은 소비자가 안으로 들어가 바닥에 있는 버튼을 누르면 불투명하게 바뀌어 소비자의 프라이버시를 보장하는 것이다. 이러한 신기술은 소비자에게 놀라움과 즐거움을 선사할 뿐만 아니라 누군가 탈의실 커튼을 열지 않을까 안절부절못하던 소비자들을 안심시킬 수도 있게 되었다. 어디 그뿐인가? 소비자가 굳이 탈의실 밖으로 나오지 않더라도 함께 쇼핑 온 친구나 매장 직원과도 쉽게 의사소통을 할 수 있기 때문에 상당히 편리하다.

탈의실 환경의 변화와 관련된 우리의 조언을 받아들일지 말지 선택하는 것은 소매업자의 몫이다. 그런데 중요한 것은 소비자가 옷을 구입할지를 결정하는 곳이 바로 이곳이라는 점이다. 그뿐만 아니라 소비자의 불만거리로 입에 자주 오르내리는 것 역시 탈의실이다. 따라서 탈의실이 효율적이지 않거나 청결하지 못한 등 문제가 있으면 결국 손해를 입는 사람은 소매업자다. 이는 우리의 인터뷰를 통해서 확인된 결과이기도 하다. 즉, 탈의실과 관련된 디자인이나 서비스가 향상되면 여성 소비자는 이를 매우 긍정적으로 받아들인다. 더욱이 소비자는 각각의 매장을 비교하는 기준으로 탈의실의 효율성을 중요하게 생각했다.

한편 앞서 이야기한 바와 같이 우리는 모두 무언가를 기다리는 것을 싫어할 뿐만 아니라 실제 우리가 기다린 시간보다 훨씬 더 오랫동안 기다렸다고 생각한다는 사실을 확인했다. 따라서 소매업자들은 매장 내에서 단편 영화나 만화 영화, 혹은 고전 영화를 상영한다거나 패션쇼를 비롯해 브랜드와 관련된 퀴즈를 내보내는 비디오를 상영하여 고객의 지루함을 달래는 방법을 전략적으로 사용하는 것도 좋을 듯하다. 또한 과학 기술을 이용해 매장 내 환경을 변화시킬 수도 있다. 예를 들어 시저스 팰리스 안에 위치한 포럼 매장에서는 하늘의 경치를 매장 벽에 투사하여 일출이나 일몰의 모습을 포함해 매 시간대의 실제 모습을 감상할 수 있게 했다. 아울러 이러한 과학 기술 장치는 그다지 복잡하거나 비싸지도 않으면서 많은 소비자들에게 감동을 주어 포럼 매장을 기억하게 하는 효과를 얻고 있다. 소매업자들이 마지막으로 유념해야 할 사항은 컴퓨터로 판매활동을 관리하는 시스템을 지속적으로 업데이트해야 한다는 것이다. 신용카드를 이용한 물품 대금 결제 방식을 비롯해 결제 시스템이 해를 거듭할수록 빨라지고 있다. 따라서 결제 장비를 계속해서 업데이트시킨다면 물품 대금을 계산하는 과정이 신속해져 소비자의 편의를 도울 수 있을 것이다. 게다가 계산대에 배치되는 인력도 많이 감소하게 되므로 이들이 고객의 다른 편의를 위해 효과적으로 일할 수 있는 것이다.

마케팅 개혁하기

여성 소비자의 유쾌한 쇼핑을 돕기 위해 소매업자들이 신경 써야 할 부분은 비단 매장 인테리어와 소비자의 감각을 만족시키는 것만이 아니다. 여성은 브랜드 인지도를 바탕으로 매장을 선택한다. 한편 브랜드에 대한 인지도는 마케팅 활동을 통해 만들어진다. 따라서 여성 소비자를 타깃으로 삼고자 하는 기업은 마케팅에 세심한 주의를 기울여야 할 것이다. 예컨대 주변 마케팅을 사용한다거나 회사 정보를 개방하며 일반 여성을 마케팅에 활용하는 방법이 효율적일 수 있다. 또한 소비자와 함께 하는 브랜드를 만들어나가야 할 것이다. 더욱이 신뢰를 바탕으로 한 마케팅과 더불어 여성을 상대로 하는 마케팅보다는 여성과 함께 하는 마케팅을 추진해야 할 것이다. 아울러 반품 제도를 용이하게 하는 것은 물론 다양한 서비스 지원 방식을 통해 소비자에게 편의를 제공하는 데 힘써야 할 것이다.

주변 마케팅

공격적인 마케팅은 여성 소비자에게 적합하지 않다. 이들에게는 오히려 주변 마케팅이 효과적이다. 예컨대 기업이 여성 그룹이나 지역 스포츠 팀을 후원한다면 대중시장에서 영향력을 얻기가 좀 더 쉬울 것이다. 마찬가지로 정성이 담긴 감사 카드나 생일 카드를 보내는 일 또한 도움이 될 것이다.

회사 개방하기

여성은 세세한 것에 주의를 기울인다. 그리고 이들의 관심은 유통업체들의 행동 하나하나로까지 확대된다. 예컨대 여성은 흔히 인터넷 사이트를 통해 특정 유통 기업들에 대한 상세 정보를 얻고자 한다. 따라서 기업들은 기업 윤리와 직원 채용 정보, 재활용 정책과 원료/제품의 원산지 등의 정보를 소비자에게 개방해야 할 것이다.

일반 여성을 마케팅에 활용하기

미국의 애플사는 일반 소비자를 이용해 자사 컴퓨터를 홍보한다. 광고에 등장한 소비자들은 애플 컴퓨터를 사용하지 않는 다른 많은 이들의 관심사, 즉 애플 컴퓨터가 다른 일반적인 퍼스널 컴퓨터와 호환성이 있는지와 관련된 궁금증을 해소시켜준다. 광고에 등장하는 이들은 대개 소규모 기업을 운영하는 여성 기업인이나 개업한 여의사, 애플 컴퓨터를 사용하는 자신의 경험담을 이야기하는 여학생들이다. 브랜드는 이들을 통해 소비자와의 친근감을 의도하고자 하는 것이다. 아울러 집안 손질에 직접 나선 고객을 축하하는 가정용 철물 용품 매장이나 고객의 경험을 이야기하는 페인트 매장, 자신의 자동차에 대해 이야기하는 여성을 등장시킨 자동차 회사 등도 실제 소비자를 광고에 등장시킨 예이다. 그러나 이러한 정책 또한 과도하게 사용할 경우 역효과가 발생한다는 사실을 유념해야 한다. 예컨대 화장품이나 의류 제품을 구매하고자 하는 대부분의 여성은 여전히 무언가 '동경'의 대상을 원한다. 즉, 자신과는 다른 뛰어난 미모의 여성이 광고에 등장하기를 기대하는 것이다. 그런데 이들에게 일반 소비자를 광고 모델로 내세운다면 분명 "내가 왜 저렇게 보이기 위해 돈을 써야 하는 거지?" 같은 반응이 나올 가능성이 크다.

소비자와 함께 만들어가는 브랜드

전통적으로 경영인은 특정 소비자를 대상으로 브랜드를 만들어서 시장에 내놓았다. 한편, 여성들은 브랜드가 어떻게 개발되는지에 관해 실질적인 이야기를 듣기를 원한다. 이들은 유통업체와 교류하고 기업이 어떻게 발전하는지에 대한 이야기를 듣고 싶어 하는 것이다. 따라서 유통업체는 여성들과 만나 대화를 나누고 이들에게 아이디어를 제공할 기회를 부여한 후 그들의 생각을 진지하게 받아들여야 할 것이다.

신뢰를 바탕으로 한 마케팅

여성 소비자는 소매업자의 불성실함을 금방 깨닫는다. 이들은 단순히 "좋은 하루 되세요!"와 같은 입바른 소리가 아닌 그 이상을 기대한다. 다시 말해 여성은 기업이 진심으로 소비자를 염려하고 있다는 사실을 느끼고 싶어 하는 것이다. 마찬가지로 재활용 캠페인이나 윤리 기준 또한 현실을 반영해야 할 것이다. 이를테면 부티크 매장에서는 지역 상품을 비롯해 지역 디자이너도 보유하고 있다고 알리는 것도 좋은 방법이다. 그뿐만 아니라 지역 인물들의 정보가 담긴 내용을 광고에 포함하는 방법도 유용할 것이다. 아울러 수공예품과 지역성이 담긴 제품을 강조하는 것 또한 효과적일 수 있다.

'~'에게가 아닌 '~'와 함께 하는 마케팅

전통적으로 여성 소비자를 위한 마케팅은 한 가지 방법만 존재했다. 전통적인 마케팅은 주로 소비자에게 환상을 심어주는 것이었다. 그러나 오늘날의 소비자에게 이러한 환상은 더 이상 효력을 발휘하지 않는다. 그 대신 현실성이 반영된 광고가 각광을 받고 있다. 마찬가지로 여성을 특별한 존재로 부각시키기보다는 평범한 소비자로 대하는 것이 중요하다. 한편 자동차를 구매하고자 하는 여성에게 색상만을 강조하는 것은 더 이상 바람직하지 않다. 반면에 여성에게 왜 운전을 하려 하는지와 주로 어디에서 운전을 하는지 등 좀 더 실질적인 질문을 할 때 소비자는 소매업자를 신임하게 될 것이다. 더욱이 실제로 지도층에서 일하고 있는 여성을 광고에 등장시킬 경우 효과가 있을 것이다. 예컨대 미국에서는 금융 서비스 광고에 유능한 인수합병 딜러를 포함해 CEO와 의사, 상당한 유산을 상속받는 여성 등 영향력 있는 여성 여러 명을 등장시켰다. 그리고 이들의 광고를 통해 이러한 여성들 또한 재정적 조언을 필요로 한다는 메시지를 담아 소비자에게 전달하고자 했다. 여기서 한 가지 주목할 사실은 자연스럽되 소비자에게 강요하는 듯한 인상을 주지 않아야 한다는 것이다.

쉬운 반품 제도 도입하기

반품과 환불을 쉽게 해주지 않는 소매업자들은 소비자의 기분을 상하게 함은 물론이거니와 좋지 않은 입소문을 자초하는 셈이다. 수잔 그래 같은 매장에서는 소비자가 반품이나 환불을 요구할 때 아무것도 묻지 않고 이들의 요구를 들어준다. 그렇다면 이들 매장에서는 모든 여성 소비자가 정직하다고 생각하는 것일까? 물론 아니다. 그러나 이들은 대부분의 고객이 정직하다는 사실을 알고 있다. 그리고 썩은 사과 몇 개를 골라내기 위해 정직하고 충성스러운 여러 고객에게 불편을 주는 것 역시 현명하지 않다는 사실

서비스 지원하기

* * *

여성은 쇼핑에 열성적이다. 그런데 종종 이들의 기분을 상
하게 하는 매장이 있다. 이 장에서는 여성의 유쾌한 쇼핑을 돕
기 위해서 매장에서 힘써야 할 여러 가지 방법을 제시했다. 첫
번째로 소매업자는 그들의 매장이 브랜드가 추구하는 메시지
를 전달함은 물론이거니와 브랜드가 그들의 고객을 어떻게 생
각하고 있는가를 소비자에게 제대로 전달할 수 있도록 노력해
야 할 것이다. 물론 이를 위한 매장 인테리어와 마케팅 전략 또
한 진지하게 고려해야 한다. 우리와 인터뷰를 했던 여성들은

공간의 활용과 더불어 조명, 편의시설, 그리고 기타 세세한 것에 대한 배려와 제품의 진열 상태를 중요하게 생각했다. 아울러 소비자의 감각에 호소하는 것 또한 여성의 유쾌한 쇼핑을 이끄는 데 필수적이다. 따라서 소매업자들은 시각 장치와 청각, 후각적 요소를 이용해 소비자가 매장과 브랜드에 대한 인지도를 높일 수 있도록 연구해야 한다. 마지막으로 과학 기술의 힘 또한 소비자의 유쾌한 쇼핑을 돕는 요소로, 이를 통해 소비자가 기다리는 시간을 지루하게 생각하지 않도록 유도할 수 있다. 더욱이 컴퓨터로 판매를 관리하는 시스템 또한 계속해서 업그레이드시킴으로써 판매 속도를 향상시킬 수 있다.

한편 소매업자들이 매장의 발전을 위해 첫 번째로 유념해야 할 사항은 소비자의 의견에 귀를 기울여야 한다는 것이다. 소매업계에서 일하는 당신이 어떻게 매장을 발전시킬 수 있는가와 관련해서 고객의 의견을 마지막으로 물어보았던 때가 언제인가? 만일 여성 고객에게 유용한 아이디어를 얻고자 한다면 이들이 제공한 정보를 인정하고 좋은 아이디어에 대해서는 보상하는 것도 잊지 말아야 할 것이다.

또한 매장 판매직원 또한 여성 소비자의 유쾌한 쇼핑을 돕는 중요한 요소이다. 그렇다면 여성의 쇼핑을 돕기 위해 판매직원이 명심해야 할 사항은 무엇일까? 이와 관련해서는 8장에서 자세히 다루도록 하겠다.

8장 매장 내 서비스 향상시키기

　　소비자는 서비스의 질에 따라 유쾌한 쇼핑을 할 수도, 불쾌한 쇼핑을 경험할 수도 있다. 5장에서 우리는 훌륭한 서비스가 여성 소비자를 감동시킬 수 있다는 점에 대해 강조했다. 반면에 6장에서는 형편없는 서비스로 인해 소비자가 쇼핑 중에 불편을 겪거나 기분이 상할 수도 있다는 사실 또한 확인했다. 따라서 이번 장에서는 매장 내 서비스의 질을 향상시킬 수 있는 몇 가지 방법을 찾아보고자 한다.

　　특정 매장의 서비스가 좋지 않다는 여성 소비자의 인식을 변화시킬 수 있는 방법에는 어떠한 것이 있을까? 우선 잘못된 경영과 관리자의 태만을 짚고 넘어가야 할 것이다. 소매업계에서 근무하는 직원들의 문제점은 자신의 일에 책임감을 느끼지 않고 그저 학업을 마칠 때까지 혹은 더 좋은 직장을 구하기 전까지 임시로 하는 일이라고 여기는 것이다. 그리하여 소매업자들은 언제라도 떠나버릴지 모르는 이들을 교육시킨다거나 장기적인 보상 제도를 마련하기를 꺼려하는 것이다. 여성 소비자에게 더욱 영향력을 행사하고자 한다면 직원을 고용하거나 이들을 교육시키는 문제를 비롯해 훌륭한 직원에 대해 보상하고 이들을 지원해주는 방법에 대해 진지하게 고려해야 할 것이다.

따라서 이번 장에서는 먼저 판매직원이 개선해야 할 사항에 대해 살펴볼 것이다. 그 일환으로 우선 소비자의 이야기에 귀 기울이고 이들과 대화를 나누면서 형성되는 친밀감에 초점을 맞출 것이다. 그리고 소비자의 구매 행위 이전과 이후에 요구되는 적절한 서비스 행위에 대해서도 짚어볼 것이다. 그러고 나서 우리는 소비자에게 좀 더 나은 서비스를 제공하기 위해 판매직원이 유의해야 할 사항을 소개하고자 한다. 아울러 판매직원을 위한 좀 더 나은 직업 구조를 만들 수 있는 방법 또한 논의할 것이다.

마지막으로 소매업자가 인터넷이나 고객 데이터베이스 등과 같은 판매 지원 시스템을 포함하여 과학 기술 장치를 통해 판매직원과 고객을 어떻게 지원할 수 있는가를 살펴볼 것이다. (판매직원을 돕는 매장 인테리어와 관련해서는 앞서 이미 살펴보았다.)

여성에게 어떠한 방법으로 판매를 할 것인가?

지난 수십 년 동안 판매직원은 소비자를 설득해서 제품을 판매하고자 했다. 이러한 과정에서 판매직원은 주저하는 소비자에게 갖가지 속임수를 써서 막무가내로 판매를 했다. 그리고 당연히 강요에 의한 판매 방식은 고객의 기분을 상하게 할 뿐만 아니라 이들에게 실망감도 안겨주었다. 판매직원의 강요에 못 이겨 구매를 하기는 했지만 그 제품이 꼭 필요한 것이 아니었음을 깨닫거나 제품이 기대에 미치지 못했기 때문이다. 결과적으로 소비자는 판매직원을 피하게 되었고 이들에게 호감을 느끼지 못함은 물론이거니와 마케팅 담당자까지도 경계하기에 이르렀다.

지난 몇 년 동안 판매직원을 선발하는 기준은 그들의 설득력에 기인했다. 다시 말해 말재주가 있는 이들은 판매 또한 잘할 것이라고 받아들여졌던 것이다. 그리고 이러한 판매직원들에게는 매달 판매 할당량이 주어졌다. 아울러 이를 달성하면 이들은 포상을 받았다. 하지만 고객에게 돌아온 것은 아무것도 없었다. 고객은 자신의 말에 귀 기울여주지 않고 신뢰도 할 수 없는 판매직원 때문에 기분 상하기 일쑤였다.

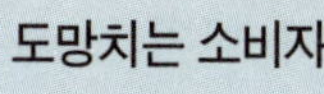

도망치는 소비자

마이클은 미국에 있는 풋라커(Footlocker) 매장을 처음 방문했을 때의 일을 생생하게 기억한다. 그가 매장에 들어서자마자 판매직원이 다가와서는 그에게 무엇을 도와 그렇다면 강경 판매 정책이 어째서 더 이상 여성 소비자를 설득하지 못하게 된 것일까? 우선 오늘날의 소비자는 선택의 기회를 다양하게 가지고 있는 것은 물론이고 브랜드에 대한 해박한 지식 또한 갖추고 있다. 게다가 대부분 어느 제품이든 비슷하다는 사실을 이해하고 있다. 두 번째로, 지난 20여 년 동안 경영인들은 계속해서 고객과의 친밀감을 강조해왔다. 때문에 이러한 상황에서 강경 판매 정책은 불성실한 인상을 줄 따름이었다. 세 번째, 소비자는 인터넷을 통해 판매직원 못지않은 제품 정보를 얻을 수 있게 되었다. 마지막으로 오늘날의 소비자는 과거 그 어느 때보다도 상품의 선전 문구를 회의적으로 받아들인다. 그리하여 이들은 소비자와의 관계를 중시하고 소비자의 요구에 순응함으로써 신용을 쌓는 기업들에만 충성심을 보이는 것이다.

5장과 6장에서 우리는 여성 소비자가 판매직원과 친근한 관계를 형성하고자 하는 바람을 갖고 있음을 확인했다. 그런데 이는 꼭 친구 같은 관계만을 의미하는 것은 아니다. 그저 예의를 갖추고 자신의 이야기에 귀를 기울이며 공감을 해주고 소비자가 물건을 구매하든지 안 하든지에 상관없이 친절하게 응대해주기를 기대하는 것이다. 아마도 이들은 단순히 생물학적으로 좀 더 보살핌 받기를 좋아하는 것인지도 모른다. 한편 몇몇 생물학자들은 여성이 정보 수집에 뛰어나며 남성에 비해 좀 더 사교적이라고 주장한다. 그런데 이와 같은 특징은 여성이 근본적으로 외로움을 더 많이 느끼는 것과 무관하지 않다. 그리하여 이들이 판매직원과 사회적 교류를 통해 이를 해소하고 싶어 한다고 생각해볼 수도 있는 것이다. (사회적인 쇼핑에 대한 내용은 3장에서 이미 다루었다.)

여성 대부분은 판매직원을, 자신의 삶을 좀 더 편하게 만들어줄 수 있는 잠재력을 지닌 사람으로 생각한다. 따라서 이들은 소비자의 이야기에 귀 기울이며 공감할줄 알고 정직한 조언도 아끼지 않는 판매직원을 높이 평가한다. 게다가 여성의 개인적인 요구를 만족시킬 줄 아는 판매직원의 태도는 신용 있는 브랜드만큼이나 영향력을 발휘한다. 그뿐만 아니라 여성은 자신의 경제력을 과시하고자 하는 방편으로 판매직원과 교류하기를 바라는 것이다.

　그렇다면 판매직원은 이러한 소비자에게 어떻게 반응해야 하는 것일까? 우리는 앞서 인적판매 혹은 관계판매라는 용어를 소개한 바 있다. 이러한 판매 방식은 오늘날 상당히 중요하다. 인적판매란 단순히 판매직원이 고객의 요구를 만족시키기 위해 고객과 장기적인 관계를 형성시키는 데 초점을 맞추는 것이다. 그러므로 이러한 관계는 신용을 바탕으로 형성된다. 한편, 신용은 상호작용과 정직함, 순응성을 바탕으로 할 때 이루어진다. 그 결과, 소비자는 브랜드보다 오히려 신용을 바탕으로 친분이 형성된 판매직원에게 더 충성심을 갖는 것이다. 따라서 자신과 친근한 판매직원이 다른 매장으로 옮기면, 소비자 역시 그들을 따라 매장을 옮기는 사례가 많다. 팝콘과 메리골드는 이러한 행위가 여성의 전형적인 특징이라고 믿었다. 한편 우리와 인터뷰를 했던 여성 대부분은 훌륭한 판매직원의 태도에 이끌려 좀 더 많이 그리고 좀 더 자주 구매를 했다. 게다가 이들은 친구나 가족에게 그 직원을 칭찬하기도 했다.

　한편 소비자와 판매직원의 관계는 다음의 몇 가지 요소를 바탕으로 이루어진다.

- ◆ 존경
- ◆ 신뢰
- ◆ 순응성

- ◆ 개방성과 정직함
- ◆ 공감
- ◆ 장기적인 관심

존경

5장과 6장에서 여성이 차림새나 소득 수준 혹은 외모에 상관없이 자신을 존중해주는(무시하는) 판매사원을 높이 평가(불쾌하게 생각)한다는 사실을 확인했다. 판매직원으로부터 자신이 평가받고 있다는 사실을 깨달을 때 여성은(남성도 물론이거니와) 분노를 느낀다. 판매직원이 소비자가 입은 옷과 시계 등의 브랜드를 보고 그들의 사회적 위치를 평가한다는 것은 이미 옛말이다. 브랜드는 더 이상 우리를 차별화하지 못하는 것이다. 예컨대 부유한 이들은 편안한 차림으로 매장에 들르는 반면에 (마이클 또한 청바지와 티셔츠 차림으로 루이뷔통 매장에 간다.) 부유하지 못한 이들은 (비록 가짜이긴 해도) 디자이너 상표가 붙은 옷을 입고 나타나는 경우가 종종 있다. 따라서 판매직원이 유념해야 할 사항은 고객의 사회적, 경제적 위치를 섣불리 판단하지 말아야 하며 오직 고객의 요구에 따라 최선을 다해 응대해야 한다는 것이다.

한편 오늘날 많은 여성들은 전통적으로 남성 소비자가 주류를 이루었던 전자제품이나 자동차에 대한 상당한 지식을 보유하고 있다. (반면에 많은 남성들은 이와 관련하여 지식이 그리 많지 않은 것이 사실이다.) 한편, 이러한 여성들은 이 분야의 남성 직원들이 자신을 단지 여자라는 이유만으로 얕보거나 무시하는 것을 불쾌하게 생각한다.

신뢰

소비자와 판매직원 사이에 긍정적인 관계를 계속해서 유지하기 위해서는 서로 간의 신뢰가 바탕이 되어야 한다. 그리고 이러한 신뢰는 판매직원이 다른 일을 제쳐두고라도 여성 고객의 요구를 진지하게 받아들여주었을 때 형성되는 것이다. 앞서 5~6장을 통해 우리는 여성이 다음과 같은 판매직원을 높이 평가한다는 사실을 확인했다. 즉, 여성은 꼭 구매하지 않더라도 이것저것을 만져보거나 입어볼 수 있게 해주고 아무것도 묻지 않고 반품을 허락하며 소비자에게 진심 어린 조언을 해주는 판매직원을 선호했다. 그뿐만 아니라 여성이 결국 구매하지 않기로 결정을 하거나 구매도 하지 않으면서 선반에서 많은 물건을 꺼내보았더라도 이에 대해 불쾌감을 표현하지 않는 직원을 좋아했다. 더욱이 여러 가지 물건을 앞에 두고 어떤 것을 구매할지 쉽게 결정하지 못하는 소비자(물론 소비자와 친근한 판매직원이라면 이러한 상황에서 그녀가 최선의 선택을 하도록 도울 것이다.)에게 너그러운 태도를 보이는 판매직원을 높이 평가했다. 이렇듯 훌륭한 서비스를 받은 여성 고객은 그 매장의 단골이 되고 나아가 자신의 친구들에게도 긍정적인 입소문을 퍼트릴 것이 분명하다.

한편 판매에만 급급해 하지 않는 판매직원의 정직한 조언을 받은 여성 소비자는, 당장의 판매를 위해 행동하기보다는 소비자와 장기적으로 좋은 관계를 형성하고자 하는 이들을 신뢰하게 된다. 이러한 이유에서 소비자에게 신뢰를 쌓을 수 있도록 직원들을 교육하고 장려하는 것이 중요하다.

순응성

앞서 우리는 여성이 가족이나 직장, 자신 혹은 친구로 인해 다양한 압력을 받으며 복잡한 삶을 꾸려나가고 있다는 사실을 확인했다. 아울러 이들이 쇼핑에 나서는 이유 또한 다양하다는 것을 알았다.(4장 참조) 한편 여성들이 이렇듯 다양한 쇼핑 동기를 가지고 있기 때문에 이들이 매장에서 어떻게 반응할지를 예견하는 것이 곤란할 수도 있다. 그뿐만 아니라 여성이 그저 혼자 매장을 둘러보기를 원하는 때가 언제이며 구매하고자 하는 때는 또 언제인지 짐작하는 것 또한 쉬운 일은 아니다. 앞서 살펴보았듯이 그릇된 짐작으로 오히려 역효과가 발생할 수도 있다. 예컨대 소비자는 아직 구매할 준비가 되지 않았는데 구매를 강요당하는 기분을 들게 하거나 반대로 구매 결정을 내렸음에도 판매직원이 이를 알아차리지 못하고 신경 쓰지 않는 경우 소비자는 불쾌한 기분이 들 수밖에 없는 것이다.

여성 고객이 매장에 들어오면 일단 매장 분위기에 적응하기 위해 둘러볼 시간이 필요하다. 따라서 판매직원은 매장에 들어온 이들에게 곧바로 달려드는 것을 삼가야 할 것이다. 특히 소비자가 매장에서 좀도둑질하지 못하게 판매직원이 지켜보고 있다는 인상을 주는 것은 바람직하지 않다. 두 번째로 유념해야 할 사항은 여성 소비자가 이야기하는 것을 그대로 받아들이라는 것이다. 예컨대 이들이 그저 둘러보고 있다고 이야기할 경우 판매직원은 이들에게 판매를 기대하지 않는 편이 좋다. 오직 그들이 원하는 대로 그저 둘러보게 하는 것이 바람직하다. 그리고 그녀가 무언가를 입어보기를 원하거나 구매하기를 원할 때 혹은 무언가에 대해 질문하기 시작할 때 판매직원은 이들의 이야기를 주의 깊게 경청하고 그들의 요구에 따라 적절하게 행동해야 할 것이다.

개방성과 정직함

누군가로부터 칭찬을 듣는 것처럼 좋은 일은 없을 것이다. 우리는 모두 타인의 능력에 대해 솔직히 평가하기보다는 오히려 그들의 자존심을 세워주고 기분 상하지 않게 하도록 교육받았다. 이는 판매직원 또한 마찬가지다. 이들은 대부분 모든 고객에게 듣기 좋은 말을 하는 것이 오히려 쉬운 일이라고 생각한다. 그렇지만 이는 100퍼센트 옳은 생각은 아니다. 우리와 인터뷰를 했던 여성들은 정직한 조언에 목말라했다. 반면에 어울리지도 않는데도 과장하며 잘 어울린다고 마치 로봇처럼 반복해서 이야기하는 판매직원을 불쾌하게 생각했다. 여성은 대개 친구나 동료의 솔직한 의견을 듣기를 원한다. (물론 결혼식 때만은 예외이다. 다시 말해 아무리 형편없는 드레스를 입고 있더라도 이날만큼은 자신이 그 누구보다 아름답다고 칭찬받기를 바라는 것이 바로 여성이기 때문이다.)

따라서 판매에만 급급한 판매직원이 소비자에게 칭찬하는 것은 이들에게 도움이 되기는커녕 오히려 역효과를 불러일으키기 십상이다. 판매자의 칭찬만 믿고 물건을 구매한 후 막상 집에 도착해서 구매한 것에 대해 후회할 가능성 또한 크기 때문이다. 판매직원이 명심해야 할 사항은 이들에게 최대한 예의바른 태도로 (여성에게 뚱뚱해 보인다는 말은 비록 사실일

지라도 삼가야 할 표현이다.) 진실한 조언을 해야 한다는 것이다. 그리고 이를 위해서는 소비자가 왜 특정 아이템을 구매하고자 하는지 질문하는 것이 효과적이다. 예컨대 소비자가 가구를 구입하고자 할 때, 그 가구를 어디에 배치할 것인지를 질문하는 것은 굉장히 중요하다.

한편 판매직원이 정직한 조언을 하기 위해서는 우선 여성이 요구하는 바를 주의 깊게 들어야 할 것이다. 이 과정에서 판매직원은 여성에게 존경을 표하고 신뢰를 형성해야 할 것이다. 또한 여성이 요구하는 바를 이해하고 이에 공감하도록 노력해야 할 것이다. 이러는 동안 판매직원과 소비자 사이에는 어느새 장기적인 관계를 형성하기 위한 발판이 마련되는 것이다. 더욱이 판매직원은 제품에 대한 다양한 정보를 이용해 여성이 요구하는 것을 만족시킬 수 있는 최선의 상품을 추천할 수 있는 능력도 갖추어야 할 것이다.

공감

여성들은 타인과 공감을 잘한다. 때문에 어린 자녀나 따분해하는 남성과 함께 쇼핑 온 여성들은 자신의 곤란한 상황을 판매직원이 이해하지 못하는 것처럼 보일 때 부정적인 반응을 나타낸다. 반면에 예의바르고 소비자를 배려할줄 아는 판매직원은 여성들이 유쾌한 쇼핑을 하는 데 도움을 준다. 예컨대 탈의실까지 안내해주거나 문을 열어주는 행위를 비롯해 유모차를 끌고 있는 여성이나 휠체어를 타고 있는 여성을 위해 장애물을 치워주는 배려에 대부분의 여성은 감동을 받는다. 또한 자신에게 맞는 사이즈의 옷이 없어 실망한 여성 소비자의 마음을 편안하게 달래줄 수 있는 판매직원은 평생 고객을 맞이할 수 있을 것이다.

한편 다양한 스타일의 의류 제품은 특정 체형에 맞추어 각기 다른 재단 방식과 각기 다른 직물을 사용하여 만들어진다. 그러므로 판매직원은 이러한 차이점을 올바로 인식하고 소비자에게 적절한 제품을 제안할 수 있어야 할 것이다. 아울러 특정 소비자가 요구하는 것을 갖추고 있는 매장을 추천해줄 수도 있어야 할 것이다. 그렇지만 예컨대 "빅 사이즈 옷은 저기 건너편에서 팔아요."라든가 "아동복 매장에 가면 맞는 사이즈가 있을 거예요."라는 식의 조언은 절대 삼가라.

여성을 편안하게 해주고 그들에게 맞는 아이템을 찾아주거나 그들의 요구를 만족시키는 물건을 찾아주는 행위를 통해 판매직원은 소비자와 친밀한 관계를 형성할 수 있다. 그리하여 소비자는 자신이 받은 서비스를 잊지 않고, 친구나 딸과 동행하여 다시 이 매장을 찾게 될 것이다. 마지막으로 판매직원이 명심해야 할 사항은 그들이 얼마나 피곤한지, 하루가 얼마나 고되었는지 혹은 마감 시간이 얼마 남았는지에 상관없이 항상 소비자의 편의를 위해 노력해야 한다는 것이다.

장기적인 관심

판매직원이 소비자와 관계를 맺기 위해서는 다른 일을 제쳐 두고라도 이들의 시중을 들어야 하는 등의 희생이 뒤따른다. 더욱이 인적판매에서 중요한 사항은 고객 개인을 그저 익명의 거래 대상으로 보는 시선을 버려야 한다는 것이다. 그리고 고객의 존재를 깨닫고 있음을 이들에게 확신시켜주어야 한다. 충성스러운 고객을 유지하는 것이 새로운 고객을 끌어들이기 위해 노력하는 것보다 훨씬 이득이 되기 때문이다. 예컨대 충성스러운 고객들의 입소문이야말로 어떤 광고보다 더 효과적이다. 한편 이러한 고객을 맞이하기 위해서는 다음과 같은 노력이 필요하다. 즉, 고객이 원하는 상품이 없다면 다른 매장을 추천해줄 수 있어야 한다. 아울러 자신의 매장에 있는 것보다 더 좋은 아이템을 갖추고 있는 다른 매장을 추천해줄 수도 있어야 한다. 또한 구매는 하지 않고 계속해서 이런저런 물건을 꺼내보기만 하는 고객을 인내하며 도와줄 수도 있어야 할 것이다. 앞서 이야기한 것처럼, 고객은 그저 익명의 거래 대상이 아니기 때문에 이들을 하나의 인격체로 정중하게 대하는 것이 중요하다.

판매직원이 여성 고객과 관계를 형성하기 위해서는 이와 같은 노력이 필요한 것이다. 이러한 노력의 일환으로 판매직원은 고객을 설득하려 하기보다는 그들의 이야기에 귀를 기울이는 연습을 해야 한다. 물론 남의 이야기를 들어주는 일은 결코 쉬운 일이 아니다. 아마 우리 대부분은 타인이 이야기하는 것을 진심으로 듣기보다는 이야기 도중에 끼어들어 자신의 이야기를 하는 것을 더 좋아할 것이다. 하지만 여성을 주 고객으로 대하는 판매직원이라면 인내심을 발휘해 고객의 이야기를 끝까지 경청해야 할 것이다.

한편 여성에게 적절한 질문을 하는 것 또한 판매직원이 갖추어야 할 중요한 기술이다. 판매직원이 고객을 맞이한 첫 단계에서 해야 할 일은 다음과 같다. 즉, 고객의 기분을 편안하게 해줌과 동시에 그들이 원하는 바가 무엇이며 어떠한 상황에서 그것이 필요한 것인지 자유롭게 이야기할 수 있도록 질문하는 것이다. (소비자가 어떠한 목적으로 특정 상품을 구매하고자 하는지를 이해하는 것이 이들의 구매를 돕는 데 큰 도움이 된다.)

소비자의 이야기에 귀 기울일 줄 알고 적절한 질문을 통해 여성 고객이 필요로 하는 것을 효과적으로 도울 수 있을 때 판매직원은 비로소 여성 소비자와 신뢰를 바탕으로 한 관계를 형성할 수 있을 것이다.

서비스 : 처음부터 마지막 순간까지

식당에서 식사를 마치기가 무섭게 서비스의 질이 급속도로 돌변해버린 것을 경험해본 적이 있는가? 우리는 대개 식사를 마치고 종업원이 친절하게 계산서를 가져다주면서 작별 인사를 건네주기를 기대한다. 한편, 이 책의 공동 저자인 스텔라와 마이클은 식사가 끝남과 동시에 서비스도 끝이 나는 식당 종업원에게는 팁을 주지 않는다. (그뿐만 아니라 마이클은 가능한 한 그 식당에 다시는 발걸음을 하지 않는다. 그러고 보면 마이클은 스텔라보다 덜 관대한 편이다.) 대부분의 사람들은 식당에서 식사를 마치고 종업원이 신속하게 계산서를 갖다 주고 자신이 자리를 뜰 때까지 시중들어주기를 기대한다. 물론 이러한 기대는 매장에서도 마찬가지다. 이런 점에서 많은 여성들은 의류 매장의 서비스가 일관성이 없다고 생각한다. 예컨대 고객이 상품을 둘러보고 있을 때 판매직원은 일반적으로 상냥하다. 그런데 이들이 무언가를 입어보고자 할 때는 아예 도움을 주지 않거나 때로는 지나치게 간섭을 하여 소비자에게 불편을 끼치기도 한다. 이를테면 고객이 탈의실에서 옷을 입고 있는 중에 예고 없이 커튼을 열고 들어오기까지 하는 것이다. 또한 옷을 입고 나온 고객이 거울을 볼 때 판매직원은 다시 매우 상냥하게 "그 옷이 굉장히 잘 어울리시네요."하며 호들 갑을 떤다. 그리고 고객이 옷을 구입하기로 결정함과 동시에 판매직원의 세심함은 대개 사라지고 "계산대 앞에서 줄 서주세요."라는 말 한마디를 건넨 후 등을 돌리기 일쑤다. 마지막으로 구매를 마친 고객이 매장을 떠날 무렵 이들의 존재는 이미 판매직원의 기억에서 사라지고 없다. (돈을 받았으니 이제 나가라는 것이다!)

이러한 상황은 의류 매장이 아닌 다른 매장에서도 마찬가지다. 예컨대 고객이 매장에 들어오자마자 판매직원은 아직까지 매장 분위기에 적응도 하지 못한 이들에게 다가가서는 이들을 혼란스럽게 만들기 일쑤다. 그러다가 고객이 마침내 마음에 드는 물건을 발견하고 구매를 결정하기가 무섭게 판매직원은 더 이상 이들에게 관심을 보이지 않는 것이다.

이렇듯 판매직원은 고객이 무언가를 구입하기로 결정한 순간부터 물품 값을 치르고 매장을 떠나기까지 대개는 이들에게 무관심하기 마련이다. 한편, 구매자나 판매자 모두 각각 물품을 구입하고 물품 값을 받으면서 서로 상대방에게 "고맙습니다."라는 이야기를 한다. 이는 양측이 모두 무언가 소득이 있음을 의미하는 것이다. 요지는 고객이 물품을 구입하기 전부터 마지막 구매를 마친 이후까지 전 과정 동안 서비스의 기준은 변함이 없어야 한다는 것이다. 설사 상품을 구입하지 않더라도 말이다.

우리와 인터뷰를 했던 여성들의 불평 가운데는 자신을 탈의실에 남겨둔 채 다른 고객의 시중을 들기 위해 가버리는 직원들에 대한 이야기가 있었다. 탈의실에서 옷을 입어보는데 사이즈가 맞지 않는 경우처럼 난처한 일은 없을 것이다. 다시 자신의 옷을 입고 나와 다른 사이즈를 찾아들고는 또다시 탈의실로 향해야 하기 때문이다. 그래서 많은 이들이 이럴 때 성가심을 못 견디고 그냥 나가버린다.

고객과 좋은 관계를 유지하기 위해서 판매직원이 유념해야할 사항은 고객이 매장에 들어온 후부터 매장을 떠날 때까지전 과정에서 이들의 요구에 친절하게 응대해주어야 한다는 것이다. 그리고 고객이 무언가를 구입하기로 결정을 했다 하더라도 매장이나 서비스에 대한 평가는 계속해서 하고 있다는 사실을 유념해야 한다. 따라서 고객이 매장을 떠나는 순간 마지막 인사까지 잊지 않고 건넬 때 그 매장과 브랜드는 긍정적인 인상을 남길 수 있다. 예컨대 판매사원이 고객을 계산대로 안내할 때에도 계산을 담당하는 직원에게 고객을 소개하고는 고객에게 마지막으로 감사하다는 인사를 건네는 것을 잊지 말아야 한다. 또한 소매업자들은 판매직원이 한 고객을 응대하는 데 소요되는 시간을 파악하고 이에 맞는 근무 표를 만들어야 할 것이다.

마지막으로 기억해야 할 사항은 매장에 들어서는 순간부터 매장을 떠나는 순간까지 여성은 이 모든 것들을 세세한 것 하나도 놓치지 않고 평가한다는 것이다.

판매직원 관리하기

매니저들은 대개 말재주가 좋고 알아서 척척 움직이는 사람을 판매직원으로 고용한다. 그리고 이렇게 선발된 직원들은 주로 커미션제로 일하거나 주별 혹은 월별 판매 할당량에 대한 자신의 능력에 따라 급료를 받는다. 때문에 이들에게 고객과의 관계 형성을 기대한다거나 고객이 요구하는 것에 귀 기울이기를 바라기는 어렵다. 따라서 여성 소비자의 마음에 들 만한 인력을 채용하기 위해서는 다음과 같은 노력이 필요하다. 즉, 직원을 고용하고 이들을 교육하는 일에 좀 더 관심을 갖는 것은 물론이고 유능한 직원들을 위한 포상 제도를 마련해야 한다. 아울러 판매직이 단순히 임시로 머무르는 곳이 아닌 전문적인 직업으로 자리 잡을 수 있도록 관련 제도를 구축해야 할 것이다.

한편 미국에 가본 적이 있는 이들은 매장의 입구나 계산대 주변에 많은 신청 용지가 비치되어 있는 모습을 한 번쯤은 보았을 것이다. 이는 물론 매장에서 무료로 제공하는 엽서가 아니라 취업 지원 양식인 것이다. 최고의 판매직원을 보유하는 브랜드 기업은 신규 인력을 모집하고 채용하는 문제에 지대한 관심을 갖는다. 반면 호주 매장은 직원을 선발하는 일에 거의 관심을 갖지 않는 편이다. 누가 고용이 되든 상관없다는 식이다. 게다가 이들은 오히려 잘못된 기준에 중점을 두고 있다. 예컨대 소매업계에서 일한 경험(잘못된 태도로 일한 경험이었을 수도 있음에도 말이다.)이 있는지부터 시작해 말재주가 있는지, 그리고 더욱 심각한 것은 판매 능력이 있는지에 초점을 맞추는 것이다.

소매업자들은 직원을 선발하는 문제에 더욱 큰 관심을 가져야 한다. 미국의 유명한 유통업체인 노드스트롬(Nordstrom)은 3개월 동안의 수습 기간을 둔 후 최종 고용 결정은 판매 팀에 맡기는 방식을 실행하고 있다. 이러한 방식을 통해 그들은 고객 서비스를 우선으로 하는 노드스트롬의 정신을 이어받을 수 있는 직원을 선발한다. 결국 이들은 자사의 발전에 기여할 수 있는 인력을 선택하는 것이다. 더욱이 이 기업은 남의 이야기를 잘 듣고 감정 이입 능력이 탁월한 이들을 선발한다. 제품에 대한 지식이나 회사의 정책은 그 이후에 교육해도 늦지 않기 때문이다. 그러나 오늘날의 바쁜 여성 고객과 자연스럽게 그리고 전문적으로 상호작용을 하는 일은 교육으로만은 분명히 어려운 일이다. 따라서 기업은 이러한 능력을 갖춘 인력을 선발하는 일을 최우선 과제로 생각해야 한다.

직원을 고용한 후에는 그들의 행동에 대해 포상하는 제도가 뒷받침되어야 할 것이다. 그런데 만약 단기적인 판매 실적에 초점을 맞추어 포상한다면 직원들은 여전히 판매에만 급급해할 것이다. 또한 고정된 급여만을 지급하는 경우 직원들은 폐점 시간만을 손꼽아 기다리게 될지도 모른다.

매장의 매니저들은 판매직원이 고객의 이야기에 귀를 기울이고 이들의 구매를 효과적으로 도울 수 있도록 교육해야 한다. 아울러 판매직원이 고객과 관계를 맺고 고객에게 지속적인 관심을 갖도록 장려해야 할 것이다. 또한 고객의 칭찬과 장기적인 판매 실적을 바탕으로 이들을 포상하는 것 또한 매니저가 신경 써야 할 부분이다.

마지막으로 판매업무가 전문적인 직업으로 자리 잡을 수 있도록 제도를 마련해야 할 것이다. 여성 고객은 판매직원과 친분을 맺기를 바란다. 그리고 이들은 매장이나 브랜드보다는 판매직원에게 충성심을 갖는다는 사실을 확인했다. 이런 점에서 볼 때, 매장에서 중요한 역할을 하는 이는 다름 아닌 판매직원인 것이다. 한편, 유통업을 교육하는 우리의 경험에 따르면, 이 분야를 공부하는 대부분의 학생들이 최후의 방편으로써 우리를 찾아와 도움을 청한다. 게다가 다양한 소매업계의 일자리는 사람들이 잠시 머물렀다 떠나가는 곳으로 인식되고 있는 실정이다. 요지는 소매업계에서 판매직원의 역할이 중요한 것임에도 모든 판매직원이 그들의 일자리를 하나의 직업으로 생각하지 않는다는 것이다. 이를 해결하기 위해 우리는 소매업자들이 판매직원을 위해 장기적인 직업 구조를 마련하는 것이 시급하다고 판단한다. 예컨대 지분을 나누어준다거나 매니저가 미래를 설계할 수 있도록 실적에 따른 관리 체제를 도입해야 할 것이다. 아울러 직원 교육에도 관심을 갖고 장기적인 판매 실적을 포상하는 제도 또한 마련해야 할 것이다.

과학 기술은 판매직원과 고객 모두에게 도움을 줄 수 있다

오늘날 과학 기술은 판매직원과 고객을 하나로 엮어주는 역할을 한다. 이처럼 놀라운 일이 또 있을까? 사실상 이는 모두 고객 관계 관리 데이터베이스 소프트웨어 덕분이다. 고객 관계 관리 소프트웨어는 고객과 그의 선호도에 대한 정보를 수집하는 프로그램이다. 따라서 판매직원은 고객이 매장에 들를 때마다 그들의 이름 하나만 가지고도 과거의 구매 이력을 찾아볼 수 있기에 이들의 쇼핑을 좀 더 효율적으로 도울 수 있는 것이다. 그런데 자신의 이름조차 말하기 성가셔 하는 고객들이 종종 있어 이따금씩은 이러한 프로그램 또한 도움이 되지 않을 때도 있다. 게다가 이 프로그램을 실행하면서 광고성 스팸 메일이 야기된다거나 기업이 직원 교육을 게을리 하는 등과 같은 문제점도 발생했다. 즉, 기업이 판매직원들에게 고객과의 관계 형성에 필요한 교육보다 이 프로그램 사용법을 교육시키기에 더 바빴던 것이다.

그럼에도 이러한 프로그램은 판매직원이 고객과 관계를 맺는 데 도움을 주고 있다. 예컨대 판매직원은 이 프로그램을 이용해 고객의 취향을 알아두었다가 신제품이 출시될 때 고객에게 연락을 취할 수 있는 것이다. 또한 프로그램에 저장된 고객 정보를 이용해 고객의 생일을 축하해줄 수도 있으며, 고객은 인터넷을 통해 매장의 웹사이트에 직접 연결할 수도 있다.

한편 뉴욕에 위치한 프라다 매장을 이용하는 고객은 개인 컴퓨터를 통해 매장 내 아이템을 선택해서 가상의 옷장에 넣어둘 수 있을 뿐만 아니라 사이즈를 비롯해 선호하는 컬러와 원하는 아이템에 관한 정보를 저장해둘 수도 있다. 물론 이러한 정보는 프라다 매장에서도 이용할 수 있고 말이다. 즉, 프라다의 고객(프라다 매장에서 물건을 구매한 적이 있는 사람)은 뉴욕의 소호 매장에 들어서면서 직원에게 자신의 프라다 카드를 건네준다. 그러면 이를 받은 직원은 카드를 시스템에 연결한다. 그리고 고객이 선호하는 판매직원이 기다리고 있다가 그녀를 돕는다. 아울러 고객은 탈의실에서 제품을 입은 채 비디오 촬영을 하고 나중에 웹사이트를 통해 자신의 모습을 확인하는 것이다.

그 밖에 좀 더 쉬운 방법도 있다. 예컨대 나이키 가디스 매장에서는 전 직원이 검정색 작은 수첩을 지니고 다니는데, 이 안에는 고객이 바라는 것을 비롯해 고객의 주요 기념일, 이들이 좋아하는 스포츠 그리고 이들이 선호하는 컬러와 스타일이 꼼꼼하게 기록되어 있다. 이 브랜드는 직원이 고객에게 전화를 걸어 신상품이 출시되었음을 알려주고 고객의 생일도 잊지 않고 축하해주도록 교육하고 있다. 이를 통해 판매직원이 고객과 친밀한 관계를 맺도록 의도하는 것이다. 그런데 판매직원이 주의해야 할 점은 고객에게 전화를 할 때 도를 지나친 간섭은 피해야 한다는 것이다.

그렇다면 과학 기술은 어떻게 고객을 도울 수 있는 것일까? 여성은 과학 기술에 기대하는 바가 크다. 다시 말해 이들은 과학 기술이 그들의 삶을 편리하게 만들어주기를 바란다. 이를테면 이들은 이미 식기세척기나 전자레인지, 컴퓨터와 같은 제품 덕분에 편리함을 경험하고 있다. 아울러 여성은 인터넷에 기대하는 바 또한 크다. 결국엔 모든 소비자가 인터넷 쇼핑을 통해 물품을 구매하게 되는 날이 올 것이다. 현재만 보더라도 많은 여성들은 인터넷을 통해 제품과 기업에 대한 정보를 얻는다. 마케팅 전문가 메리 루 퀸란이 2003년에 미국에서 실행한 조사에 따르면 여성의 88퍼센트는 시간을 절약하기 위해 온라인 쇼핑을 이용하고 90퍼센트는 24시간 이용할 수 있다는 장점 때문에 온라인 쇼핑을 선호한다. 따라서 오늘날 기업 혹은 매장에서 웹사이트를 운영하지 않는 것은 파멸을 자초하는 행위나 다름없다.

팝콘과 메리골드는 그들의 저서에서 경영인들에게 다음과 같은 조언을 했다. 즉, 인터넷을 통해 고객에게 정보를 제공하고 그들의 궁금증을 해소해주라는 것이다. 이는 특히 전통적으로 남성 소비자를 타깃으로 했던 페인트나 가정용 금속 기구 제품을 비롯해 자동차와 전기 제품을 여성 고객에게 판매할 때 중요하다. 이처럼 특정 시장에서 남성과 비교해 차별을 느꼈던 여성들에게 웹사이트를 통해 정보를 제공하는 것은 효과적인 일이다. 이를테면 여성은 스스로 너무 어리석은 질문이라 생각해 쉽게 터놓고 물어보지 못했던 것을 웹사이트의 FAQ에 마련된 답변을 통해 확인하며 안도감을 느낄 수 있을 것이다. 예컨대 리신느(Resene-뉴질랜드의 페인트 유통업체-역주)는 DIY 소비자들을 위해 웹사이트 〈www.resene.co.nz〉를 통해서 다음과 같은 주제와 관련된 질문에 답하며, 다양한 정보도 제공하고 있다.

◆ 광택은 얼마나 내야 하나?

◆ 페인트는 얼마나 필요한가?

◆ 납 성분이 들어간 페인트

◆ 이끼와 곰팡이 문제

◆ 리신느 페인트 마감

◆ 계면활성제 걸러내기

◆ 안료 옮기기

◆ 색 바램

◆ 지나친 습기

◆ 오리대(틈을 메우는 나뭇조각―역주)

◆ 반사율 값 이용하기

◆ 연기로 인해 해를 입은 표면

◆ 정리하기

한편 "페인트는 얼마나 필요한가?"에 대한 답으로 리신느 웹사이트에서는 다음과 같이 답했다.

우선 다음의 정보를 모두 종합해볼 필요가 있다.

1. 페인트칠할 표면 2. 페인트칠할 비율 3. 덧칠할 부분

그러고 나서 그들은 얼마나 많은 페인트가 필요한지 소비자가 알 수 있도록 유용한 예와 계산표를 제시한다.

인터넷은 여성에게 다방면으로 도움을 준다. 파코 언더힐

은 여성은 도움을 원할 뿐만 아니라 궁금한 것 또한 많은 까닭에 인터넷이 이들을 위해 매장 내 활동을 보완해줄 것이라 주장했다. 이를 통해 여성이 능력 있고 박식한 소비자가 될 것임은 자명한 일이다. 따라서 소매업자들은 앞서 설명한 바 있는 인적판매와 관련된 비법을 이들에게 효율적으로 적용할 수 있어야 할 것이다.

관계 형성하기

이 책의 전 과정을 통해 여성은 유쾌한 쇼핑을 하는 데 가장 중요한 요소로 서비스를 꼽았음을 확인했다. 이처럼 서비스는 여성의 쇼핑을 유쾌하게 만들거나 엉망으로 만들어버릴 수도 있는 것이다. 한편, 여성은 판매에만 급급한 판매직원이 아닌 자신의 의견에 귀 기울일 줄 아는 판매직원을 선호한다. 이를 위해 판매직원은 변화가 불가피한 것이다. 인적판매는 외모나 태도에 상관없이 여성 소비자를 존경하는 데서 시작된다. 그리고 여성의 이야기에 귀 기울이며 그들의 상황에 공감하는 것은 물론이고 고객에게 정직하게 조언을 할 때 비로소 가능하다. 이때 판매직원이 유념해야 할 사항은 적절한 질문을 통해 여성의 구매를 효율적으로 도울 수 있어야 한다는 것이다. 아울러 고객의 쇼핑 전 과정을 통해, 즉 이들이 매장에 들어올

때부터 매장을 나갈 때까지 일관된 서비스를 제공해야 한다.

소매업자들 또한 소비자와 판매직원을 위해 해야 할 일이 많다. 우선 과학 기술 장치의 도입과 매장 인테리어의 변화를 통해 여성 소비자의 쇼핑을 만족스럽게 해야 할 것이다. 또한 직원 교육에 투자를 아끼지 말아야 한다. 이는 소비자와 판매직원의 관계 형성을 위해 필수적인 것이다. 그뿐만 아니라 커미션제로 근무하거나 월급제로 운영되는 제도에서 탈피해 장기적인 판매 실적을 격려하는 포상 제도를 적극 마련해야 할 것이다. 마지막으로 소매업자들은 매장 내에 필요한 직원의 수가 어느 정도인지를 올바로 파악하고 고객을 돕기 위해 더욱 많은 인력이 필요한 시점이 언제인지 확인해야 할 것이다.

9장 남성의 쇼핑
— 남자에게 당연한 일

　여성과 쇼핑을 다루는 책에서 남성에게 있어 쇼핑이 무엇을 의미하는지를 이야기하지 않으면 아마 내용이 완전하지 않을 것이다. 남성들이 생각하는 쇼핑은 여성들의 쇼핑과는 상당히 차이가 나기 때문이다. 이 책을 집필하는 동안 우리는 다양한 연령대의 남성들과 인터뷰를 했다. 그리고 그들의 생각을 이곳에 포함시켰다. 따라서 이번 장은 남성 쇼핑객의 유형을 먼저 살펴보는 것에서부터 시작할 것이다. 우리는 1장에서 남성 쇼핑객과 여성 쇼핑객의 차이점을 언급했다. 그런데 남성들 가운데서도 각각의 연령에 따라 쇼핑 스타일이 다른 것을 확인할 수 있었다. 예컨대 나이든 남성이 부인이나 애인과 쇼핑할 때 투덜대며 따라다니기 일쑤인 반면 오늘날의 많은 젊은 남성들은 쇼핑을 즐기고 있는 것이다.

　이제부터 우리는 남성 쇼핑객을 몇 가지 주요 특징에 따라 분류해볼 것이다.

남성 쇼핑객의 종류

필요한 일만 마치기

남성 대부분은 기분전환을 위해서라기보다 필요하기 때문에 쇼핑을 하는 것으로 보인다. 따라서 가능한 한 빨리 쇼핑을 마치려 하는 것이 이들의 특징이다. 또 다른 특징으로써, 이들은 판매직원과의 상호작용을 기대하지 않을 뿐만 아니라 이들의 도움도 원하지 않는다. 17세의 남학생 벤(Ben)은 이를 다음과 같이 설명했다.

"저는 판매직원의 도움을 전혀 기대하지 않습니다. 더욱이 그들의 의견에는 관심조차 갖지 않습니다. 일단 그들이 제 쇼핑에 끼어들기 시작하면 그들이 강요하는 것을 구매해야 할 것 같은 기분이 들기 때문에 이런 상황을 싫어할 수밖에 없습니다."

관여

"제 아내와 딸은 쇼핑을 마치 오락거리로 생각하는 듯합니다. 그런데 저는 그들과는 반대입니다. 그래서 그들에게는 아무 문제도 아닌 것이 제게는 이따금씩 참기 힘든 일이 될 때도 있습니다." (브루스(Bruce), 52

세)

전반적으로 많은 남성들이 판매직원의 지나친 간섭을 피하고 싶어 한다. 다시 말해 이들은 쇼핑 자체를 즐기지 않음은 물론이고 판매직원과의 교류 또한 기대하지 않는다.

편리성

남성 쇼핑객 대부분은 제품의 편리성에 초점을 맞춘다. 그리고 서비스의 질에 상관없이 제품을 구매할 수 있는 곳이라면 어디든지 갈 것이다.

벤은 이를 다음과 같이 설명했다.

"그곳은 제가 원하는 음반을 구비하고 있는 유일한 매장입니다. 그래서 제가 그곳을 이용하는 것이고요. 따라서 그곳의 서비스가 어떤지에 대해서는 제게 문제가 되지 않습니다."

여기서 나가게 해주세요!

이러한 유형의 쇼핑객은 필요한 것만 찾아서 빨리 떠나버리는 여성 쇼핑객과 비슷하다. 다시 말해 이들 남성은 가능한 한

빨리 구매를 마치고 쇼핑과는 상관없는 다른 일을 하고자 한다. 이에 대해 40세 남성 팀(Tim)은 다음과 같이 이야기했다.

> "저는 어떠한 이유를 막론하고 가능한 한 빨리 쇼핑을 마치고자 합니다. 따라서 쇼핑이 편리하다든지 재미있다든지 하는 것은 제 관심 밖의 일입니다. 쇼핑을 할 때는 시간이 아깝다는 생각이 들기 때문에 꼭 필요한 무언가를 구매해야 하는 경우가 아니라면 매장을 서성이며 소중한 시간을 낭비해버리는 일은 없습니다."

팀은 필요한 것만 찾아서 빨리 떠나버리는 쇼핑객의 유형과 마찬가지로 스스로를 '들어가자마자 나오는'(오트니스(Otnes)와 맥그레스(Mcgrath) 공저, 2001년) 스타일의 쇼핑객이라고 설명했다. 아울러 이는 쇼핑이 유쾌하든 아니든지에 상관없이 공통적으로 적용된다고 이야기했다. 이러한 유형은 시간을 중요시하기 때문에 쇼핑보다는 항상 다른 일들을 우선순위에 두고 꼭 필요한 것만 구매하기 위해 쇼핑에 나선다.

쇼핑을 통해 다양한 것을 얻는 여성과는 달리 이러한 유형의 남성들은 쇼핑의 유쾌한 요소를 전혀 받아들이지 못한다. 게다가 이들은 쇼핑을 하찮은 일로 치부해버리기까지 한다. 이와 관련하여 브루스는 다음과 같이 이야기했다.

브루스 역시 매장에 들어가자마자 필요한 것만 구매해서 나
오는 유형이다. 그에게 쇼핑은 그저 빨리 끝마쳐야 하는 일거
리에 불과한 것이다. 즉, 자신이 원하는 것만 얻으면 그뿐이다.
브루스와 같은 남성은 쇼핑을 여가 활동으로 생각하지 않는
다. 이들은 물론 쇼핑을 유쾌하지도 않으며, 무엇인가 필요할
때 마지못해 해야 하는 일로 간주한다. 더욱이 이들은 쇼핑을
시간 낭비로까지 생각한다. 23세의 남성 스콧(Scott) 역시 이러
한 사실에 공감하며 다음과 같이 이야기했다.

스콧 또한 쇼핑을 선택에 의해서라기보다는 필요에 따라 마
지못해 해야 하는 일거리로 생각했다. 물론 그는 쇼핑을 전혀
즐거워하지 않는다.

　59세의 크리스토퍼(Christopher) 역시 쇼핑을 기분전환을 위해서라든지, 혹은 사회적 교류의 장소로서 생각하지 않았다.

　이러한 남성들로부터 알 수 있는 사실은 쇼핑이 이들에게 즐거운 여가 활동이 아니라는 것이다. 이뿐만이 아니다. 그들에게 쇼핑은 시간 낭비일 뿐이며 가능한 한 빨리 해치워야 하는 일거리에 불과한 것이다. 많은 남성이 지루하게 쇼핑센터를 어슬렁거리기보다는 그 시간에 또 다른 일을 하며 즐겁게 보내고 싶다고 이야기했다. 그리고 이들은 남성을 '목적 있는' 쇼핑객으로 설명한 바 있는 1997년 캠벨의 주장을 확인시켜주고 있었다. 우리와 인터뷰를 했던 많은 남성은 오직 필요에 따라서만 쇼핑을 하며 원하는 바를 어디에서 구매할 수 있는가를 분명히 알고 빠른 시간 내에 쇼핑을 마칠 수 있도록 계획한다고 이야기했다.

가격 흥정하기

우리와 인터뷰를 했던 많은 남성들이 가격을 흥정할 때의 즐거움과 자신의 뜻대로 가격을 깎았을 때의 쾌감에 대해 이야기했다.

이와 관련된 벤의 설명은 다음과 같다.

"저는 가격을 흥정할 수 있는 매장을 좋아합니다. 사실 재미삼아 하는 것이지만 가격을 깎을 수 있다는 만족감이 꽤 쏠쏠합니다."

벤은 재미삼아 가격을 흥정하면서 저렴한 가격에 물품을 구입하는 것을 좋아한다. 어쩌면 그는 가격 흥정 놀이를 함으로써 쇼핑을 즐기는 건지도 모른다. 팀 또한 벤과 공감하는 부분이 있었다.

"제가 슈퍼마켓에서 쇼핑하는 것을 좋아하는 이유는 가격을 흥정할 수 있기 때문입니다. 이래 봬도 저는 가격 흥정을 상당히 잘하는 편입니다."

그리고 보면 남성들은 가격을 흥정하는 등의 도전을 함으로써 쇼핑을 즐기는 것인지도 모른다. 팀이 슈퍼마켓에서 가격 흥정 놀이를 통해 즐거움을 찾고자 하는 것을 보면 남성이 흥정하는 것을 얼마나 좋아하는지 짐작할 수 있다. 따라서 이러한 남성들에게 쇼핑이란 가격을 흥정하고 저렴한 가격에 원하는 물품을 구입하는 것을 의미할 수도 있다.

투자

남성들은 쇼핑을 일종의 업무로 간주하는 경향이 있다. 벤과 팀처럼 비즈니스를 하듯 쇼핑을 하는 남성들은 구매를 마치 일종의 투자로 생각한다. 팀은 이를 다음과 같이 설명했다.

"판매직원은 다음과 같은 세 가지 사실을 명심해야 할 것입니다. 첫째, 소비자가 그들에게 돈을 지출한다는 사실 하나만으로도 존경받을 만한 충분한 이유가 있다는 것입니다. 그리고 둘째, 소비자가 힘들게 번 돈을 자기가 원하는 곳에서 사용할 수 있다는 것입니다. 마지막으로, 이들은 쇼핑을 통해 투자를 하고자 한다는 사실을 깨달아야 할 것입니다."

팀은 판매직원이 고객의 투자 결정을 존중해주어야 한다고 이야기했다. 그에 따르면 구매란 어렵게 벌어들인 돈을 진지하게 투자하는 행위인 것이다. 팀은 또한 소비자가 원하는 곳에서 소비할 선택권을 갖고 있다는 사실을 언급했다. 이는 판

매직원이 소비자를 끌어들이기 위해 모든 노력을 다해야 함을
뜻하는 것이기도 하다. 27세의 벤은 이를 다음과 같이 설명했
다.

"매장 문을 닫을 시간이 다 되어 소비자가 매장에 들어왔다 할지라도 판
매직원은 여전히 소비자의 쇼핑을 도와줄 의무가 있습니다. 더욱이 구
매에 관한 한 소비자가 선택권을 쥐고 있다는 사실을 명심해야 할 것입
니다."

벤 역시 소비자의 구매 결정권에 대해 언급했다. 이는 다시
말해서 판매직원이 소비자에게 구매를 강요해서는 안 된다는
것을 의미한다. 팀과 마찬가지로 벤 역시 구매를 자신들이 힘
들게 벌어들인 돈으로 투자하는 것이라고 믿는 까닭에 쇼핑을
결코 가볍게 생각하지 않는다. 따라서 이들은 판매직원이 전
문가로서의 면모를 갖추고 소비자의 선택권을 존중하며, 이들
이 최선의 결정을 내릴 수 있도록 필요한 정보를 제공해줄 것
을 기대한다.

쇼핑할 때 드러나는 남성과 여성의 차이점

팝콘과 메리골드에 따르면 여성과 남성은 생물학적으로 뿐

만 아니라 '쇼핑학'적으로도 차이를 드러낸다.(2000년, p.17) 이러한 차이는 이들이 쇼핑 시에 각각 제품을 관찰하고 평가하며, 행동하고 반응하는 등의 다양한 면에서 나타났다. 계속해서 우리는 이러한 차이점이 드러나는 몇 가지 예를 설명하겠다.

쇼핑 시간의 차이

파코 언더힐에 따르면 남성 대부분은 여성에 비해 매장에서 움직이는 시간이 훨씬 빠르며, 매장에 머무는 시간은 훨씬 적었다. 이들을 살펴보면 한 치의 망설임도 없이 매장에 들어가서는 자신이 필요한 제품을 집어 들고 신속하게 구매를 마친다. 즉, 이들에게 쇼핑은 결코 즐거운 행위가 아닌 것이다. 따라서 남성 쇼핑객은 쓸데없이 매장을 서성이는 것을 좋아하지 않는다. 52세의 브루스가 앞서 이야기했듯이 쇼핑은 그저 해치워야 할 일거리에 불과하므로 자신이 원하는 바를 구매하고는 매장을 나와 버리면 상황은 종료되는 것이다.

한편, 이들은 시간을 효율적으로 사용하는 방법을 알고 있을 뿐만 아니라 이따금씩 쇼핑 시간이 지체되는 것을 참아내지 못하기도 한다. 이와 관련하여 58세의 남성 피터(Peter)는 다음과 같이 이야기했다.

남성 쇼핑객은 대부분 성미가 급하거나 참을성이 없다. 그리고 남성 스스로도 이를 잘 알고 있다. 앞서 브루스는 자신이 참기 힘든 일을 부인과 딸은 잘도 참아낸다고 이야기하며 이러한 사실을 강조했다.

자동차 구매 시의 차이점

남성과 여성 모두 자동차를 구매할 때 가격을 중요하게 생각한다. 그러나 남성이, 값비싼 자동차일수록 자신의 지위를 높여줄 거라고 기대하는 반면 여성은 자동차의 품질이 더욱 좋을 것이라고 기대한다.

휴대폰 구입 시의 차이점

휴대폰 구입 시 남성 쇼핑객은 휴대폰 매장에 들어가서 스스로 필요한 정보를 얻는다. 그러고는 판매직원과 한마디 이야기도 나누지 않은 채 매장을 나오는 경우가 많다. 반면 여성

은, 판매직원은 물론이며 다른 이들과도 자신의 구매에 도움
이 될 만한 정보를 교환하기를 좋아한다.

목적의 차이—제품 대 브랜드

남성은 대개 무엇을 살 것인지 계획을 뚜렷하게 세운 후에
쇼핑에 나선다. 이를테면 이들은 새로운 드릴이나 양복 혹은
CD 플레이어를 사야겠다고 결심을 한다. 그런 다음 특정 브랜
드 매장으로 가기보다는 여러 브랜드의 같은 제품이 한꺼번에
진열된 곳에 가서 그중 하나를 선택한다. 예컨대 이들이 드릴
을 구입하기 위해 금속 기구류 매장에 간다면, 이들은 한 장소
에서 여러 가지 브랜드 제품을 비교하고는 그중 하나를 선택
하는 것이다. 그런데 만약 제품이 브랜드별로 진열되어 있다
면 남성들은 다양한 종류의 드릴을 비교하기 위해 매장 전체
를 헤매고 다녀야 하기 때문에 불편함을 느낄 수밖에 없을 것
이다.

세대 차이

쇼핑과 관련된 남성과 여성의 차이점을 연구할수록 더욱 복
잡한 사실이 드러났다. 쇼핑에 대한 생각은 나이나 성적인 취

향을 비롯해 사회·경제적 위치, 계급, 민족성과 삶의 단계에 따라 각기 달랐다. 게다가 남녀평등 사상까지 결부되자 이는 한층 더 까다로워졌다. 특히 남성 쇼핑객들을 구분 짓게 하는 요소는 바로 나이이다. 오늘날 외모에 신경을 쓰는 여성 취향의 남성들이 젊은 층을 중심으로 등장했다. 이들은 쇼핑을 즐기는 것은 물론이거니와 차림새에도 신경을 쓴다. 따라서 이러한 남성들은 쇼핑을 꺼려한다는 전통적인 성인 남성에 대한 고정관념에 변화를 가하며 주목을 받는다. 이제부터 중년 남성과 젊은 남성의 차이점을 짚어보도록 하겠다.

중년 남성

인터뷰를 통해 드러난 바와 같이 중년 남성은 쇼핑을 전혀 즐겨하지 않는다. 대부분의 나이 든 남성은 단순히 쇼핑 자체를 좋아하지 않는 것이다. 한편, 소매업계에서는 이러한 사실을 알고 있는 듯하지만 이러한 상황을 변화시키려는 노력은 하지 않는 것으로 보인다. 사실상 남성들을 쇼핑에 나서도록 부추기는 방법이 적지 않음에도 소매업자들이나 경영인들은 이러한 사실에 신경 쓰지 않는 것이 문제이다.

한 소매업자는 여성이 쇼핑하는 동안, 함께 온 남성을 매장과 떨어진 장소에서 기다리게 하면서 이들에게 오락거리를 제공하는 방법이 효과적임을 깨달았다. 예컨대 독일 함부르크(Hamburg)에 위치한 한 쇼핑센터에서는 이러한 남성들을 위한 공간을 마련해두고 있다. 따라서 남성과 함께 쇼핑에 나선 여성들은 이곳에 요금을 지불하고 남성을 '맡겨둔' 후, 자유롭게 쇼핑을 할 수 있는 것이다. 그곳에서 남성들은 대기하고 있는 또 다른 남성들과 함께 식사를 하거나 맥주도 마시고 컴퓨터 게임을 하거나 텔레비전을 시청할 수도 있다. 그뿐만 아니라 워크숍에 참여할 수도 있으며 다른 남성들과 이야기를 나눌 수도 있다. 한편, 독일의 한 일간지의 인터뷰에 응한 한 남성은 여성을 따라 매장을 돌아다니며 무작정 기다리기보다는 남성 전용 대기 공간에 가는 편이 훨씬 좋다고 이야기했다. 그리고 또 다른 남성 역시 여성을 따라다니며 인내심을 시험하는 것보다 차라리 그곳에서 편안히 있는 것이 좋다고 말했다. 그가 덧붙여 말하기를, 부인과 함께 청바지 매장에 갔다가 그녀의 요구에 따라 세 벌이나 되는 청바지를 입어보며 진땀을 흘렸던 경험이 있다는 것이다. 그런데 그가 놀라웠던 점은 자신의 아내가 그보다 훨씬 더 참을성이 많았다는 사실이었다. 이처럼 남성들은 쇼핑보다는 남성 전용 휴식 공간에서 자신이 원하는 것을 하며 편안하게 쉬는 것을 선호했다.

젊은 남성

최근 특히 여성스러운 남성들이 등장함에 따라 젊은 남성과 중년 남성들 사이에 세대 격차가 현저히 커졌다. 이와 관련된 〈디 에이지(The Age)〉의 보도 내용은 다음과 같다.

"요즘 남성들이 외모에 보이는 관심은 그야말로 대단하다. 이들은 이발소보다는 미용실을 찾으며 피부를 위해 비누 대신 클렌징 제품을 이용한다. 어디 그뿐인가? 스포츠를 하기보다는 헬스클럽에 가서 몸을 만들고 무슨 옷을 입을지 고민도 많이 한다. 게다가 이들은 거울 앞에서 보내는 시간도 많으며, 대중 술집보다는 바(bar)를 찾고 나이트클럽에 가서 춤추기 좋아하며 부티크도 즐겨 찾는다. 한편 화장품 브랜드 가운데 이를테면 엘라 바쉐(Ella Bache)는 그들의 고객 가운데 남성 40퍼센트가 화장을 한다고 보고했다. 그뿐만 아니라 남성복 브랜드 또한 성장하고 있는 가운데 여성복 브랜드인 에스프리(Esprit)는 남성복 라인을 론칭했으며, 백화점 또한 부티크 스타일의 남성복 매장을 앞 다투어 개점하고 있다. 남성 잡지 또한 광고 요청이 쇄도함에 따라 패션과 관련된 사진과 기사를 더욱 많이 다루고 있는 실정이다. 한편 남성 잡지 〈에프에이치엠(FHM)〉은 지난 3년 동안 남성의 패션과 관련된 광고가 35퍼센트나 증가했다고 밝혔다." (피터 고팅(Peter Gotting), 2003년)

　　남성들의 쇼핑 스타일은 나이에 따라 다양하다. 다시 말해 나이는 전통적인 남성의 역할이나 이들의 우선 사항을 희미하게 함은 물론이고 쇼핑 스타일에까지 영향력을 행사하는 것이다. 그 결과 오늘날의 젊은 남성들은 쇼핑에 좀 더 익숙해졌으며 나아가 이를 즐기게 된 것이다.

　　27세의 벤은 지갑에 돈이 들어오자마자 쇼핑을 하는 열성적인 쇼핑객이다. 그는 매장을 돌아다니며 구경하는 것을 즐기는데, 특히 음반 매장이나 부티크를 즐겨 찾는다. 21세의 쉐인(Shane) 역시 쇼핑을 좋아한다. 그는 연령별로 쇼핑 스타일이 다르다는 것을 다음과 같이 설명했다.

"남성과 여성은 굉장히 다릅니다. 물론 남성들 사이에서도 서로 다른 부분이 많으며, 이는 여성 또한 마찬가지입니다. 그런데 같은 연령대에 패션 취향이 비슷한 남녀들도 있습니다. 이는 바로 원기 왕성한 20대 중반의 남녀들로, 이들은 서비스에 대한 기대치 역시 비슷합니다. 반면에 50대의 남녀는 전혀 상반된 모습을 보입니다. 예컨대 50세 여성이 같은 나이의 남성보다 서비스에 대해 기대하는 바가 더 많을 것입니다. 그리고 사실 저 역시 서비스에 대해 기대하는 바가 크지요."

　　쉐인은 세대별 쇼핑객의 태도를 언급하며 젊은 남성과 젊은 여성의 쇼핑 스타일이 비슷하다고 이야기했다. 그리고 다른 시대에 성장했던 중년 남성과 비교하며 요즘 젊은 남성들은 쇼핑을 좋아하며, 즐겨한다고 설명했다. 더군다나 일부 젊은 남성들은 여성과 마찬가지로 쇼핑에 빠져있으며 경제적인 제약만 없다면 언제까지고 이를 즐길 수 있다고 말했다. 하지만 이는 중년 남성과는 완전히 상반되는 모습이다.

사실상 많은 중년 남성들이 쇼핑에 빠져 있는 여성을 이해하지 못한다. 다시 말해 이들 남성은 필요한 것을 구매한다는 것 이외에는 쇼핑에 대한 필요성도 느끼지 않는다. 일부 남성들 가운데는 여성과 유사한 쇼핑 유형도 있지만 대부분의 남성은 쇼핑을 즐기지 않음은 물론이거니와 쇼핑을 통해 여성만큼 많은 것을 얻지도 못한다.

이러한 사실을 바탕으로 소매업자나 판매직원들은 각각의 소비자를 어떻게 응대해야 하는지 계획할 수 있을 것이다. 앞서 이야기한 것처럼 브루스는 쇼핑을 좋아하지 않는다. 아울러 이처럼 쇼핑을 좋아하지 않는 이들은 형편없는 서비스를 용납하지도 않을 뿐더러 품질이 떨어지는 제품을 구매하지도 않을 것이다. 반면에 여성들은 사소한 것쯤은 참아낼 수 있을는지도 모른다. 2000년도 언더힐의 연구에서는 여성이 쇼핑에 더 많이 관여하고 있기 때문에 쇼핑을 통해 기대하는 것도 더 많다고 밝힌 바 있다. 그런데 우리의 인터뷰 결과는 달랐다. 즉, 남성은 쇼핑에 관여하는 바가 적으며 이를 즐기지도 않기 때문에 오히려 서비스와 제품의 품질에 대해 기대하는 바가 더욱 크며 이것이 충족되지 않는 상황에서 느끼는 실망감 역시 그만큼 커진다. 이는 〈2003년 트렌드 업데이트 리포트〉의 결과, 즉 남성 쇼핑객이 여성만큼 쇼핑을 즐기기 시작하면서 (비록 이들이 아직까지는 상대적으로 적은 돈을 투자하고 있지만) 이들의 기대치가 점점 높아지고 있다는 내용을 뒷받침해주는 것이기도 하다. 이처럼 결과가 서로 모순된 까닭에 앞으로도 이와 관련된 연구는 계속되어야 할 것이다.

모든 연령층의 남성 쇼핑객이 바라는 바를 만족시키기

일본에서는 남성의 소비 심리가 되살아나고 있다는 보고가 있었다. 역사적으로 일본의 핵심 소비층은 직장 여성과 중년 여성이었다. 그런데 2003년 4월~6월, 소매업계의 2차 분기 소비 현황 수치를 살펴보면 여성의 소비가 감소한 반면 남성의 소비는 증가했음을 알 수 있다. 이는 기업의 수익을 비롯해 주가 상승에 대한 기대가 높아짐에 따라 특히 40대 남성들 사이에서 소비가 증가한 것이다. (〈웹 저팬(Web Japan)〉, 2004년 2월)

최근 개점한 도쿄 이세탄(Isetan) 백화점은 매장 인테리어에 변화를 시도하는 한편 다양한 제품을 구비하고 단일 액세서리 매장을 마련하는 등의 방법으로 남성 소비자를 끌어 모으고 있다. 그뿐만 아니라 남성 전용 화장품과 패션 아이템만을 판매하는 층을 따로 마련했다. 이세탄 백화점의 전략은 성공을 한 듯 보였다. 남성 소비자를 위해 리모델링한 매장의 매출이 지난해 같은 시기에 비해 30퍼센트나 상승했기 때문이다. (〈웹저팬(Web Japan)〉, 2004년 2월)

이세탄 백화점의 매장은 중년 남성 쇼핑객들이 원하는 바에 초점을 맞췄다. 다시 말해 이들은 브랜드보다는 제품별로 쇼핑하기를 원하며, 시간과 노력을 아낄 수 있는 기능적이면서 집중된 공간을 선호하는 남성들의 요구를 만족시킨 것이다. 아울러 화장품과 패션 아이템을 판매함으로써 젊은 남성의 요구 또한 만족시켰다. 그 결과 남성 전용 화장품과 패션 아이템 부문은 일본에서 4.3퍼센트의 성장률을 달성하기에 이르렀다. 이는 일본에서 여성 취향의 아이템이 남성시장에서도 성공할 수 있다는 사실을 보여준 단적인 예이다.

여성과 남성의 쇼핑 습관은 다르다. 그렇지만…

남성의 행동이 여성과 유사해짐에 따라 이들의 쇼핑 행위 또한 여성들의 쇼핑 방식과 일치할지도 모른다는 주장이 있었다.(오트니스와 맥그래스 공저, 2001년) 그러나 우리의 생각은 그 반대이다. 우리의 연구 결과에 따르면 쇼핑에 대한 남녀의 태도와 방식은 매우 달랐다. 게다가 남성은 여성과는 다른 기대를 갖고 있었다.

우리와 인터뷰를 했던 남성들 대부분은 여성에 비해 소비를 적게 하는 것으로 나타났다. 그리고 이들은 쇼핑을 빨리 해치워야 하는 일거리로 치부하고 자신에게 필요한 무언가를 구매해야겠다는 분명한 목적 하에 쇼핑에 나선다. 그뿐만 아니라 매장에 들어가서는 되도록 빨리 구매를 마치고 매장을 떠나기를 바라는 한편 쇼핑하는 동안에는 아무런 즐거움도 못 느끼는 것이 특징이다.

한편 쇼핑과 관련해 남성은 나이에 영향을 받는 것으로 나타났다. 우리의 연구에 따르면 일부 젊은 남성들은 쇼핑을 즐기며 이를 통해 즐거움을 느꼈다. 그러나 이들 또한 다른 남성들과 마찬가지로 여성에 비해서는 소비를 훨씬 적게 하는 편이지만 이들이 기대하는 바는 여성만큼이나 많았다.

우리의 연구 결과는 특히 서비스의 중요성을 소매업자들에게 암시한다. 다시 말해 남성 소비자는 판매직원의 서비스를 중요하게 생각하며, 이는 남성들이 만족스러운 쇼핑을 하는 데 결정적인 역할을 한다. 그런데 사실상 이들이 기대하는 바가 너무 과하거나 실현 불가능한 것이 아님에도 판매직원은 이들을 만족시키지 못한다. 우리의 인터뷰 결과 이들은 현재의 서비스에 만족하고 있지 않음을 알 수 있었다. 그리고 중요한 것은 이러한 남성들이 형편없는 서비스를 굳이 참아낼 필요가 없다고 생각한다는 사실이다. 따라서 소매업자들은 서비스의 중요함을 다시 한 번 명심해야 할 것이다. 판매직원의 무례함이나 불친절함으로 평생 고객을 놓치게 될지도 모르니 말이다. 반면 서비스에 만족한 소비자는 평생 고객을 자처할 것이다.

한편 여성 쇼핑객과 마찬가지로 오늘날의 남성 쇼핑객 또한 쇼핑과 관련해 많은 지식을 갖고 있으며 기대치 또한 점점 높아지고 있다. 따라서 소매업자들은 직원들을 교육시키는 데 투자를 아끼지 말아야 할 것이다. 판매직원이 제품과 관련된 정보를 잘 파악하고 있도록 하며 자신의 일에 관심을 갖도록 장려해야 하는 것은 소매업자의 몫이다. 아울러 이들에게 '손님은 왕'이라는 사실을 각인시키는 일 또한 굉장히 중요하다. 게다가 파트타임 직원과 임시 직원에게도 풀타임 직원과 같은 수준의 서비스를 제공할 수 있도록 교육시켜야 할 것이다. 오늘날 친절하고 예의바르며 다양한 지식을 갖춘 판매직원을 찾기란 여간 어려운 일이 아니다. 이는 역으로, 소비자를 만족시킬 만한 수준의 서비스를 제공하는 매장은 그만큼 고객의 발걸음이 끊이지 않을 것임을 의미한다.

소매업자들은 또한 다음과 같은 사실을 알아야 한다. 예컨대 고급 매장의 서비스가 형편없을 때 소비자는 저가 제품을 판매하는 매장에 비해 더욱 혹독한 비평을 가한다는 것이다.

쇼핑과 관련해 남녀 소비자의 태도와 행동이 각각 다르므로 소매업자나 판매직원 또한 이들의 요구에 다르게 대응해야 할 것이다. 아울러 소매업자들은 남녀의 차이점을 이해하고 직원들에게 이를 교육시켜야 한다. 더욱이 남성 소비자는 연령에 따라 쇼핑 유형이 다르다는 사실 또한 명심해야 할 것이다. 앞서 이야기했듯이 우리와 인터뷰를 했던 많은 젊은 남성들은 여성과 유사한 태도를 보였다. 그리고 이는 나이 든 남성들과는 분명히 차별화되는 내용이었다.

우리가 실행했던 인터뷰의 결과 쇼핑과 관련된 남성과 여성의 차이는 상당히 복잡한 문제임을 알 수 있었다. 남성과 여성은 쇼핑에 대한 태도와 이해, 접근 방식 그리고 행위에 있어서 분명한 차이를 드러냈다. 그러나 이것만으로는 충분하지 않다. 남녀의 쇼핑에 중대한 영향력을 행사하는 요소들로는 그 밖에 기대치나 경험, 지식, 연령, 매장의 유형과 쇼핑 동기 등이 있다. 이와 관련해서는 앞으로의 연구에 맡기기로 하겠다.

우리는 쇼핑과 관련해 여성과 남성의 쇼핑 동기는 물론이고 쇼핑에 임하는 태도 또한 다르다는 사실을 확인했다. 그리고 이들이 각각 쇼핑을 통해 얻고자 하는 바도 다름을 알 수 있었다. 더욱이 오늘날 현명한 소비자들이 증가함에 따라 남녀 소비자 모두는 서비스에 대한 기대치 또한 높아져가고 있다. 그 결과 소매업자들은 이들이 기대하는 바를 만족시키기 위해 끊임없이 노력해야 하는 과제를 떠안고 있다.

10장 비밀이 드러나다!

본서는 여성의 쇼핑과 관련된 내용을 다룬 첫 번째 책이다. 지금까지 소매업계를 주제로 출간된 책은 여러 권 있었지만 여성이 왜 쇼핑을 하는가를 질문했던 책은 한 권도 없었다.

그리하여 우리는 본서를 통해 이러한 질문에 답하기 위해 노력했다. 이번 마지막장에서는 그동안 이야기해왔던 주요 결과물에 초점을 맞추고자 한다. 이 책을 통해 우리는 여성의 경제력과 이들이 발휘하는 영향력을 강조했다. 그뿐만 아니라 여성에게 직장이나 가정을 떠난 제3의 장소에서의 쇼핑이 얼마나 중요한 행위인가를 비롯해 이들이 어떠한 동기로 쇼핑을 나서는지도 살펴보았다. 그리고 우리는 여성이 쇼핑할 때 좋아하는 것들과 싫어하는 것들에 대해 지적했다. 아울러 여성 소비자의 요구를 만족시키기 위해 매장이나 판매직원이 명심해야 할 사항과 소비자를 위해 판매직원을 효율적으로 교육시키는 방법 또한 제시했다. 그리고 마지막으로 남성의 쇼핑 행위를 살펴보았다. 이제 지금까지 살펴본 주요 주제를 다시 한 번 요약해서 검토해보기로 하겠다.

여성 쇼핑객에게 주목해야 하는 이유는 무엇인가?

호주와 뉴질랜드의 소매업계는 수적으로도 많을 뿐만 아니라 경쟁도 상당히 치열하다. 그리하여 소비자는 소매업자들의 서비스와 제품의 품질 등과 같은 요소를 비교하며 최고의 매장을 선택할 수 있는 특혜를 누리게 되었다. 한편, 여성은 전체 소비의 80퍼센트를 차지할 정도로 소매업계에서 상당한 영향력을 발휘한다. 예컨대 페인트 매장에서는 페인트를 구매하러 온 남성에게 부인이 준 쪽지를 가지고 왔는지를 묻는 것이 관례가 되기도 했다. 이처럼 여성 소비자의 영향력을 깨달은 일부 소매업자들은 여성의 요구를 만족시키기 위해 노력하고 있다.

오늘날의 많은 호주 여성들은 과거 그 어느 때보다도 더욱 자유로우며 교육을 많이 받고 있을 뿐만 아니라 집 밖에서 보내는 시간 또한 더욱 많아졌다. 실질적으로 급여를 받든지 아니든지에 상관없이 전일 근무나 파트타임 직종에 종사하며 사회생활에 참여하는 여성의 인구는 점점 증가하는 추세다. 그뿐만 아니라 점점 더 많은 호주 여성이 과거에 비해 더욱 오랫동안 독신으로 생활하며 출산을 미루고 회사에서 좀 더 높은 직위에 빨리 오르고자 혼신의 힘을 다한다.

오늘날의 여성들은 경제적으로 상당한 영향력을 발휘하며

이를 서슴없이 과시하기도 한다. 따라서 이들이 앞으로 수십 년 동안 몇 세대에 걸쳐 탄탄한 고객층으로 남으리라는 것은 자명한 일이다. 그리고 이들의 요구를 만족시키지 못하고 기분을 상하게 하는 소매업자들에 대해서는 부정적인 소문을 퍼트리는 등의 행동을 통해 여성 소비자의 영향력을 과시할 것이다.

한편 여성 소비자들의 특징은 세대별로 차이를 드러냈다. 우리는 이들을 18~39세의 여성들과 40세 이상의 베이비 붐 세대들 그리고 새로운 경제 집단으로 부상하고 있는 8~17세 사이의 소녀 집단으로 나누어 설명했다. 우리는 이렇듯 여성 소비자의 나이를 기반으로 폭넓게 구분을 지었지만, 특정 연령 그룹에 초점을 맞추기보다는 여성들이 왜 쇼핑을 하고 이들의 쇼핑 스타일은 각각 어떠한지를 살펴보는 데 중점을 두었다.

또한 여성과 남성의 쇼핑 방식과 관련해 생물학적 차이점을 짚어보았다. 사실상 이와 관련해서는 소매업자들에게 특별히 도움이 될 만한 정보는 없지만, 사회학적인 배경을 기반으로 설명한 성별에 따른 쇼핑 행위의 차이점은 그들에게 유용할 것이다. 예컨대 크리스마스 선물을 구매하는 남녀를 비교해보자. 이들이 각각 언제 쇼핑을 시작하며 선물을 얼마나 많이 구입하는가 등을 살펴보았을 때 여성과 남성의 쇼핑 방식이 다르다는 것을 확인할 수 있었다.

여성 소비자를 위한 소매업계의 발전

2장에서는 산업 혁명 이래로 남녀의 쇼핑행위가 상당히 변화했음을 언급했다. 즉, 백화점이 등장하면서 소매업계는 많은 변화를 겪었다. 여성 소비자를 끌어들이기 위해 설계된 백화점은 이들을 유혹해 자제력을 잃게 만든 다음 막대한 양의 제품을 구매하도록 했다. 그런데 한 가지 주목할 것은 심지어 오늘날에 이르기까지 소매업계에서 이렇듯 프로이트적인 시각을 고수하며 여성 소비자를 나약한 존재로 바라보고 있다는 것이다. 하지만 오늘날의 여성은 가정이나 직장에서 벗어나 제3의 장소에서 배우고 즐기며, 고된 일과를 보낸 스스로에게 보상하고자 하는 의도로 쇼핑을 한다는 사실을 확인할 수 있었다.

쇼핑 유형

3장에서 우리는 몇 가지 설문을 통해 자신의 쇼핑 유형을 확인했다. 이 책에서 밝힌 여성들의 쇼핑 유형으로는 필요한 것만 재빨리 구매해서 떠나버리는 쇼핑객, 상품을 살 의향도 없이 만지작대는 사람, 쇼핑 치료법을 찾는 사람, 친구들과 소풍 나온 쇼핑객, 사냥꾼 등이 있었다. 한편, 소매업자들은 각기 다른 이러한 쇼핑 유형을 파악하여 다양한 소비자의 요구를 만족시켜야 할 것이다. 이런 의미에서 소매업자들에게 도움이 될 만한 내용이 이 장에 담겨있다.

한편 소매업자들 역시 소비자이기는 마찬가지다. 3장의 설문을 통해 소매업자도 마찬가지로 자신의 쇼핑 유형을 확인할 수 있었을 것이다. 판매직원이 만일 상품을 살 의향도 없이 만지작대는 유형의 소비자에게 마치 친구들과 소풍 나온 쇼핑객처럼 응대한다면 어떠한 반응을 보일까? 소매업자, 당신은 판매직원이 좀 더 예의바르게 행동해주었으면 하는 바람을 가져본 적이 있는가? 소매업계에 종사하는 모든 이들은 고객과 관련된 지식을 갖출 필요가 있다. 그리고 고객의 쇼핑 유형을 알고 그들의 요구를 만족시킬 때 비로소 매장에는 고객의 발걸음이 끊이지 않을 것이다.

여성은 어떠한 동기로 쇼핑을 하는가?

4장에서 우리는 여성이 왜 쇼핑을 하는가와 관련해 좀 더 깊이 있게 논의해보았다. 여성이 쇼핑을 하는 주된 이유는 무엇인가? 우리는 열정적인 여성 쇼핑객의 이면에 드러나는 다섯 가지 주요 동기를 다음과 같이 밝혔다.

◆ 즐거움을 위한 쇼핑

◆ 자신의 경제력 과시

◆ 정체성과 독창성을 위한 쇼핑

◆ 사회적인 교류를 추구

◆ 쇼핑을 통해 치료받기

위와 같은 쇼핑 동기는 시간이 흐름에 따라 그리고 각자의
인생 단계에 따라 변화할지도 모른다. 하지만 여성이 쇼핑하
는 동안 가치 있게 여기는 것들은 변화하지 않을 것이다.

여성을 쇼핑에 빠져들게 하는 것은 과연 무엇인가?

5장에서 우리는 매장 인테리어와 서비스 관련해서 여성 소
비자가 무엇을 원하는지에 대해 논의했다. 소매업자가 이러한
두 가지 요소에 충실할 때, 여성 소비자는 매장이 어디에 위치
하는가에 상관없이 그 매장을 찾는다. 예컨대 여성은 유쾌한
쇼핑을 위해서라면 먼 거리를 마다하지 않고 쇼핑에 나서는
것이다. 다시 말해 이들은 교외나 다른 주로의 여행뿐만 아니
라 태즈메이니아(Tasmania, 호주 남동쪽에 위치한 섬 − 역주)
나 심지어 홍콩, 두바이, 상하이, 뉴욕, 파리 등지로의 해외여
행도 서슴지 않는다.

　5장에서 이야기한 것처럼 각각의 다양한 쇼핑 유형으로 분류되는 여성 소비자는 매장 인테리어나 서비스에 반응하는 태도 또한 다르다. 따라서 소매업자들은 이렇듯 다양한 소비자가 원하는 바가 무엇인지 이해해야 한다. 예컨대 필요한 것만 재빨리 구매해서 떠나버리는 쇼핑객들은 원하는 제품을 신속하게 찾아서 재빠르게 구매를 마칠 수 있는 매장 구조를 선호한다. 이들에게 효율성만큼 중요한 것은 없기 때문이다. 반면에 상품을 살 의향도 없이 만지작대는 쇼핑객은 각각의 제품을 강조해주는 개별적인 조명을 비롯해 제품을 둘러보기 편안한 분위기를 좋아한다. 또한 이들은 온라인 쇼핑몰을 이용해 제품에 대한 정보를 미리 입수한 후에 쇼핑에 나서기도 한다.

　여기서 가장 중요한 점은 여성에게 쇼핑은 그저 물건을 구매하는 것이 아닌, 그 이상의 의미가 있다는 사실이다. 이들은 쇼핑을 통해 삶의 가치를 높이고자 한다. 따라서 소매업자들은 이들이 유쾌한 쇼핑을 할 수 있도록 매장 분위기와 서비스는 물론이거니와 세세한 것 하나에도 주의를 기울여야 할 것이다.

여성의 쇼핑을 방해하는 것들은 무엇인가?

　6장에서는 5장과는 반대로 여성이 쇼핑 중에 싫어하는 것들을 살펴보았다. 이들이 싫어하는 것들은 다음과 같다.

◆ 손님의 겉모습만 보고 판단하는 듯한 매장 직원의 태도

◆ 원하는 물품을 찾을 수 없는 경우

◆ 저돌적인 판매직원

◆ 형편없는 매장 인테리어

◆ 청결하지 않은 매장

◆ 환불이나 교환 시의 문제점

◆ 시끄럽거나 매장에 어울리지 않는 음악

◆ 냉담한 매장 분위기

◆ 대기 시간이 긴 매장

앞서 밝힌 다섯 가지 부류의 쇼핑객은 이러한 부정적인 요소들에 각각 다르게 반응한다. 따라서 소매업자들은 이러한 차이점을 이해하고 이들의 요구에 올바르게 대응할 수 있도록 만전을 기해야 할 것이다.

소비자를 위한 매장으로 거듭나는 방법은 무엇인가?

여성이 생각하는 제3의 장소의 매력은 바로 가치 있는 경험을 제공하는 것이다. 여성은 전반적인 경험을 중시한다. 특히 이들이 중요하게 생각하는 부분은 바로 매장 인테리어와 서비스이다. 호주는 세계적인 주요 무역 경로와는 떨어져있다. 하

지만 소매업의 발전을 이끌기 위해서는 외국의 사례를 살펴보는 것이 중요하다. 7장에서 우리는 현대 여성 쇼핑객의 요구에 부응하는 최신식 소매 현장의 예를 소개했다. 그리고 공간을 효율적으로 활용하는 것과 조명의 중요성, 그리고 제품을 진열하는 방법 등을 설명했다. 아울러 시각과 청각, 후각을 자극하여 소비자를 유혹하는 방법 또한 논의했다.

한편 과학 기술 장치는 소비자에게 신선하고 흥미로운 경험을 제공하는 데 중요한 역할을 한다. 이러한 점에서 프라다 매장은 좋은 예일 것이다. 오늘날 과학 기술 장비를 저렴하게 이용할 수 있게 되면서 많은 매장에서 앞 다투어 이러한 혁신물의 이점을 받아들이고 있다. 단순하면서도 효율적인 장치는 손쉽게 이용 가능하다. 예컨대 많은 안경 매장에서는 디지털 카메라를 사용해 고객이 특정 안경을 착용했을 때의 모습을 촬영해 보여주기도 한다. 이처럼 저렴한 비용으로도 얼마든지 소비자에게 편의를 제공할 수 있는 것이다.

훌륭한 서비스

소비자를 위한 매장으로 거듭났다 하더라도 만일 판매직원이 소비자에게 정직하지 않거나 무례하다면 이는 아무짝에도 쓸모가 없다. 우리와 인터뷰를 했던 여성들은 소매업자들과

영속적인 관계를 맺기를 원한다고 강조해서 이야기했다. 몇몇 유능한 소매업자들은 고객과 수십 년 동안이나 지속되는 관계를 맺는다. 한편, 필요한 것만 재빨리 구매해서 떠나버리는 쇼핑객과 상품을 살 의향도 없이 만지작대는 쇼핑객, 쇼핑 치료법을 찾는 소비자와 친구들과 소풍 나온 쇼핑객을 비롯해 사냥꾼에 이르기까지 모든 여성 소비자는 판매직원에게 각기 다른 요구사항을 갖고 있을는지도 모른다. 그러나 이들이 공통적으로 바라는 것은 바로 판매직원이 진실한 마음으로 자신을 대해주는 태도다. 결국 여성이 왜 쇼핑을 하는지 이해하는 소매업자들만이 오늘날의 경쟁 시장에서 살아남을 수 있을 것이다.

남성의 쇼핑

남성과 여성은 쇼핑과 관련해 각기 다른 태도를 보인다. 예컨대 대부분의 남성은 절대적으로 필요한 경우에만 쇼핑에 나서며 가능한 한 빠른 시간 내에 이를 해치우고자 한다. 그리고 이들은 상품의 품질이 뛰어남은 물론이거니와 진열이 잘 되어 있을 때 만족스러워한다. 한편 일부 남성들은 쇼핑을 마치 비즈니스의 일종으로 생각하기도 한다. 그리고 또 다른 이들은 이를 그저 울며 겨자 먹기 식으로, 그들의 여성 파트너를 따라

다니며 봉사하는 것으로 받아들인다.

우리의 인터뷰를 통해 확인된 한 가지 중요한 사실은 쇼핑과 관련해 남성들 사이에 세대 격차가 확연히 드러난다는 것이다. 다시 말해 나이 든 남성들이 확고할 정도로 쇼핑을 재미없어 하는 반면 그들의 아들이나 손자들을 포함한 메트로섹슈얼(metrosexual, 패션에 민감하고 외모에 관심이 많은 남성을 일컬음-역주)들은 이를 즐거워하며 그들의 라이프스타일의 중요한 한 부분으로까지 여기고 있다.

*　　*　　*

이 책은 여기서 끝을 맺는다. 우리는 상당히 많은 여성들로부터 그들의 개인적인 이야기를 들을 수 있는 특혜를 누렸다. 이를 통해 우리는 여성이 소매업계에서 발휘하는 영향력을 새삼 확인할 수 있었다. 우리는 앞으로도 이들 여성들을 대상으로 한 좀 더 비중 있는 연구가 실행되어 이들이 요구하는 것을 모두 만족시켜줄 수 있기를 희망한다.

필요한 것만 재빨리 구매해서 떠나버리는 쇼핑객과 상품을 살 의향도 없이 만지작대는 쇼핑객, 쇼핑 치료법을 찾는 소비자와 친구들과 소풍 나온 쇼핑객을 비롯해 사냥꾼에 이르기까지, 우리는 여러분 모두에게 감사의 인사를 전한다.

역자 김지애

덕성여대 서반아어과 및 홍익대 예술학과를 졸업했다. 바르셀로나 대학 부설의 어학 및 문화 과정을 비롯해 마드리드 미술·골동품 학교의 미술 품 감정 과정을 수료했다.
현재는 SBS 번역대상 심사위원으로 위촉된 (주)엔터스코리아에서 전속 번역가로 활동 중이다.

여성은 왜 쇼핑을 하는가

초판1쇄 인쇄일●2007년 10월 25일
초판1쇄 발행일●2007년 10월 30일

지은이●스텔라 미나한·마이클 베버랜드
옮긴이●김지애
펴낸이●박영희
표   지●정지영
편   집●정지영·허선주
펴낸곳●도서출판 어문학사
132-891 서울특별시 도봉구 쌍문동 525-13
전화: 02-998-0094 / 팩스: 02-998-2268
홈페이지: www.amhbook.com
e-mail: am@amhbook.com
등록: 2004년 4월 6일 제7-276호

ISBN 978-89-6184-030-9 13320
정   가●10,000원

*잘못 만들어진 책은 교환해 드립니다.